세상을 바꾸는 행동경제학

들어가며
더 나은 세상을 위한 BIT의 등장

인간은 모두 사회적 동물이다. 사회적 본능과 공통의 충성심을 바탕으로 집단을 형성하고 유지하려는 우리의 특성, 동기, 문화는 여러 의미에서 곧 인류의 역사다. 인간에게 이러한 사회적 특성이 없었다면 사회 또한 존재할 수 없었을 것이다. 협업이 없었다면 체계적이고 조직적인 농업을 발전시키지 못했을 것이며, 농업이 발전하지 못했다면 마을을 이루지 못했을 것이다. 마찬가지로, 서로 조화롭게 지내며 공통의 정체성을 발전시키지 못했다면 마을 안에서 오랫동안 삶을 이어가지 못했을 것이다. 하물며 긴밀하게 연결된 복잡한 지역 사회나 현재 우리가 살아가는 시스템에서 생존하는 문제는 말할 것도 없다.

21세기, 우리는 그 어느 때보다 더 사회적으로 행동하는 인간이 되었다. 우리는 의지에 따라 다양한 사회적 범주social category 혹은 집단에 속할 수 있고, 의사소통을 가능하게 하는 다양한 수단도 가지게 되었다. 우리가 가진 사회적 인간의 면모는 여기서 그치지 않는다. 카오스 이론(Chaos theory, 무질서하게 보이는 혼돈 상태에도 논리적 법칙이 존재한다는 이론)은 나비의 날갯짓과 같은 아주 작은 변화가 세계에 엄청난 영향을 미칠 수 있다는 것을 시사한다. 우리는 사회적 인간으로서 우리가 미처 인지하지 못하는 방식으로 타인에게 영향을 미치고, 영향을 받는다. 이러한 영향이 적어도 부분적으로는 문화와 스포츠, 우호 관계의 수립과 강화, 자선 활동 등 다양한 긍정적 요소에 이바지했다.

그러나 타인과 조화를 이루며 살고자 하는 우리의 본능은 우리를 긍정적이지 못한 방향으로 인도하기도 한다. 2007년 9월, 영국의 노던 록Northern Rock 은행이 채무 이행에 필요한 자금이 부족함을 시인했다. 이는 2007~2008년 글로벌 금융 위기의 징후였다. 이 사실이 알려지자 노던 록 은행의 고객들 사이에서 예금 안전성에 대한 우려가 점차 커졌다. 영국의 국립 중앙은행이 긴급 자금을 수혈하면서 예금액 대부분이 안전한 상황이었지만, 현금을 직접 쥐고 있는 것이 더 안전하리라 판단한 일부 고객들은 예금액을 찾아가기 시작했다.

일부 고객의 예금 인출은 곧 대규모 혼란 사태로 번졌다. 언론의 보도를 통해 상황을 파악한 수많은 고객이 이에 동참했다. 축제가 끝난 곳에 홀로 남아 있길 원하는 사람은 아무도 없었다. 이렇게 영국에서 150년 만에 뱅크 런(bank run, 은행 고객의 대규모 예금 인출 사태) 사태가 촉발되었다.

은행에 대한 신뢰가 바닥을 치고 예금액 회수가 당연시되는 상황에서 은행이 공황 상태에 빠진 고객들을 안정시키기 위해 할 수 있는 일은 아무것도 없었다. 2008년 2월 22일, 영국 정부는 노던 록 은행의 국유화를 결정했다. 그로부터 6개월 후에 미국의 투자 은행 리먼 브라더스Lehman Brothers가 파산하며 금융 위기가 본격화되었다.

금융 위기가 계속되는 동안에도 다수의 전문가와 학자들은 선진 서구권에서는 뱅크 런 사태가 발생하지 않을 것이라는 태도를 고수했다. 단순히 법률이나 역사의 문제가 아니었다. 사람들이 이성적으로 행동할 것이라는, 즉 자신의 이익에 반하는 행동을 하지 않을 것이라는 전통적인 경제사상에 입각한 믿음이었다. 법적인 문제를 떠나 은행이 신뢰를 잃는 것은 신뢰가 오직 사실만이 아니라 감정과도 관련이 있다는 것을 보여주었다. 전통적인 경제 이론으로는 예금액을 회수하는 몇몇 불평분자들의 수가 순식간에 수만 명으로 늘어난 이유에 관해 설명할 수 없었다. 비이성적인 행동에 동참해서는 안 된다고 이야기할 뿐이다.

이후 서브프라임 모기지 사태(subprime mortgage crisis, 미국의 초대형 모기지론 대부 업체가 파산하면서 시작된 연쇄적인 금융 위기)가 발생했고, 정부는 위기가 발생하고서야 이를 해결하려는 무능한 모습을 보였다. 사태 진정을 위해 적용한 경제사상도 실패로 끝이 나면서 경제학에 대한 거부 반응은 더욱더 거세지기 시작했다. 그 결과, 사람들은 경제학에서 아주 작은 부분을 차지하는 세부 학문 중 하나, 행동경제학Behavior economics으로 관심을 돌리기 시작했다. 행동경제학은 경제학과 심리학의 융합을 바탕으로 인간의 행동을 설명하고 예측하기 때문에 둘 중 어느 한 분야만을 토대로 할 때보다 더 정확한 결과를 제공한다.

행동경제학 분야는 학계에서 이미 크게 인정을 받았지만(대니얼 카너먼Daniel Kahneman 교수는 아모스 트버스키Amos Tversky와 1979년 함께 발표한 전망 이론Prospect theory으로 2002년 노벨 경제학상을 수상했다) 대중의 인식이나 정책 입안자들을 사로잡지는 못했다. 하지만 2008년 출판된 리처드 탈러Richard Thaler와 캐스 선스타인Cass Sunstein의 책《넛지Nudge》와 금융 위기는 많은 것을 바꾸어 놓았다. 금융 위기가 정책 입안자들에게 전통적인 경제학자들의 모델에 의존해서는 안 된다는 것을 보여주었다면, 넛지는 인간의 행동을 이해하기 위한 대안적 접근법과 같은 실수를 반복하지 않고 나아가는 방법을 제시했다. 캐스 선스타인은 이러한 교훈을 실제로 적용하기 위해 오바마Obama 행정부에 합류해 규제정보국Office of Information and Regulatory Affairs을 이끌었다. 이는 널리 알려지지는 않았지만, 미 정부 산하의 가장 영향력 있는 기관 중 하나였다.

지난 몇 년간, 세계 각국의 정부는 탈러와 선스타인(그리고 이들의 추종자들)의 자문에 귀를 기울여왔으며, 소위 '넛지 유닛(Nudge Unit, 더 나은 시민의 선택을 지지함으로써 공공복지를 강화하기 위해 만들어진 단체)'이라 불리는 단체가 속속 등장했다.

그 중 첫 번째는 우리가 몸담았던 영국의 행동통찰팀The Behavioural Insights Team으로, 비아이티BIT라 불린다. 필자인 마이클 샌더스Michael Sanders와 수잔나 흄Susannah Hume은 각각 지난 7년과 5년 동안 BIT의 소속이었다. BIT의 임무는 행동경제학이나 그에 관련된 분야에서 나온 새로운 지식을 영국 정부가 직면한 복잡한 문제에 적용하는 것이다. 이는 은행에서 예금액을 찾아갈 것인가 말 것인가, 대학에 진학할 것인가 말 것인가와 같은 문제에서 사람들의 실제적 의사 결정 과정이 어떻게 이루어지는지 주목하는 것이다.

하지만 지난 오랜 세월 동안 이러한 사고방식을 정계에서 찾아보는 것은 힘든 일이었다. 합리적이고 이기적인 인간에 관한 경제학자들의 이론이 가장 우세했기 때문이다. 2010년 이루어진 BIT의 출범은 두 가지 이유에서 획기적이었다. 첫째, BIT는 사람들의 실제적 사고방식에 대한 심리적 통찰을 바탕으로 더욱 현실적인 개인의 행동 모델을 정계에 소개했다. 둘째, 이론에 대한 의존도를 줄이고 데이터에 대한 의존도를 높였다. 의학에서 활용하는 것과 같은 무작위 실험 방식을 정책 입안 과정에 최초로 도입한 것이다. 과학적 방법론과 정부 권력의 결합은 필자 두 명이 BIT에 합류한 직접적인 원인이었다.

대공황, 넛지, 그리고 경제학에서 말하는 행동적 혁명 behavioral revolution은 대부분 인간의 인지적 실패, 즉 행동 편향behavioral bias이라 불리는 인간의 뇌가 가진 단점이자 인간의 행동을 유도하는 속임수에 중점을 두고 있다. 지금까지는 우리 모두 얽혀 있는 복잡한 사회적 실타래에 대해 큰 관심을 두지 않았다. 하지만 이 책을 통해 이것에 다시 관심을 가지고, 이러한 사회적 혼란을 구성하는 다양한 요소와 영향을 이해해보고자 한다. 기본적으로, 사회적 영향social influence이란 우리의 감정, 판단, 행동이 우리 주변의 사회적 환경에 의해 영향을 받는 방식을 일컫는다. 여기서 사회적 환경social environment은, 우리가 타인의 행동을 관찰하는 것, 어떤 행동을 해야 하는지 타인에게서 배우는 것, 그리고 네트워크 속에서 정보의 흐름을 파악하는(예를 들면, 친구에게 새로운 식당에 대한 정보를 얻는) 것으로 구성된다. 일반적으로 사회적 영향은 본능의 지배를 받는다. 그리고 우리는 본능적으로 타인과의 관계에서 안전을 추구한다. 일부 사회적 집단은 친구, 가족, 동료와 같이 규모가 작고 상호적이지만, 어떤 집단은 더욱 상징적이거나 성별, 민족성, 신념, 정치적 소속 등과 연관되어 있을 수 있다.

사회적 본능의 영향은 우리가 상상하는 것보다 훨씬 더 크다. 나비의 날갯짓이 지구 반대편에 쓰나미를 일으키듯, 사회적 환경에 발생하는 작은 파장이 우리의 의사 결정뿐만 아니라 주변인들의 의사 결정에도 큰 영향을 미칠 수 있다. 우리가 자신과 이웃을 비교하거나, 그들에게 깊은 인상을 주려 하거나, 의식적이든 무의식적이든 집단에 순응하는 선택을 할 때, 사회적 본능의 힘이 우리를 지배한다.

행동경제학의 혁명으로 소셜 네트워크의 파급 효과에 대한 인식이 재고되었다. 그리고 이러한 효과는 또 다른 혁신으로 인해 증폭되었다. 사회적 본능이 불황의 촉발에 일조할 만큼 강력했다면, 그 사이 사회적 본능의 힘은 더욱 강력해졌을 것이다. 소셜 미디어의 부상은 우리의 사회적 본능을 과열 상태로 몰아갔다. 사람들은 페이스북Facebook을 통해 하루에도 수천 명의 사람과 나 자신을 비교한다. 인스타그램Instagram에서는 휴가 때 어떤 옷을 입고 사진을 찍으면 친구들이 부러워할지, 또 사람들에게 영향을 미치려면 어떤 해시태그를 다는 게 효과적일지 고민하며 몇 시간을 보낸다.

우리의 의사 결정에 사회적 본능과 소셜 네트워크가 미치는 영향이 증가하면서 기술 기업이나 정치인들을 포함한 대부분이 자신의 목적을 위해 이를 이용할 방법을 모색하고 있다. 소셜 미디어 플랫폼들은 더욱 강력해지고 있으며, 사람들 사이의 실제적인 관계는 더욱 약해지고 있다. 그 결과 우리의 네트워크 전반에 허위 정보가 퍼지고, 또 그 정보가 사실로 받아들여지는 것이 흔한 일이 되어버렸다. 이에 엄청난 규모로 신뢰의 파괴가 발생하고 있다. 한 예로, 케임브리지 애널리티카Cambridge Analytica와 같은 기업은 심리적 통찰력을 바탕으로 한 진보된 통계 기법을 사용해 사실을 조작한 혐의로 비난받고 있다. 이 기업은 페이스북 사용자 5천만 명의 데이터(사용자들이 '좋아요'를 누른 콘텐츠는 무엇이며, 그들의 친구는 누구인지, 또 각종 조사에서는 어떠한 응답을 했는지 등)에 접근한 것으로 알려졌다. 또한, 이 데이터를 바탕으로 각 사용자의 프로필을 구축하고 그것을 범주화하였는데, 이때 사용자들에게 가장 큰 영향을 미치는 것이 무엇인지 평가하기 위해 개발된 알고리즘을 사용한 것으로 알려졌다. 이 범주에 따라 사람들은 다양한(그리고 아주 종종 허위인) 뉴스 스토리를 받아볼 수 있었다. 그리고 그것의 목표는 사람들에게 특정 상품을 구매하게 하거나 특정 방식으로 투표하게 하는 것이었다. 케임브리지 애널리티카의 페이스북 활동은 영국의 브렉시트 국민 투표 및 2016년 미국 대선과 관련이 있었다. 이 기업은 브렉시트 국민 투표와 미국 대선 모두 페이스북의 데이터 및 인프라를 이용해 승리한 쪽을 지지하는 모습을 보였다.

 인간으로서의 우리는 세상을 헤쳐나가기 위해 진화론적으로 완벽한 준비 태세를 갖추지 못했다는 것을 몸소 느낀다. 사회적 본능은 집단 안에서 더욱 안전을 추구하도록 하며, 집단을 보호하려는 행동이 조화를 이룰 수 있도록 한다. 그러나 집단의 안전과 보호를 위한 조직화된 활동은 인간의 사회적 본능이 세계화되고 상호 의존적으로 변화하는 세상에 적응하지 못하도록 만들었다. 변화하는 세상은 가정과 인간관계를 넘어 전자 기기 속에서조차 우리를 조종하려는, 보이지 않는 힘이 가득한 곳이다.

이것은 의심의 여지가 없는 명백한 사실이지만 부정적인 사실에만 지나치게 집중하는 것은 경계해야 한다. 사람들은 안전과 존중, 행복을 제공하는 사회적 집단의 힘을 너무 쉽게 망각한다. 또 서로를 돕기 위해 우리의 네트워크로(그리고 전 세계적으로) 교류하는 강력하고 멋진 방법에 대해서도 쉽게 잊곤 한다. 우리는 이 책이 사회적 인간의 영향력과 장점을 이해하려는 노력을 통해 무엇을 얻을 수 있으며, 또 그것을 통해 어떻게 더 나은 세상을 만들 수 있을지를 고찰하는 여정에서 여러분들의 길잡이가 되어 주기를 바란다.

이를 위해서는, 현재와 같은 세계를 탐구함으로써 인간의 존재적 자아를 이해하고 우리가 사회적 세계에 적응하는 방식에 대해 이해하는 것이 선행되어야 한다. '우리와 타인들'이라는 이 흔한 표현은 인간의 심리적 특성에 깊이 뿌리내리고 있다. 즉, 우리는 사람들을 '우리(우리가 속한 사회적 집단)' 또는 '타인(우리와 다른 이들, 우리 집단에 속하지 않은 이들)'으로 분류하며, '타인'으로 분류한 이들보다 '우리'로 분류한 이들을 더 선호한다.

이 책의 첫 번째 파트에서는 서로 다른 사회적 집단에 속한 사람들 사이의 상호 작용, 더 나아가 '우리'라는 분류에 속한 사람들 사이의 상호 작용에 대해 살펴볼 것이다. 더 나아가 사람들이 얼마나 쉽게 '우리'에 동화되는지, 얼마나 빠르게 같은 집단의 일원을 선호하고 그렇지 않은 자들을 배척하고 불신하는지, 또 이것이 어떻게 고정 관념과 차별로 이어지는지 탐구할 것이다. 집단의 일원들은 타인의 행동을 감시하고 집단과의 긴밀한 유대를 유지하기 위해 본인에게 해가 되는 행동을 감수한다. 이에 우리는 집단의 내부로 들어가 강한 소속감이 어떻게 집단에 대한 순응으로 이어지는지도 살펴볼 것이다. 또한, 이러한 현상이 어떻게 집단 내외에서 일어나는 상호 작용에 변화를 일으키는지, 기업이 자신의 목적이나 수익을 위해, 또는 선거에서 승리하기 위해 어떤 노력을 하는지를 소셜 미디어의 맥락에서 살펴볼 것이다.

지난 15년의 세월은 사회적 영향과 그것의 병폐를 주제로 한 수십 권의 책이 출간되는 데 좋은 소재가 되어 주었다. 하지만 사회적 영향이 가진 힘에 대해 생각해보면 이것은 그저 일부에 지나지 않는다. 사회적 본능은 우리의 잠재력을 실현하기 위해 극복해야 할 약점이 아니라, 우리의 자의식과 생존에서 필수적인 부분을 차지하는 것이다. 우리가 숨 쉬는 것을 멈출 수 없듯,

사회적인 존재로 살아가는 것 또한 멈출 수 없다. 그렇다면 문제는 어떻게 하면 사회적 본능에서 비롯되는 장점은 극대화하고 단점은 최소화할 수 있을까 하는 것이다.

이 질문에 관해서는 책의 두 번째 파트에서 중점적으로 살펴보도록 하겠다. 또한, 리처드 탈러와 캐스 선스타인의 저서 《넛지》를 바탕으로 한 사회적 선택 설계social choice architecture에 관해 소개할 것이다. 이는 환경이 우리의 행동을 만드는 방식으로, 긍정적 또는 부정적 영향을 수반한다. 넛지의 두 저자는 정부가 선택 설계자choice architects의 역할을 행하고, 정부가 가진 전통적인 수단인 조세, 입법, 정보와 더불어 넛지(타인의 선택을 유도하는 부드러운 개입)를 활용하도록 독려한다. 이러한 개입 대부분은 물리적인 환경을 설계하는 일로 이루어진다. 여기서 말하는 물리적인 환경이란 과일이나 사탕 따위가 계산대 가까이 위치한 것이나, 커뮤니케이션, 정보, 사회적 형식이 어떻게 구조화되는지에 관한 것들을 포함한다. 그리고, 이러한 물리적 구조는 우리의 행동에 미묘한 영향을 미친다.

인간은 사회적 환경에 크게 영향을 받는 존재다. 그러므로 사회적 환경을 설계함으로써 어떻게 사회적 영향력을 집결시킬 수 있는지가 사회적 선택 설계에 반영된다. 그 과정에서 우리는 사회적 집단의 기능을 자세히 들여다보아야 한다. 효과적인 사회적 개입의 테두리 역할을 하는 특정 집단과 집단의 일원들이 소속감을 느끼는 방식에 대해서도 더욱 면밀하게 살펴봐야 함은 물론이다. 이 책은 그릇된 고정 관념과 차별 등을 포함해 부정적인 요소를 줄이는 방법에 관해 이야기할 것이며 심리학자들이 말하는 '사회적 거리social distance'의 중요성에 대해서도 살펴볼 것이다. 여기서 사회적 거리는 우리의 대인 관계나 공통의 사회적 정체성을 바탕으로 타인을 얼마나 멀게, 또는 얼마나 가깝게 느끼는가를 말한다.

또한 네트워크를 통해 정보가 이동하는 방식에 대해서도 살펴봐야 한다. 우리는 집단에서 가장 두드러지게 나타나는 행동을 규범으로 이해하지만, 이 규범에 대해 종종 잘못된 인식을 지니기도 한다. 때문에, 긍정적인 규범에 대한 정확한 정보를 제공하거나 부정적인 규범에 대한 정보를 줄임으로써 긍정적인 행동 변화를 끌어낼 수 있다. 예를 들어, 전력 소비량이 많은 사람들에게 그들의 소비량이 평균 이상이라는 사실을 알려줌으로써 에너지 소비를 줄일 수 있다. 하지만 에너지 소비 효율이 높은 기기의 사용이 저조하다는 말은 오히려 역효과를 낼 수도 있다. 중요한 것은 긍정적인 정보의 전달을 향상하는 방법과 정보에 따라 전달성에 차이가 발생하는 원인을 탐구하는 일이다.

우리는 사회적 역동성을 이해함으로써 중요한 의사 결정을 둘러싼 전후 환경을 계획할 수 있으며, 이를 통해 의사 결정자의 현명한 선택을 독려할 수 있다. 그러나 넛지의 열렬한 지지자들조차 넛지에 한계가 있음을 인정한다. 때문에 그 한계를 넘어 사람들이 속한 사회적 집단의 전반적인 형태와 그 집단이 가진 자원에 대해 살펴보아야 한다. 특히 조언, 지원, 기회 접근성의 맥락에서 이들 집단의 자원 즉, 이들의 사회적 자본social capital을 살펴보아야 한다. 넛지의 한계는 여기서 분명하게 드러난다. 만약 집단과 구성원 간의 관계가 약화되었다면, 사회적 넛지는 우리에게 큰 도움이 되지 못할 것이다. 집단의 구성원이 긍정적인 행동에 참여하지 않거나 집단이 특정 방식으로 구성원을 지지하지 않는 등의 그릇된 규범을 가지고 있는 경우에도 사회적 넛지의 장점을 제대로 누릴 수 없게 될 것이다. 또한, 비슷한 상황에 놓인 사람들끼리만 사회적 집단을 통해 연결된다면, 그 네트워크는 우리의 시야를 넓혀주거나 더 나은 삶을 보장해주지 못할 것이다.

책의 마지막 파트에서는 사회적 자본에 영향을 미치는 세 가지 유형의 개입에 대해 살펴보도록 하겠다. 힘들지만 가치 있는 목표의 달성을 위해 노력하는 사람들을 더욱 효과적으로 지원하는 기존의 네트워크 결집 방안에 대해서도 고찰해 볼 것이다. 이와 더불어 사회적 가교(social bridge, 새로운 집단에서 맺는 긍정적인 대인 관계)를 건설하는 데 사람들에게 도움이 되는 방법도 모색할 것이다. 마지막으로는 사회적 세계가 제대로 기능할 때 나타나는 두 가지 요소인 소속감과 신뢰에 대해 살펴볼 것이다.

소속감은 우리를 원하고 인정해 주는 곳에 소속되었을 때 느끼는 감정이다. 이는 행복을 느끼는 데 가장 중요하고도 필요한 감정 중 하나이며, 인간은 제 기능을 하는 강한 사회적 집단에 소속감을 느낀다. 사회적 신뢰는 주변인 대다수에 대한 우리의 신뢰로, 사회적 자본이 가진 커다란 장점이다.

이 책에서 우리가 추구하는 목표는 소속감과 신뢰를 고양하고, 차별과 복종은 줄어드는 사회에 대한 로드맵을 그리는 것이다. 우리는 인간의 사회적 자아가 세상의 선을 위한 힘이며, 이것이 사회가 가진 최상의 요소들(우리가 당연하게 여기는 것들)로 이어진다고 믿는다. 이 책을 통해 인간의 사회적 본능이 부도덕한 힘에 이용될 수 있지만, 사회적 본능이 없다면 세상은 무너질 수 있다는 사실을 보여주고 싶다.

사회적 본능은 우리를 좋은 방향으로 인도하기도 하고, 나쁜 방향으로 인도하기도 한다. 환경에 가해지는 작은 변화조차도 이러한 방향성에 큰 차이를 만들 수 있다는 사실을 여러분들이 이해하기를 바란다. 혁신자나 학자들을 비롯한 우리 모두가 자체적인 연구나 경험을 통해 얻은 통찰력은 사회적 자아가 영향을 미치는 모든 곳에서 광범위하게 적용될 수 있다. 이는 개인적인 삶의 방식, 업무와 연구의 방식, 조직을 관리하고 이끄는 방식에 이르기까지 광범위하다. 하지만 우리가 사회적 네트워크의 긍정적인 힘을 되찾기 전에 무엇이 그리고 누가 사람들로 하여금 길을 잃게 했는지, 어떻게 하면 올바른 방향으로 나아갈 수 있을지 이해하는 것이 선행되어야 할 것이다.

차례

들어가며 : 더 나은 세상을 위한 BIT의 등장　　　　4

1부　세상을 바꾸는 상호 작용의 모든 것

　1장　타인의 상호 작용　　　　24
　2장　우리의 상호 작용　　　　46
　3장　사회적 본능은 어떻게 이용되는가　　　　66

2부　사회를 조종하는 넛지의 힘

　4장　스스로를 포장하는 사람들　　　　98
　5장　행동을 좌우하는 사소한 차이　　　　124
　6장　우리를 조종하는 보이지 않는 것들　　　　150
　7장　가치 있는 정보를 위한 통로　　　　178
　8장　선택의 유도와 확산　　　　210

3부 넛지를 넘어선 네트워크

- 9장 연결 고리에서 생겨나는 네트워크   242
- 10장 사회적 자본을 형성하는 요소   262
- 11장 미리 경험하는 것의 이점   284
- 12장 롤 모델 :
  강력한 영향력을 행사하는 매력적인 방법   304
- 13장 소속감과 신뢰 :
  감정적이고 상징적인 사회적 자본   330

마치며   349
참고 문헌   357

1부
세상을 바꾸는 상호 작용의 모든 것

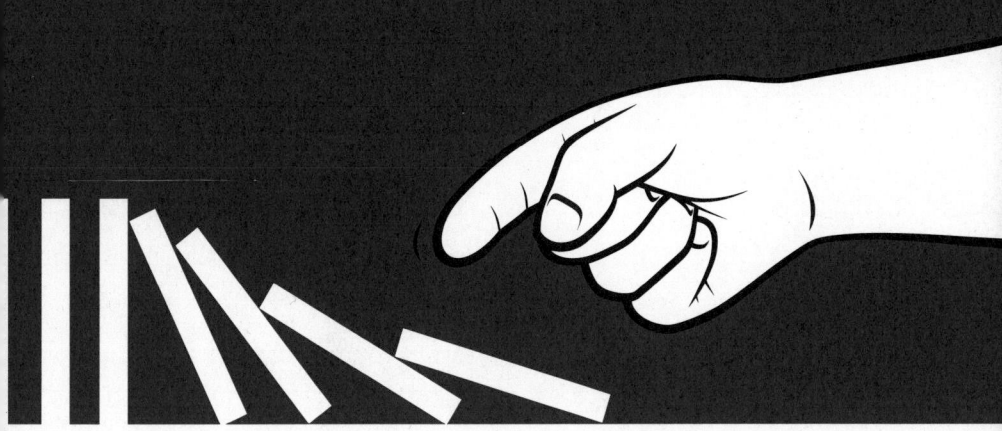

집단 공포는 군중 본능을 자극하고,
군중의 일원이 아니라고 여겨지는 자들을 향해
잔인성을 만들어내는 경향이 있다.

─────────────── 버트런드 러셀(Bertrand Russell)

1장 타인의 상호 작용

제2차 세계 대전을 배경으로 한 소설 《캐치-22(Catch-22, 전쟁의 광기와 지나친 관료주의에 대한 미국의 풍자 소설)》의 주인공 존 요사리안John Yossarian은 독일인들이 자신을 죽이려고 한다는 생각에 사로잡혀 있다. 이는 개인적인 원한과는 무관하다. 단지 미국과 독일이 전쟁 중인 상황에서 요사리안이 미국인이라서 벌어지는 일이지만 그는 그 사실을 믿지 않는다. 오히려 '그렇다고 해서 달라지는 게 무엇인가?'라고 반문한다. 요사리안은 자신을 죽이려 하는 독일인들이 자신에게 지극히 개인적인 감정을 품고 있는 이들이라고 생각한 것이다.

살면서 우리는 가족, 친구, 직장 동료, 거리 위의 낯선 이들, 가게 점원, TV에 나오는 유명인, 뉴스에 등장하는 사람 등 수천 명의 사람과 마주친다. 이들 중 가족, 친구, 직장 동료를 비롯한 일부와는 개인적으로 교류한다. 그러나 그 외의 사람들과는 집단의 구성원으로서 더 많은 교류를 한다. 예를 들어, 일반적으로 한 남자가 낯선 여자를 위해 문을 잡아 주는 것은 그 여자가 가진 인간적 특성 때문이 아니라 그 여자의 성별과 그 남자가(그리고 아마 여자가) 정해놓은 기준 때문이다. 또 다른 예로 자전거 전용 도로를 걷고 있는 보행자와 충돌을 피하고자 황급히 브레이크를 밟는 자전거 운전자가 있다. 자전거 운전자는 순간적으로 '보행자들은 멍청하다'라고 생각한다. 평소에는 조심성 있게 행동하는 사람이 그날만 실수한 것이라고는 생각하지 않는 것이다. 자전거 운전자는 그러한 생각 대신, 그가 일반적으로 바보 같다고 여기는 집단의 구성원(보행자들)과 상호 작용을 한다.

일상적인 차원에서, 우리는 친구에게 주말을 어떻게 보냈는지 묻는 것과 같은 대화를 순수한 개인적 교류로 여긴다. 반면, 축구 경기에서 서로 다른 팀을 응원하는 두 팬 사이의 상호 작용은 순전한 집단적 교류(서로 다른 두 개의 경쟁 그룹 일원 사이의 교류)의 예로 여긴다. 전자의 경우, 교류의 초점은 대화를 나누는 두 당사자에 있지만, 후자의 경우에는 개인이 아닌 그들이 응원하는 팀의 사회 정체성(social identity, 사회적 집단에 소속되었다는 지각에 기반한 자기 개념의 일부)에 그 초점이 있다.

요사리안이 모든 미국인을 죽이려고 하는 독일인과 자신을 죽이려고 하는 독일인을 구분하지 않는 것은 충분히 이해할 만하지만, 이는 우리의 세계관에 부합하지 않는다. 우리는 사람이 사람을 해하려고 한다는 생각 자체를 옹호하지 않기 때문이다. 하지만 본능적으로 '개인적' 갈등과 '집단적' 갈등 사이에는 차이가 있다는 것을 알 수 있다. 그리고 이는 목표나 신념, 이익과 관한 모든 것에 해당한다. 이러한 분류는 복잡한 세계를 단순화시킨다는 점에서 꽤 유용하다. 예를 들면 '컴컴한 골목길에 숨어 있는 인간'이라는 사회적 집단에 속할 만한 사람을 사전에 차단함으로써 위험을 피하도록 하기 때문이다. 또한, 공동의 집단을 찾는 일은 사람들을 결집해 서로서로 지지하고 보호하도록 한다. 나는 누구이고 나의 신념은 무엇인가라는 생각도 부분적으로는 우리가 속한 사회적 집단에 의해 형성된다.

그러나 정체성, 특히 정체성의 정치*identity politics는 우리를 결집하기보다는 분열시키는 수단으로 이해되며 이에 최근 몇 년간 긍정적인 의미를 다소 상실했다. 우리가 이 어두운 시기를 벗어나 긍정적인 영향을 미칠 수 있는 방법을 알아내기 위해서는 사회적 집단을 찾으려는 인간 본능의 어두운 면과 이것이 어떻게 사람들을 양분화하고 끔찍한 행동을 저지르게 하는지 이해하는 것이 중요하다.

---

* 독특한 정체성을 지닌 신체나 문화적 특징 때문에 주류 집단에 차별받는 사회 집단이, 그들의 특징을 인정받고 차별에서 벗어나기 위해 벌이는 다양한 정치 활동

집단 간의 갈등 : 사회 정체성과 사회적 거리

사회적 영향에 대한 여러 가지 현대적 학문과 마찬가지로, 집단 간 갈등에 관한 연구는 20세기의 가장 어두운 시기에 시작되었다. 폴란드계 유대인 헨리 타즈펠Henri Tajfel은 제2차 세계대전 당시 프랑스군 소속이었다. 그는 포로수용소에서 살아 돌아왔지만, 그의 가족은 모두 이미 나치의 희생양이 되어있었다. 수용소에 갇혀 있는 동안, 그는 독일 군인들에게 자신이 폴란드인이라는 사실을 숨겼다. 프랑스계 유대인이라면 몰라도 폴란드계 유대인이 포로수용소에서 살아남는 것은 불가능에 가까웠기 때문이다. 그는 자신의 생존에 가장 지대한 영향을 미친 것이 집단 구성원이라는 사실을 깨달았다. 그리고 이러한 깨달음과 다른 정체성을 가지고 살았던 경험을 바탕으로 사회 정체성과 집단 간의 갈등에 대해 학문적 호기심을 품었다.

타즈펠은 인간이 어떻게 지금껏 한 번도 만나본 적 없는 사람들, 개인적 원한을 전혀 가지고 있지 않은 사람들을 증오하고 불신하는 지경에 이르게 되는지 이해하고자 했다. 타즈펠의 연구는 독일군과 그의 유대 관계가 얼마나 돈독했는가에 상관없이, 자신이 폴란드계 유대인이라는 사실이 밝혀지면 살아남지 못했을 것이라는 믿음에서 비롯되었다. 타즈펠의 진짜 정체성(유대인이자 폴란드인)이 밝혀졌다면, 독일군은 그것을 바탕으로 타즈펠을 어떻게 처리할지 결정했을 것이다. 타즈펠의 다른 특성이나 독일군들이 그를 어떻게 생각했는지는 그들의 결정과 무관했을 것이다. 그들이 좋아했던 사람이 순식간에 혐오 집단의 일원이 될 수도 있는 일이다.

우리는 우리가 속한 사회적 집단과 타인이 속한 사회적 집단에 대한 신념(또는 고정 관념), 그리고 속해 있는 집단이 경쟁 집단보다 더 우월하기를 바라는 선천적인 기질 등을 가지고 인생을 살아간다. 우리는 우리 집단이 더 우월하다고 믿거나, 혹은 그러기를 바람으로써 우리 집단을 타 집단보다 더 선호하기도 한다. 즉, 타 집단을 차별하는 것이다. 이는 우리 집단의 일원이 될 사람을 결정하는 방식에는 물론, 상품을 사고팔려는 의지와 상품의 가격 책정 문제와 같이 겉으로는 서로 무관해 보이는 결정에도 영향을 미친다.

명백한 차별은 상대적으로 식별이 쉽고, 차별이 발생하는 곳에 제재를 가하기도 쉽다. 하지만 최근 들어 명백하게 차별이라고 규정하기 힘든 형태의 차별이 나타나고 있다. 우리의 일상에서 나타나는 수많은 차별은 아주 사소한 편견의 결과로 발생한다. 우리는 그 편견들을 인지하지 못할 수도 있지만, 이 편견들은 타 집단의 구성원을 향한 우리의 행동을 변화시킨다. 심리학자들은 이를 암묵적 편견(implicit bias, 본인이 편견을 지니고 있지 않다고 믿으면서도 특정한 대상을 향해 무의식적으로 작동되는 편향적 태도)이라고 부른다.

암묵적 편견으로 인해 차별이 발생하는 순간을 파악하는 일은 쉽지 않다. 많은 일이 동시다발적으로 벌어지기 때문이다. 예를 들어, 수백 년에 걸친 노예 제도와 수십 년에 걸친 인종 차별 정책은 유럽과 북미 지역의 아프리카계 사람들에게 다양한 피해를 주었는데, 암묵적 차별주의자들은 자신의 행동을 정당화하기 위해 이를 숨길 수 있는 다양한 불이익을 행사했다.

이 문제에 대해 명확히 밝힌 한 연구가 있다. 연구에서는 지원자들의 이름이라는 한 가지 사실만 제외하고 전부 같은 내용으로 이력서를 작성했다. 이력서 중 일부에는 전형적인 아프리카계 미국인의 이름을, 또 다른 일부에는 전형적인 백인의 이름을 적었다. 이 이력서들은 채용을 원하는 회사로 약 5천 회에 걸쳐 발송되었다. 그 결과, 백인 이름이 적힌 이력서가 흑인 이름이 적힌 이력서보다 50퍼센트가량 더 많은 응답을 받았다. 수치는 지원자의 성별, 또는 지원 직종에 따라 큰 차이를 보이지 않았다.

연구자들은 고용주가 채용하려는 사람에서부터 에어비앤비 Airbnb의 호스트가 자신의 아파트에 머물도록 허용하는 사람까지, 모든 면에서 여성이나 소수 민족 출신자와 같은 특정 집단을 대상으로 한 미묘한 차별이 존재한다는 사실을 밝혀냈다.

우리는 본능적으로 우리가 마주치는 사람들과 공통의 사회적 집단을 찾도록 설계되어 있다. 그리고 우리 안에 새로운 공통 집단이 가진 정체성의 씨앗을 뿌리는 일은 놀랄 만큼 쉽다. 타즈펠과 그의 동료들은 일련의 실험을 통해 인간이 사회적 집단을 형성하고 서로를 차별하기까지 걸리는 시간이 얼마나 짧은지 탐구했다. 한 실험에서, 10대 학생들에게 칸딘스키Kandinsky의 그림과 클레Klee의 그림 중 어느 쪽을 더 선호하는지 물었다. 그리고 선택한 화가에 따라 이들을 두 집단으로 구분했다. '최소 집단 실험minimal group experiments'으로 알려진 이 실험은 두 화가 중 하나를 선택하는 것과 같은 사소한 일에서조차 사회 정체성을 발전시킬 수 있으며, 내집단 편향in-group bias과 상대에 대한 불신이 뒤따를 수 있다는 사실을 보여준다.

여기에 주목하는 또 다른 초기 연구는 로버스 동굴 공원 Robbers Cave 실험이다. 실험에 참여한 11~12세의 소년 22명은 오클라호마 주립공원 내의 로버스 동굴 근처에서 몇 주간 머물며 야영을 했다. 연구진은 참가자들을 두 집단으로 나누었고, 첫 주에는 유대감을 형성할 수 있도록 독려했다. 이들은 각각 팀명('방울뱀'과 '독수리')을 정하고 위계질서를 만들며 점차 그들만의 집단 정체성을 발전시켜 나갔다. 여러 가지 측면에서 이는 훌륭한 사회적 유대 관계를 형성하는 방법에 대한 사례 연구로 볼 수 있다. 실험에서 참가자들이 제 기능을 하는 청소년 사회를 형성하는 데에는 일주일이 채 걸리지 않았다. 그러나 이러한 유대 관계의 어두운 면은 두 집단이 서로의 존재를 알게 되었을 때 생겨났고, 그 즉시 격렬한 경쟁 구도가 형성되었다. 연구진들은 약간의 개입을 통해 분열을 조장했고, 두 집단 간의 갈등은 점점 고조되었다. 그 결과 서로 욕을 하며 비방하던 것에서 도둑질과 강도, 또 상대 집단의 깃발을 태우는 행위로까지 갈등이 심화되었다.

야영을 시작할 때 실험 참가자들은 심리학자들이 말하는 사회적 거리가 가까운 상태였다. 나이와 성별이 같고, 모두 하위 중산층, 신교도 가정 출신의 아이들이었다. 하지만 이들의 새로운 사회 정체성은 2주가 채 되지 않아 갈등으로 이어졌고 이를 해결하려는 참가자들의 노력은 아무런 소용이 없었다. 이는 적절한 상황을 주었을 때 우리가 얼마나 빨리 새로운 사회적 집단을 형성할 수 있는지를 비롯하여 집단의 유대가 얼마나 견고해질 수 있는지도 보여준다. 새로운 일을 시작하거나 새로운 배구팀에 합류할 때, 우리는 팀 동료들과 자신을 빠르게 동일시한다.

조직(혹은 배구팀)은 방울뱀 팀과 독수리 팀이 겪은 것과 같은 종류의 활동을 통해 팀의 정체성을 형성하려고 노력할 것이다. 그리고 그 활동들은 아마도 꽤 효과적일 것이다. 팀을 구성할 때, 의식적인 행사(잠깐의 미팅이든 한 달에 한 번 갖는 술자리 모임이든)와 팀원들의 시각적 표시물(머그잔이나 특정 노트북 브랜드와 같은)은 공통의 정체성을 견고하게 만들기 시작할 것이다.

이러한 집단 정체성은 하나의 결과물 완성을 위해 노력하거나 배구 경기 우승을 위해 구성원들이 협력하는 등의 모습으로 해당 집단의 결속력을 더욱 강하게 하지만, 타 집단에 대항하도록 하기도 한다. 실제로 그러할 경우, 특히 힘의 불균형이 존재하는 경우라면 깃발을 태우는 행위로 번진 청소년들의 사례보다 훨씬 더 심각한 결과가 초래될 수 있다.

분열과 재편성

우리는 가족에서부터 성별, 민족성, 섹슈얼리티(sexuality, 성적 욕망이나 심리, 이데올로기, 제도나 관습에 의해 규정되는 사회적인 요소들을 포함)와 같은 요소에 기반을 둔 집단에 이르기까지 수많은 사회적 집단에 소속되어 있다. 이러한 사회적 집단들 가운데 한 개인이 어떤 점을 중심으로 사고하느냐의 문제는 상호 작용을 둘러싼 상황과 그 상황에서 사람들이 기대하는 것이 무엇인가에 달려 있다. 그리고 이는 종종 불완전한 정보에 기초한다. 그것이 언제이든 간에, 논쟁이 발생하는 상황에서 입장을 바꾸는 것은 집단 간의 갈등을 일으키는 환경을 만든다. 즉 관련된 모든 이들을 아우르는 집단에서 특정 정체성을 띄는 세부 집단을 파생시키고, 갈등을 일으키는 것이다. 그리고 이는 빠르게 독이 되어 회복하는 데에 수십 년, 혹은 수백 년이 걸리기도 한다.

이러한 분열과 재편성은 일반적으로 정치적 순환의 주기에서 나타난다. 선거철에는 사람들이 정당의 시정 방침에 따라 분열하지만, 선거 이후에는 국가를 위해 화합할 필요가 있다. 관습적으로, 정치 경쟁에서 패한 후보는 과거의 정치적 적수들을 통합하여 공통의 국가적 정체성을 재확인하는 일에 그의 힘을 쏟아부을 것이라 기대되었다. 이와 관련된 가장 유명한 예 중 하나는 1952년 미국 대통령 선거에서 드와이트 아이젠하워Dwight D. Eisenhower에 패한 애들레이 스티븐슨Adlai Stevenson의 승복 연설이다. 연설에서 그는 "정당으로 우리를 분열시키는 것보다 미국 시민으로 우리를 통합시키는 것이 더 위대한 일입니다. …… 우리의 투표는 다수로 결정됩니다. 그러나 우리는 한마음으로 기도합니다."라고 말했다.

2000년대 초반 이후의 선거 운동에서는 선거에서 이기기 위해 사회적 집단 내부의 균열을 이용하려는 또 다른 양상이 나타나고 있다. 이 '도그 휘슬(dog-whistle, 개에게만 들리는 호루라기라는 뜻으로 상황을 아는 사람에게만 뜻을 전할 수 있는 정치적 화법을 말함)' 정치는 분열을 조장하는 이슈에 관심을 집중시켜 집단의 분열을 일으킨다.

호주 독자들은 2001년 연방 선거 이후로 이 전략에 익숙해졌을 것이다. 호주 노동당 지지자들은 대략 도심 지역의 전문직 노동자들인 '라테시핑 레프티즈(Latte-sipping Lefties, 라테를 홀짝거리는 좌파들)'와 당의 전통적인 노동자 계층 기반인 '오지 베틀러(Aussie Battler, 호주의 노동자 계층)'라는 두 그룹으로 나뉜다. 1970년대 이후로 이들 그룹이 당내에서 공존할 수 있었던 이유는 노동자의 권리와 사회 복지를 비롯해 이들이 합의에 이른 사안이 이들 간의 차이보다 더 중요하기 때문이었다. 이들에게 중요한 것은 공통의 당파적 정체성이었다. 그러나 이들은 국경 보호 문제에서는 서로 합의에 이르지 못했다. '라테를 홀짝거리는 좌파들'은 국경 개방과 이주를 선호하고 망명 신청자, 특히 인도네시아에서 배를 타고 건너오는 이들을 반겼지만 '노동자 계층'은 더욱 강경한 태도를 보였다. 특히 '보트 피플(boat people, 망명을 위해 배를 타고 바다를 떠도는 사람들)'로 불리는 사람들을 더욱 경계했다.

선거를 앞두고 망명 신청자들이 탄 보트의 입국이 가로막히거나 호주 해역에 진입하지 못하고 방향을 돌리는 사건이 두어 차례 발생했다. 보수 연합 정부는 국가의 주권과 공정성, 그리고 전통적인 가족관을 강조하며 이 사건을 사람들에게 중요한 문제로 인식시켰다. 이는 이 나라에 누가 입국하는지는 우리가 결정한다는 의미의 '국가 주권'과 망명 신청자들이 공식적인 난민 재정착 절차를 회피하고 있다는 '공정성' 문제로 설명될 수 있다. 또한, '전통적인 가족관'은 정부가 일부 망명 신청자들이 호주 경비정의 관심을 끌기 위해 아이들을 배 밖으로 내동댕이쳤다는 사실을 보도하라고 지시했다는 것을 부각시켰다. 노동당 내의 두 집단은 해당 문제를 두고 첨예하게 대립했고, 당 측에서도 각각의 집단이 소외되지 않도록 자체적인 노력을 기울였다. 호주의 자유당이 주도하는 중도우파 정당 연합인 연합 정당은 선거의 주요 쟁점으로 망명 신청자 문제에 초점을 맞춤으로써, 이들 두 집단을 통합했던 공통의 당파 그룹을 다시 둘로 갈라놓았다. 그리고 이를 통해 '노동자 계층'을 자신의 편으로 끌어들일 수 있었다.

이 전략은 효과적이다. 사회의 균열을 확장하고, 전통적인 동맹 관계에서 특정 집단을 분리해 선거에서 승리를 끌어낼 수 있기 때문이다. 그러나 문제는 선거가 끝났을 때, 그 균열이 스스로 메워지는 기적은 일어나지 않는다는 점이다. 선거에서 패한 쪽은 상처를 입고, 사람들의 화합을 다시 도모할 수 없거나 도모할 의지가 없는 상태가 되고 만다. 분열을 조장하는 이슈를 찾고자 하는 정치인들은 집단의 분열을 점점 더 심화시키지만, 선거와 선거 사이에 발생하는 분열을 치유하는 데에는 충분한 투자를 하지 않는다. 한 선거 조사에 따르면, 미국 유권자들이 점점 더 양극화되고 있다는 것을 알 수 있다. 이에, '민주당'과 '공화당'은 상대에 대한 부정적인 고정 관념과 긍정적인 자기 인식을 가진 서로 다른 사회적 집단들로 구성되고 있다. 또한, 이러한 당파적 고정 관념은 아이젠하워와 스티븐슨 시대 이후로 50퍼센트 이상 증가했다.

비교적 최근의 예로는 2016년 미국의 대통령 선거를 들 수 있다. 정계에서 백인 사회 집단은 가장 강력하면서 가장 무시당하는 집단 중 하나다. 대선 기간 중(이때는 개를 부르는 호각이 때때로 확성기 소리가 된다) 도널드 트럼프가 이 집단을 노골적인 목표로 삼은 배경을 살펴보면 꽤 흥미로운 것을 알 수 있다. 백인 정체성에 관심을 집중시킴으로써 후보 선호도에 특정 영향을 미치는 데 성공한 것이다. 한 연구에 따르면, 2042년까지 백인이 아닌 인구의 수가 백인 인구의 수를 넘어설 것이라는 사실을 백인에게 알려주면 이들은 트럼프를 더욱 열렬히 지지하고, 친이민 정책을 반대하게 된다고 한다. 이러한 반응이 특히 백인 정체성이 강한 사람들 사이에서 두드러지게 나타나는 것은 당연하다.

분열의 정치가 점진적으로 상승세를 타고 서로 다른 정체성이 두드러지게 나타나는 현상은 도널드 트럼프의 당선을 다른 시각에서 보여준다. 트럼프주의Trumpism는 공화당의 집권 이후 나라 전체가 '적대적 인수 합병hostile takeover'에 점령당하는 눈에 띄는 변화를 의미하는 것이 아니라, 당파적 양극화의 심화가 그 정점에 있음을 의미한다.

미국 유권자층은 대부분 백인, 기독교 신자 및 노동자 계층으로 이루어져 있다. 이전에는 이 사회적 집단들이 대립 구도에 놓인 당파적 관계를 의미했을 수도 있다. 예를 들면, 백인이라는 정체성은 공화당과 느슨한 연대를 시사했지만, 노동자 계층이라는 정체성은 사람들을 노동조합 운동으로 이끌고 민주당에 투표하도록 독려하는 것을 의미했다. 그러나 이제 이들 집단은 점점 더 공화당과 결속하고 있다. 우리가 속한 다양한 집단들 간에 갈등이 적을수록 우리의 결속력은 더욱 단단해진다. 이를 통해 우리는 우리 집단의 일원을 더욱 선호하게 되고, 타 집단의 일원은 도리어 더욱 경계하게 된다.

도널드 트럼프의 대선 구호 '미국을 다시 위대하게(Make America Great Again 또는 #MAGA)'는 전반적으로는 분열을 의미했다. 그 구호는 백인이 절대다수를 이루며, 공정하고 안전했던 과거 미국의 신화적 모습을 상기시켰고, 이를 통해 민주당을 지지하는 다수의 저소득 유권자층과 보수 성향의 백인 유권자층을 인종적으로 분리해 자신의 편으로 끌어들이려 했기 때문이다. 트럼프는 이 유권자들에게 그가 대선에서 승리하는 것은 미국의 승리와 그들의 승리를 의미하는 것이라고 단언했다.

힐러리 클린턴Hillary Clinton은 자신의 승복 연설에서 "우리는 미국이 우리가 생각했던 것보다 더 분열되어 있다는 것을 확인했습니다. 그러나 저는 여전히 미국을 믿으며, 앞으로도 마찬가지일 것입니다. 여러분도 그렇게 생각한다면, 우리는 결과에 승복하고 미래를 바라봐야 합니다. 도널드 트럼프는 우리의 대통령이 될 것입니다. 우리는 열린 마음을 가지고 그에게 지도자가 될 기회를 주어야 합니다. 헌법에 보장된 우리의 민주주의는 평

화적인 권력의 이양을 수호합니다"라고 이야기 한 바 있다. 스티븐슨의 연설과 달리 당파적 분열을 인정하고 있다.

 2016년 대선은 정치학자들 사이에서 앞으로 수십 년 동안 두고두고 회자되겠지만, 사회적 영향력의 관점에서 봤을 때 이 선거는 미국의 양당체제가 붕괴의 길로 가는 확실한 이정표가 되었다. 우리는 전통적으로 민주당을 지지하던 다양한 유권자 집단이 서로 분열하는 모습을 보았다. 이민과 일자리 문제에 관한 공포심을 이용하는 우파 포퓰리스트(populist, 일반 대중의 인기에 편승하여 일을 추진하는 사람)에 의해 저소득층의 백인 유권자들이 동요한 것이다. 브렉시트를 지지하는 것이 반자본주의 좌파 세력과 보수 우파 세력을 결집한 것과 마찬가지로 이러한 차이는 항상 존재했다. 정치 단체와 같은 광범위한 사회적 집단에서 모든 사안에 대해 구성원의 합의를 끌어내는 것은 불가능에 가깝다. 조직의 구성원들이 다양한 정체성과 관심사를 가지는 것이나, 배구팀의 구성원들이 각기 다른 우선순위와 관점, 정체성을 가지는 것도 이와 마찬가지다. 사회와 조직, 그리고 배구팀이 제 기능을 하는 이유는 구성원들이 합의하지 못한 사안들보다 집단의 공통된 목표가 더 중요하다는 사실에 이들이 동의하기 때문이다.

정체성의 위협 : 도널드 트럼프와 힐러리 클린턴

우리는 지난 10년간, 특히 미국과 영국의 정치계에서 이러한 합의에 균열이 발생하고 있는 것을 보았다. 정치인들은 상대의 지지 기반에 분열을 일으켜 선거에서 이기고자 하며, 차후 국가의 화합을 도모하는 일에는 서로 협력하지 않는다. 선거 운동 때의 논란이 종종 당선 이후로 이어지기도 한다. 이러한 수준의 갈등이 기업에 발생한다면 그 기업은 곧 문을 닫고 말 것이다. 배구팀 선수들이 승리를 위해 협업하지 않는다면, 선수들의 탈퇴로 팀은 곧 와해되고 말 것이다. 그러나 국가는 다르다. 국가 안에서 분열이 고조되고 있더라도 있는 힘을 다해 체제를 유지하려는 노력을 기울이는 수밖에 없다.

만일, 집단을 분열시키려는 시도 대신 집단 전체가 공격받는 일이 생긴다면 어떻게 될까? 이것은 정체성의 위협identity threat

으로 알려져 있다. 우리가 우리 자신과 동일시하거나, 혹은 동일시될 수 있는 사회적 집단에 대한 위협이기 때문이다.

정체성 위협은 과거 조상들이 포식자의 흔적을 발견했을 때 경험했던 것과 같은 생리적 반응을 불러일으킬 수 있다. 위협에 우리의 정신을 집중시켜 인간의 가장 원초적인 반응인 싸움 혹은 도망의 태세를 갖추도록 신체적 스트레스 반응을 만들어내는 것이다. 여러분이 지금 이 책을 읽고 있는 것은 아마도 여러분의 조상이 위협을 감지하고 위와 같은 반응을 보이는 데 뛰어났기 때문일 수도 있다.

우리는 정체성 위협을 크게 세 가지 유형으로 분류할 수 있다. 집단에 대한 위협, 집단 내 개인의 위치에 대한 위협, 그리고 집단으로 분류되는 것에 대한 위협. 보행자와 자전거 운전자의 사례는 첫 번째 유형으로 볼 수 있다. 운전자가 보행자에게 욕설을 퍼붓는 행위는 자신이 속한 보행자 집단이 자동차 운전자, 자전거 운전자, 오토바이 운전자 등의 집단에 비해 우월하다는 보행자의 인식에 이의를 제기할 수 있기 때문이다.

2016년 9월 9일, 힐러리 클린턴은 뉴욕에서 열린 선거 자금 모금 행사에 참석했다. 그리고 그 자리에 모인 자신의 지지자들에게 다음과 같이 말했다. "우리는 트럼프 지지자의 절반을 '개탄스러운 집단basket of deplorables'에 포함시킬 수 있습니다. 그렇지 않습니까? 이들은 인종 차별주의자, 성차별주의자, 동성애

혐오자, 외국인 혐오자, 이슬람 혐오자들입니다. 안타깝지만, 세상에는 그런 부류의 사람들이 존재합니다". 이 발언은 각종 뉴스를 장식하며 반발을 일으켰다.

특히 흥미로운 것은 바로 이 '개탄스러운 자'들의 반응이다. 정체성 위협을 경험할 때 우리에게서 나타나는 반응의 유형은 크게 여섯 가지로 분류된다. 위협하는 자를 공격하고 깎아내리는 것, 정체성에 대한 연대를 숨기는 것, 정체성을 옹호하는 것,

정체성과 관계를 끊는 것, 정체성에 대한 우리의 인식을 바꾸는 것, 정체성의 중요성을 감소시키는 것. 이들 중 어떤 반응이 표출되는지는 우리의 상황, 즉 정체성에 대한 연대 정도와 위협의 본질에 따라 다르다.

클린턴은 트럼프를 지지하는 자들을 '개탄스러운 자'들로 낙인찍어 그에 대한 표심이 줄어들기를 바랐을지 모르지만, 사실은 그 반대의 효과가 일어난 것으로 보인다. 소위 이 '개탄스러운 자'들은 자신을 위해 이 표현을 받아들이고, 자신의 정체성을 강화하기 위한 수단으로 이를 이용했다. 기득권에 의해 소외되는 집단의 개념을 아우르기 위해 그들이 가진 정체성의 의미를 바꾼 것이다.

위협의 근원을 공격하는 행동은 앞서 언급한 여섯 가지 반응 중 가장 설명이 쉽다. 2012년, 캐나다 출신의 미국 비디오 블로거인 아니타 사키시안Anita Sarkeesian은 비디오 게임에서 여성이 어떻게 묘사되고 있는지 연구하기 위해 영상을 제작하기로 하고 클라우드 펀딩을 개설했다. 하지만 이를 계기로 남성 비디오 게이머들의 엄청난 공격을 받았다. 개인 정보 해킹에서부터 살해 위협, 심지어는 그녀의 얼굴에 펀치를 날리는 플래시 게임까지 등장하기에 이르렀다. 사키시안의 행동이 그들의 정체성이 가지는 긍정적 특수성에 위협을 가한다고 생각한 것이다. 사키시안의 행동으로 비디오 게임이 성차별적인 것으로 받아들여질 수 있는데, 그들은 스스로 또는 그들의 게임이 성차별적이라고 생각하지 않기 때문이다. 이들은 공격하고 헐뜯는 방식으로 사키시안에 대응하였다.

안타깝게도 이처럼 남성성을 포함하는 정체성에 여성이 위협을 가할 때 나타나는 것과 같은 유형의 반응은 드물지 않다. 한 실험에서 젊은 남성 집단, 특히 강한 남성성을 보이는 집단의 구성원들이 정체성의 타당성 혹은 긍정적 특수성에 위협을 받거나 이상적인 구성원에 가까워졌다는 인식에 위협을 받는 경우, 여성에 대한 공격성도 증가한다는 사실이 밝혀졌다.

소설 《캐치-22》에서 요사리안이 총살의 위협에 대응한 방식은 미공군USAF 폭격부대 대위라는 사회적 집단과 집단의 규칙 및 기대에 자신을 동일시하지 않는 것이었다. 또한, 헨리 타즈펠은 포로수용소에서 살아남기 위해 폴란드계 유대인이라는 자신의 정체성을 숨겼다. 수백 년 전, 포르투갈과 스페인에서는 콘베르소(conversos, '개종자'라는 뜻의 스페인어로 특히 과거 반유대인 폭동으로 많은 유대인이 박해를 피해 그리스도교로 개종했을 때의 이들을 뜻하며, '개종 유대인'이라고도 한다)가 이와 같은 방식으로 살아남았다. 이들은 공적으로는 그리스도교로 개종한 신분이지만, 비밀리에 유대교에 대한 믿음을 고수했다. 하지만 이러한 종류의 은폐에는 대가가 따른다. 한 연구에 따르면, 직장에서 인정받기를 기대하며 낙인찍힌 정체성을 숨기려는 이들은 오히려 그

반대를 경험하기 쉽고, 이는 삶의 질과 업무 수행능력의 저하로 이어진다고 한다.

그렇다면 이 모든 것이 우리에게 시사하는 바는 무엇일까? 우리와 비슷한 사람들에게는 깊은 연대감을, 다른 사회적 집단에 속한 사람들에게는 미움과 불신과 적대감을 품게 될 때, 우리의 사회적 자아는 최악의 상태로 치닫는다. 편협한 사회적 집단을 기반으로 정체성을 심화시키는 행동은 내부에서도 저항을 불러일으킨다.

어떤 사람들은 그들의 이웃과 똑같이 행동한다.
그래서 어떤 미치광이가 활개를 치고 다닌다 해도
그것을 알고 피할 수 있을 것이다.

―――――――――――― 미들마치, 조지 엘리엇(Middlemarch, George Eliot)

ⅠⅠⅠ 2장 우리의 상호 작용

2017년, 마이클은 교수직 면접을 보았다. 당시는 행동경제학 붐이 한창이었는데, 이슈를 몰고 오는 달갑지 않은 손님과 같은 이미지였지만 이 새로운 사고방식은 꽤 널리 받아들여지고 있었다. 하지만 이러한 이유로 면접관은 마이클에게 약 30분에 걸쳐 집요한 질문을 계속해서 쏟아냈다. 그가 한 질문은, 행동경제학에 관한 마이클의 연구가 실제 경제학과 관련이 있는지, 또 경제학 분야(면접관이 경제학자가 되기 위해 10년 이상 몸담아온 분야)에서 일해 본 경험은 있는지와 같은 것이었다. 마이클이 그 일자리를 얻지 못했다는 사실은 말할 것도 없다.

얼핏 보면 앞서 논의했던 상황과 마이클의 경험에는 공통점이 많은 것처럼 보인다. 다른 경제학자가 마이클에게 경제학에는 그를 위한 자리가 없다고 말함으로써 경제학제로서의 마이클의 정체성에 위협을 가한 것처럼 말이다. 하지만 마이클의 예는 다르다. 앞에서 우리는 집단 간 갈등에 대해 살펴보았다. 하지만 마이클이 면접에서 경험한 것은 집단 내 갈등으로, 같은 집단에 속한 두 일원 사이에서(이 경우에는 경제학자들) 발생했다. 또한, 위협에 처한 것은 집단 내에서의 마이클의 위치였다.

우리는 같은 집단에 속한 일원들이 어떻게 서로에게 호감을 지니고 화합하는지를 살펴보았다. 하지만 서로 의견이 다르다면 어떻게 될까? 집단의 일원이 된다는 것이 무슨 의미인지에 대해 집단의 일원들이 생각하는 바가 각기 다르다면?

우리가 한 사회적 집단의 일원이 되고 그것을 내면화할 때, 스스로 고정 관념을 형성하는 과정을 거치게 된다. 즉, 그 집단의 일원이 되는 것이 무엇을 의미하는지 마음속으로 이미지를 그리고, 그 이상ideal을 따르기 위해 노력한다. 이것은 사회적 과정이다. 같은 사회적 집단에 속한 사람들은 집단의 구성원이 되는 데에 어떤 것이 수반되는지, 그리고 집단은 구성원들에게 어떠한 방식으로 집단적 자존감과 가치를 제공하는지에 대해 합의하고자 한다. 우리는 집단의 일원 모두가 우리가 선호하는 방식으로 행동하기를 바라며, 집단의 의미를 변질시키려고 하는 사람과는 한 집단에 소속되고 싶어 하지 않는다. 이는 이 과정이 사회적이기 때문이며, 집단 구성원의 행동이 집단의 일원이 됨으로써 얻는 존중이나 가치에 영향을 미치기 때문이다.

이러한 문제는 소규모 기업이 점점 성장하는 과정에서 자주 발생한다. 기존의 직원들은 사회적으로 서로 긴밀히 연결되어 있고, 기업의 일원으로 일한다는 것이 어떤 의미인지에 대해 이미 확고한 생각을 지니고 있다. 그러므로 조직이 성장할 때(예를 들면 신생 기업에서 중견 기업으로), 기존의 직원들은 자신과 다른 관점을 가진 신입 직원들의 유입으로 조직의 정체성이 희석되고 있다고 느낄 수 있다. 마찬가지로, 신입 직원들은 회사를 위한 자신의 기여가 그다지 환영받지 못한다는 느낌을 받을 수 있다. 소규모의 사회적 집단이 더 크고 더 상징적이며, 더욱 제도화된 집단으로 변모하는 것은 성장을 원하는 소규모 기업에 가장 큰 도전이다. 이것이 종종 실패로 이어져 조직을 무너뜨릴 수도 있기 때문이다. 사회적 집단의 경계에 대한 감시를 어느 정도로 유지할 것인가 하는 문제는 우리가 그 집단과 나 자신을 얼마나 동일시하느냐에 달려 있다. 또한, 타 집단을 지지하기 위해 지금 소속되어 있는 집단을 벗어나는 일이 얼마나 쉬운가에도 달려 있다.

 집단에 대한 우리의 애착은 집단의 기대에 어긋나는 행동을 한 사람을 어디까지 용인할 것인가에 하는 각자의 인식에도 변화를 가져온다. 사람들은 자신이 깊은 유대 관계를 맺고 있는 집단에서 누군가가 상식에 벗어난 행동을 하면 그 사람을 향해 반응을 보인다. 비상식적인 행동이 집단 내에서 새로운 '규범'이 되면 구성원의 자격이나 지위가 위협받거나, 집단을 통해 얻는 존경과 가치가 훼손될 것으로 생각하기 때문이다.

집단의 소속감 : 고통스러운 배척

집단에 대해 인간이 느끼는 소속감과 가치는 집단 구성원의 행동 방식, 그리고 집단의 이상향과 스스로의 유사성에 크게 영향을 받는다. 우리는 집단(그리고 집단 내에서 우리의 위치)을 유지하기 위해 구성원들에게 규칙을 준수하라고 독려할 수 있다. 하지만 누군가(우리 또는 다른 누군가)가 집단에서 완전히 방출될 정도로 심각한 상황이 발생했다면 어떻게 할까?

1895년 1월 5일, 알프레드 드레퓌스Alfred Dreyfus 대위는 파리 육군사관학교 운동장에서 '공식적 군적 박탈'을 당했다. 숨죽인 채 서 있는 군인들 앞에서 그의 군복에 달린 계급장과 단추, 장식용 수술은 모두 뜯겨나갔고 군도는 조각났다. 울타리 밖의 수많은 군중은 그에게 야유를 퍼부었다. '군적 박탈식cashiering'로 알려진 이 절차는 당시 심각한 위법 행위를 저지른 장교를 해임하는 프랑스군의 관습이었다.

유대계 프랑스 장교인 드레퓌스는 반역죄로 유죄 판결을 받았다. 그러나 차후 무죄라는 사실이 밝혀졌고, 반유대주의anti-Semitism가 유죄 판결에 영향을 미쳤다고 널리 받아들여졌다. 드레퓌스는 당시의 경험을 '끔찍한 고문'으로 묘사했으며, 이후 그가 표현한 것보다 훨씬 더 감정적인 언어로 아내에게 투옥에 대해 다음과 같이 썼다.

불명예로 얼룩져 찢겨나간 내 옷은 잔인하게 나를 현실로 되돌려 놓았습니다. 증오와 경멸의 얼굴을 한 이들은 내게 매우 노골적으로 왜 그곳에 있었는지 물었습니다. …… 나라도 그랬을 겁니다! 그들의 입장이었다면 나 또한 국가를 배신한 반역자로 낙인찍힌 장교를 경멸하지 않을 수 없었을 것입니다. 아아. 여기 가련한 비극이 있습니다. 반역자가 있지만, 나는 아닙니다!

이는 집단으로부터의 배제 혹은 배척을 알기 쉽게 보여주는 사례이다. 드레퓌스의 말에서 특히 주목할 만한 것은 그가 그를 거절하는 집단과 자신을 여전히 동일시한다는 것과 여전히 그 집단에 속하기를 바란다는 것, 또 그가 유죄 판결을 받은 그 죄목에 대해서는 군적 박탈식과 치욕이 적절한 처벌이라고 생각했다는 점이다.

배척을 '사회적 사형'으로 묘사하는 것에 드레퓌스는 동의할 것으로 생각한다. 하지만, 배척의 모든 사례가 드레퓌스가 겪은 치욕이나 마이클의 처참한 면접처럼 극단적이지는 않다. 여러분이 다른 두 사람과 함께 공을 주고받는 게임을 하고 있다고 생각해 보자. 그 둘이 여러분에게 공을 던지지 않는다면 어떤 기분이겠는가? 처음 두어 번은 그저 우연이라고 생각하겠지만, 곧 배척당하는 느낌이 들기 시작할 것이다. 게임에서 배제되는 것이다.

이러한 게임에서 나타나는 배척(게임 참여자에게 '공'이 전달되는 투구 비율로 측정됨)은 사람과 사람 사이의 대인 관계(공격 혹은 친절) 그리고 개인의 자아(자존감, 감정 등) 척도에 큰 타격을 입힌다는 사실이 연구를 통해 밝혀졌다. 흥미로운 점은, 배척의 행위가 어디에서 발생하든 그 효과는 같다는 것이다. 우리가 속한 집단이든 속하지 않은 집단이든, 또 대부분의 사람이 혐오하는 집단(예를 들면 KKK단*)이든 그 효과는 마찬가지였다.

이 연구는 배척이 그 자체만으로 너무 고통스러운 행위이기 때문에 배척의 행위자가 누구인가 하는 문제는 뒷순위로 밀려난다는 것을 보여준다. 그러나 이에 대한 또 다른 해석은 배척을 당하는 순간 우리가 어떤 사회적 집단에 속해 있는가에 주목한다. 공을 주고받는 게임을 하는 순간 우리에게서 가장 두드러지게 나타나는 정체성은 '공 주고받기 게임을 하는 사람'이다. 이 정체성은 '백인 우월주의자' 또는 '백인이 아닌 우월주의자'와 같은 광범위한 사회적 집단의 정체성을 일시적으로 대체한다. '공 주고받기 게임을 하는 사람'이라는 정체성이 두드러지게 나타날 때, 함께 공을 주고받던 이들이 나를 배척한다면 그것은 상처가 된다.

새로운 일을 시작할 때, 특히 그것이 중압감이 크거나 힘든 일이라면 우리는 신경을 곤두세운다. 그리고 처음 몇 주 동안은 집단 구성원들과 잘 어울릴 수 있을지에 대해 주로 걱정한다. 친구 중 한 여성이 다른 세 명의 남성 구직자들과 함께 팀을 이뤄 업무를 수행하고, 전부 남성으로 구성된 면접관 앞에서 면접을 보았다. 그리고 그녀는 입사 제의를 받더라도 거절하겠다고 마음을 먹었다고 한다. 그곳이 남성적 고정 관념이 지배적으로 나

---

* 'Ku Klux Klan'을 뜻하는 말로, 백인 우월주의를 표방하는 미국의 극우 비밀결사 단체

타나는 조직으로 느껴져 자신과 어울리지 않는다고 생각했기 때문이었다. 실제로 그녀는 입사 제의를 받았고, 그것을 거절했다. 이 경우에는 집단이 그녀를 거절한 것은 아니다. 그녀는 집단의 일원들이 자신을 업무적으로는 받아들일 준비가 되어있다 해도 사회적으로는 자신을 받아들이지 못할 것으로 생각했다. 또한, 그 집단의 기대치에 부응하기 위해 자신을 변화시킬 능력도 의지도 없다고 생각했다.

업무 강도는 높지만, 급여 수준이 그리 높지 않아 상대적으로 저평가되는 간호사나 교사와 같은 직업군에서는 '내가 집단의 일원으로 받아들여진다'라는 감정이 특히 중요하게 생각된다. 그러므로 이러한 직업 내에서 느끼는 소속감과 사회적 지지는, 예를 들면 증권 중개인이 가지는 소속감과 사회적 지지보다 더 중요하게 여겨질 가능성이 크다. 따라서 사람들은 이러한 직업에 종사하는 이들이 배척을 피하기 위해 집단의 가치에 순응하고 그것을 내면화하는 노력을 기울이기를 기대할 것이다.

한 연구에서 실습 중인 간호학과 학생들이 병원에서 근무 중인 정규 간호사들과 어울리기 위해 어떻게 노력하는지 살펴보았다. 이들은 '뜻밖의 분쟁(예를 들면, 간호사가 구시대적 방식이나 금지된 방식으로 일을 한다고 문제를 제기하는 것)'을 일으키지 않으려고 노력하는 모습을 보였다. 집단의 일원으로 받아들여지는 것이 이들의 최우선 과제이기 때문이었다. 이미 집단에 받아들여겼다고 느낀 학생들은 구시대적 관행에 대해 문제를 제기하는데 더 적극적이었다. 그러나 연구자들도 지적했듯, 간호업계는 문제 제기를 피하려고 하면 누군가가 실제로 생명을 잃을 수도 있기 때문에, '순응, 복종, 획일성'과 거리를 두려는 노력을 기울여왔다.

고정 관념 위협 : 거부하고 싶은 고정 관념

집단에 대한 소속감과 그에 따르는 자부심은 우리가 스스로를 집단의 훌륭한 일원으로 생각하는가의 여부에서 비롯된다. 다시 말해, 우리가 높이 평가하는 사회적 집단의 전형에 우리가 얼마나 잘 어울리느냐 하는 문제가 우리의 소속감과 자부심을 결정한다는 것이다. 이러한 이유로 우리는 집단의 전형에 부합하지 않는 행동을 취하거나, 집단을 위한 '이상'과 거리가 먼 행동을 하는 것을 꺼리게 될 수 있다. 그러한 행동이 장기적으로는 우리에게 득이 된다고 하더라도 말이다. 일례로, 한 연구에 따르면 남녀 공학에 다니는 아프리카계 미국인 학생들 사이에는 학업 성취도와 인기 간에 반비례 관계가 나타난다. 이는 백인 학생들 사이에서는 찾아볼 수 없으며, 학생들의 인종이 다양할수록 더 강력하게 나타난다. 이 학생들이 학업과 또래 집단 사이의 상충점에 직면했다는 주장이 이를 뒷받침한다.

영국에서는 이와 유사한 현상이 어린 흑인 학생들이 아닌 백인 노동자층 소년들 사이에서 나타난다. 이들은 백인처럼 행동하는 것이 아니라 '상류층posh'처럼 행동하는 것에 대해 두려움을 가지고 있다. 또한, 학업에 집중하는 것은 학생이 그가 속한 또래 집단과 그 사회를 떠날 계획이라는 사실을 암시한다는 근본적인 불안도 가지고 있다. 분수에 맞지 않는 행동을 하거나 열심히 공부하는 모습을 보이면 괴롭힘과 조롱이 뒤따르는데, 이는 젊은 층의 학업적 성공을 더욱 어렵게 만드는 요인이다.

연구자들은 자신의 지위를 강화하기 위해 집단에 순응하고자 하는 마음이 강하고, 다른 구성원들이 규칙을 어겼을 때 그것을 가장 능동적, 적극적으로 감시하는 이들은 집단 내에서 자신의 위치가 가장 취약하다고 생각하는 사람들이라고 밝혔다

우리가 집단의 규범을 어겼을 때 집단의 구성원 모두가 등을 돌린다면, 우리의 정체성에 가해지는 내적 위협에 과연 어떻게 대응할 것인가?

소비자로서 행동할 때 나타나는 '보상' 행위가 그 답이 될 수 있다. 최근의 한 연구에 따르면, 사람들은 자신의 정체성에 모순이 되는 상품을 구매할 때 이러한 행위에 대해 '균형을 맞추려는' 경향이 있다. 예를 들어, 친구의 생일 선물로 첼시 상품을 사는 토트넘 팬은 이후 토트넘 관련 옷을 더 많이 사거나 다음 경기에 더욱 적극적인 응원을 보인다는 것이다.

하지만 순응은 차치하고 적극적으로 거부하고 싶은 집단의 고정 관념에 대해 인식하고 있을 때는 어떨까? 여러분은 아마 집안을 청소하는 행위를 동화 속의 공주가 되는 것이나 원더우먼이 되는 것, 또는 좋은 엄마가 되는 것과 동일시하는 광고를 본 적이 있을 것이다. 흥미롭지 않은가!

이제 다음의 수학 문제를 살펴보고 답을 구할 수 있는지 생각해 보자.

1. 그래프 $2x-y=4$가 y축과 만나는 점은?
2. $f(X)=\sqrt[3]{(x-1)}$은 어떤 함수인가?
3. $3x^2+tx-21=(3x-3)(x+7)$에서 t의 값을 구하라.
4. $110 \div 4$는?*

이 문제는 영국에서 약 16세 학생들에게 가르치는 정도의 수준이다. 여러분들 중에는 이 문제를 어렵다고 생각한 사람도 있을 것이고, 한두 문제 정도는 풀어볼 만하다고 생각한 사람도 있을 것이다. 혹은 '수학 문제를 풀기에는 너무 이른 시간이야'라던가 '바깥 날씨가 너무 좋아'라고 생각하고 바로 페이지 하단의 정답을 확인한 사람이 있을지도 모르겠다.

---

* 정답은 1. (0,-4)/ 2. 세제곱근 함수/ 3. 18/ 4. 27.5

하지만 몇몇 사람들에게서는 다른 점도 찾아볼 수 있다. 특히 (백인)여성이라는 사회적 범주에 포함된 사람들이 여기에 속한다. 이 경우, 수학에 약하다고 여겨지는 집단에 자신이 속한다는 인식이 수학 문제를 푸는 능력에 영향을 미쳤을 가능성이 있다. 연구자들은 이를 고정 관념 위협stereotype threat이라고 부른다. 이 위협은 부정적인 고정 관념 그 자체에 대한 집착, 즉 지나친 주의의 형태로 나타나며, 업무에 집중하는 데 오히려 방해가 된다.

고정 관념 위협의 개념은 꽤 단순하지만, 효과는 의외로 상당히 강력하다. 이러한 형태의 정체성 위협은 특정 사회적 집단의 구성원들이 주목받을 때(예를 들면 한 가지 성 정체성만을 과하게 부각하는 청소 용품 광고) 나타날 가능성이 더욱 크다.

현대에는, 이러한 종류의 부정적인 고정 관념이 다른 사회적 위협으로 이어진다. 안타깝게도, 수학 시험에서는 싸움도 도망도 좋은 선택이 아니다. 부정적인 고정 관념에 집착하는 것도 문제를 푸는 데 전혀 도움이 되지 않는다.

인정하고 싶지 않을 수도 있지만, 대부분의 사람들은 시험을 치를 때 심장이 쿵쾅거리고 식은땀이 쏟아지는 것을 경험해 본 적이 있을 것이다. 그렇게 되면 시험을 망칠까봐 걱정하는 것 말고는 아무런 생각도 할 수 없게 된다. 성인의 경우에는 다음날 있을 중요한 프레젠테이션을 망치게 될까 걱정하는 일이 이와 비슷한 경우다. 한번 그러한 생각에 사로잡히게 되면 쉽게 잠들지 못할 뿐만 아니라 한겨울에도 온몸이 뜨거워지는 것을 경험할 수 있다. 고정 관념 위협은 이보다 한 단계 더 앞서간다. '사람들이 나를 어떻게 생각할까?'는 물론 '진짜로 그렇게 되면 어떡하지?' 등의 생각까지 포함하기 때문이다.

고정 관념 위협은 시간이 흐르면서 점점 악화된다. 잠 못 이뤘던 지난밤들을 떠올려보자. 스스로에게 내일은 중요한 날이니까 마음을 가라앉히고 '그냥 자자'라고 말한 적이 몇 번이나 되는가. 우리는 실패에 대한 걱정이 아무런 도움도 되지 않는다는 사실을 알기 때문에 이러한 위협에 대한 초기의 반응을 억제하는 데 더 많은 에너지를 소비하게 된다. 이것이 바로 고정 관념 위협의 또 다른 요소다.

고정 관념 위협은 성공을 위해 기회에 다가가는 방식에 상당한 영향을 미친다. 정확히 얼마나 상당한 영향인지는 논의의 여지가 있지만 말이다. 하지만 이것은 집단에 대한 고정 관념이나 집단의 규범에서 벗어나려고 할 때에만 실질적인 이슈가 된다. 우리는 집단의 일원들이 우리를 대하는 방식이나 이로 인한 자존감 상실로 집단에서 나가는 것이 고통스러운 일이라는 것을 알고 있다. 그래서 대부분의 경우, 집단의 규범에 부합하는 방식으로 스스로의 행동을 변화시켜 그 고통을 피하려고 한다.

순응하고자 하는 욕망이 있다는 것은 개인으로서 행동할 때와 집단의 일원으로서 행동할 때 우리의 행동 방식에 때때로 차이가 나타난다는 것을 의미한다. 옳지 못한 일이라는 생각이 들더라도 우리는 집단의 결정을 따르려는 경향이 있다. 집단 구성원들을 따라, 또는 집단의 이익을 보호하기 위해 거짓말이나 부정행위를 할 수도 있으며 심지어는 살인까지 저지를 수 있는 것이다.

집단의 일원이 됨으로써 그릇된 방식이나 부적절한 방식으로 행동할 명분을 얻었다고 생각할 때(또는 최소한 스스로 그렇다고 확신할 수 있을 때), 우리는 우리가 속한 사회적 집단과 그 집단에 부합하는 행동 양식을 통해 여러 가지 잘못들을 정당화하게 된다.

사회적 집단을 공유하는 학생들을 대상으로 집단의 정체성이 부정행위에 대한 '허락'을 의미할 수 있는지를 알아보는 흥미로운 연구가 있었다. 연구자들은 학생들을 모아 어려운 수학 문제를 풀게 했다. 학생들은 스스로 시험지를 채점하고 연구자들에게 점수를 알려준 뒤 정답 수에 따라 보상을 받은 후 시험지를 파쇄했다. 점수를 속이더라도 들키지 않도록 하는 방법이었다. 하지만 파쇄기는 실제로 문서를 파쇄하지 않았고 연구자들은 학생들이 알려준 점수와 그들의 실제 점수를 비교해 볼 수 있었다.

문제를 풀기 시작한 지 약 1분 만에 한 참가자(연구진과 사전에 논의가 되어 있었다)가 자리에서 일어나 문제의 정답을 모두 맞혔다고 이야기하고 문제지를 파쇄한 뒤 상금을 요구했다. 다른 참가자들이 생각하기에도 이 학생의 부정행위는 명백했다. 하지만 두 가지의 상황에 따라 중요한 차이점이 나타났다. 첫 번째는 이 학생이 평범한 티셔츠를 입었을 때이고, 두 번째는 경쟁 대학의 티셔츠를 입고 있었을 때다. 연구진은 경쟁 학교 학생이 부정행위를 저지르는 것을 보았을 때보다, 그들과 함께 핵심적인 사회적 집단에 속한 학생이 부정행위를 저지르는 것을 보았을 때 참가자들이 부정행위에 더 많이 가담하게 되는지를 살펴보고자 했다. 부정행위자가 없는 집단과 비교했을 때, 동료의 부정행위를 목격한 학생들의 부정행위는 크게 늘었고, 경쟁 대학 학생의 부정행위를 목격한 경우에는 그 반대의 결과가 나타났다.

특정한 방식으로 행동하도록 하는 '허락'은 '나쁜' 사람들이 왜 힘든 시기에 더 많이 등장하는지를 이해하는 데 도움을 준다. 또한, 일상적으로 마주치는 친절하고 평범한 사람들의 행동과 대규모 집단에 속한 사람들의 행동 사이에 나타나는 표면적인 단절을 이해하는 데에도 도움을 준다.

강한 정체성을 형성하고 그 정체성 집단의 일원으로 행동하도록 하는 것은 군대에서는 꽤 일반적인 일이다. 전쟁 중인 군대는 민간 사회에서는 일반적으로 하지 않는 일을 기꺼이 행하는 군인들이 없다면 제 기능을 할 수 없다. 여기에는 타인에게 공격을 가하고 죽이는 일도 포함이 된다. 공격과 살생의 대상이 상대 집단의 일원일 수도 있지만, 내전의 경우에는 친구와 이웃이 종종 그 대상이 되기도 한다. 도덕성의 결핍으로 아무런 죄책감 없이 사람을 죽이는 사이코패스를 흔히 찾아볼 수는 없다. 설령 수많은 사이코패스를 찾았다고 해도, 그들로 이루어진 군대는 명분을 위해 기꺼이 희생할 의지도, 결속력도 부족할 것이다.

대신 군대는 공통의 가치, 공통의 경험, 그리고 행동과 복장의 통일성이라는 세 가지 토대를 바탕으로 강한 정체성과 군사를 만들어낸다. 퇴역한 미 육군 준장 론다 코넘Rhonda Cornum은 걸프전 당시 전쟁 포로였다가 이후 미 육군의 심리 치료 프로그램을 개발했다. 그는 군복을 입었다고 해서 사람의 심리가 바뀌기를 기대해서는 안 된다고 주장한다. 또한, 미군은 병사들의 정신 건강을 더욱 잘 관리해야 하며 이들의 정신력이나 체력을 무한한 자원으로 여겨서는 안 된다고 말한다. 이에 대해서는 론다 코넘의 말이 명백히 옳다. 하지만 군복을 입는 것, 그리고 훈련이 더해진 '군인'의 정체성이 대다수의 사람들은 하지 못할 몇 가지 일을 수행할 수 있도록 한다는 것은 아마도 과장된 발언일 것이다.

무거운 군장을 메고 먼 거리를 달리는 것, 위험을 무릅쓰는 용기, 집단을 위해 자신을 희생하는 의지. 이러한 것들은 대부분 좋은 의미로 우리에게 놀라움을 안겨준다. 반면 판단하기 모호한 것들도 있다. 예를 들어, 타인을 죽이는 행위는 그것이 심지어 정당방위라 하더라도 긍정적인 것으로 볼 수 없지만, 효과적인 군대를 유지하는 데 필수적인 부분이 아니라고 주장하기는 어렵다. 또한, 군대라는 집단에 속한 사람들은 때때로 일상의 경계를 벗어난 부정적 행위를 해야 하는 때도 있다. 수백 년 동안 침략군이 저지른 잔혹 행위는 '전리품'이나 '명령 복종'을 구실로 용서받았다. 이들이 일상생활에서는 그러한 행동을 저지르지 않는다고 해도, 잔혹 행위는 그저 잔혹 행위일 뿐이다.

사회적 본능은 우리에게 집단의 구성원으로 머무르라고 말한다. 이것이 순응이나 자기 검열, 또는 타인에 대한 처벌을 의미할지라도 말이다. 이 사회적 본능은 바람직하지 않은 결과를 만들어 낼 수도 있다. 그리고 그 결과는 우리가 모르는 사이에 우연히 발생하기도 한다. 1장에서 다루었던 '차별'과 연결해서 살펴보면, 이러한 사회적 본능이 우리의 사회적 자아가 가진 어두운 면을 보여준다는 것을 알 수 있다. 이 사회적 자아가 스스로를 의심하게 하고, 다른 모든 이들(친구든 적이든)을 괴롭히는 길로 인도하는 것처럼 보이기 때문이다.

인간의 행동에 대한 사회적 영향력은 그 어느 때보다도 강력하다. 그리고 다양한 데이터를 활용할 수 있는 능력과 악한 의도는 사회적 환경까지도 조작할 수 있다. 사회가 직면하는 바람직하지 않은 결과들은 점점 우연이 아닌 계획의 산물인 것으로

드러나고 있으며, 사회적 영향력은 예술에서 과학으로 이동해 우리가 알던 세계의 상당 부분을 재구성하고 있다.

사람들은 지옥으로 가는 길이 선의로 포장돼 있다고 말한다.
왜일까? 이들은 악의가 부족하다고 생각하는 것일까?

──────── 안드로메다, 진 로든버리(Andromeda, Gene Roddenberry)

ⅠⅠ\ 3장 사회적 본능은 어떻게 이용되는가

노던 록 은행이 국유화되고 은행 앞으로 긴 줄이 늘어선 지 채 일 년이 되기도 전에, 전 세계 사람들은 또 다른 이유로 긴 줄을 섰다. 2007년 6월 29일, 애플Apple이 아이폰iPhone을 출시한 것이다. 젊은 독자들은 아이폰이 가져온 변화를 이해 못 할지도 모르겠다. 아이폰 출시 이전에도 스마트폰이 존재하기는 했지만, 블랙베리Blackberry가 시장을 독점하고 있었다. 블랙베리는 상당히 기능적인 제품이었지만, 중년 남성 사업가들 사이에서만 큰 인기를 끌고 있었다. 밤낮으로 이메일에 답장하며 가족들에게 소홀할 수 있는 핑곗거리를 제공해주었기 때문이라는 말도 있다.

아이폰도 블랙베리와 마찬가지로 업무와 의사소통의 수단을 주머니 속에 넣는 것으로 시작했다. 하지만 아이폰은 한 단계 더 나아갔다. 그리고 계속해서 진화하고 있다. 아이폰이나 스마트폰이 널리 사용되지 않았다면 버튼 하나로 우리를 목적지까지 데려다주는 우버Uber 같은 택시 호출 서비스도 없었을 것이다. 재정 관리는 더 어려워졌을 것이고, 한가하게 버스를 기다리며 휴가를 예약하는 일도 불가능했을 것이다.

핏빗Fitbit 같은 웨어러블 기술의 등장은 스마트폰 없이는 불가능했거나, 아니면 개발에 훨씬 더 많은 시간이 소요되었을 것이다. 우리는 회의장으로 걸어가면서 급히 서류를 편집하거나, 극장 좌석에 앉은 채 술을 주문하지도 못했을 것이다.

하지만 인류의 행복을 위한 이러한 장족의 진보조차 소셜 네트워크social network의 등장이라는 또 다른 변화 앞에서는 한없이 작게 느껴진다. 페이스북은 처음에는 명문대 학생들 사이에서 확산됐으나, 결국 누구나 가입할 수 있는 서비스가 되었다. 페이스북 CEO 마크 저커버그Mark Zuckerberg의 기숙사 방에서 시작된 것이 전 세계적인 서비스가 된 것이다. 대학에 소개된 사회 관계망 서비스는 마치 들불처럼 빠르게 번져 캠퍼스의 생활을 변화시켰다.

페이스북으로 우리의 사회적 자아가 근본적으로 바뀐 것은 아니지만, 페이스북이 기존의 현상들을 새로운 수준으로 끌어올린 것은 분명하다. 영화 〈소셜 네트워크The Social Network〉에서 저커버그 역을 맡은 제시 아이젠버그Jesse Eisenberg는 영화에서 다음과 같이 말한다. '친구들의 정보를 제공하는 사이트를 만들어서 사진, 프로필 등을 보게 만들면 어떨까? 자유롭게 찾아보고 구경하는 거지. 그게 파티에서 잠깐 만난 사람이더라도 말이야. 대학 생활을 온라인에 그대로 옮겨놓는 거지. 연애가 대학생들의 최대 관심사잖아. 이성을 따라 수강 과목을 정하기도 하고… 이제 그 중심에 페이스북이 있는 거야'. 페이스북은 누구나 사용할 수 있으며, 우리의 사회생활을 체계화하는 수단이 되었다. 하지만 이 네트워크는 이동이 어려울 뿐만 아니라 부피가 크고 배터리 수명이 짧은 컴퓨터라는 기기에 국한되어 있었기 때문에 파급 범위에는 한계가 있었다.

스마트폰의 등장, 그리고 특히 학생과 청년층 인구의 광범위한 스마트폰 사용으로 오늘날 페이스북은 보편성의 기쁨을 마음껏 누리게 되었다. 2019년, 페이스북은 세계적으로 약 20억 명의 가입자를 확보한 독보적인 소셜 네트워크 플랫폼으로 군림했다. 하지만 페이스북뿐만이 아니다. 주변인들에게 나의 일상생활에 대해 자랑하고 싶다면 페이스북이 제격이지만, 일면식도 없는 사람들과 정치에 대해 토론하거나 미국 대통령의 속내를 알고 싶다면 트위터Twitter가 적당할 것이다. 또한, 친구나 유명인 또는 어느 쪽도 아닌 타인의 사진 수천 장을 보며 여러분 식단의 심미적 상태에 대해 낙담하고 싶다면 인스타그램이 안성맞춤이다.

페이스북과 마찬가지로, 이 새로운 플랫폼들도 우리의 심리를 변화시키지는 못했다. 하지만 우리의 사회적 본능은 버튼 하나로 더 많은 정보를 비교할 수 있는 이 플랫폼들 때문에 동요하게 되었다.

이를 나쁜 것으로 치부할 수만은 없다. 그러나 새로운 온라인 환경에서 우리의 사회적 본능(주위를 둘러보고, 본 것을 통해 학습하고, 타인과 나 자신을 비교하는 것)이 발현되면서 문제가 발생하기 시작한다. 사회적 정보와 상호 작용에 대한 갈망은 우리를 후퇴시키기도 하는 것이다.

소셜 미디어의 성공 : 채워지지 않는 우리의 본능

17세기 프랑스의 왕이었던 루이 14세Louis XIV는 골칫거리인 귀족들을 감시하기 위해 베르사유Versailles에 궁전을 지었다. 이에 왕에게 다가가고 싶다면, 베르사유에 살아야 했다. 매일, 매 순간 친구나 적, 연인들과 마주치며 비좁은 방에서 지내야 했고 왕이 옷 입는 것을 볼 기회를 기다려야 했다. 누가 봐도 비참한 일이었다. 과도한 경쟁과 규칙에 얽매인 비현실적인 생활이었기 때문이다. 또한, 각종 의식 절차와 추문에 휩싸인 귀족들은 루이 14세를 견제할 겨를이 없었다. 태양왕 루이 14세 시대 이후 세상은 많이 변했지만, 이들의 궁정 생활은 우리에게도 다소 친숙한 면이 있다.

2017년, 전문 컨설팅 서비스 제공 기업인 딜로이트Deloitte가 조사한 바에 따르면 성인의 38퍼센트가 자신이 휴대전화를 과도하게 사용한다고 답한 것으로 나타났다. 특히 16세에서 24세 사이에서는 56퍼센트가 자신의 휴대전화 사용이 과도하다고 응답했다. 한편 2017년에서 2018년 사이, 영국과 미국에서 스마트폰을 보유하고 있는 사람은 각각 85퍼센트와 77퍼센트였으며, 이는 2011년의 52퍼센트와 35퍼센트에서 상당히 상승한 수치다. 이처럼 스마트폰의 보편성이 증가하고 있다는 것을 고려하면, 앞으로 스마트폰 보유율은 더욱 높아질 것이다. 그리고 소셜 미디어야말로 사람들이 스마트폰을 통해 가장 긴 시간 이용하는 서비스다.

이러한 소셜 미디어들은 사람들의 사회적 본능을 이용해 성공을 거두고 있다. 우리를 소셜 미디어로 이끄는 것은 만족할 줄 모르는 우리의 본능이다. 수 세기 전에 루이 14세가 궁정을 통제할 수 있었던 것도 바로 이 본능 덕분이다.

예를 들어, 인간은 끊임없이 비교 대상을 찾으려는 본능을 통제할 수 없다. 하버드 경영대학원 교수 애슐리 윌랜스Ashley Whillans의 연구에 따르면, 인간은 다른 사람들이 우리보다 더욱 사회적으로 연결되어 있다고 일관성 있게 믿는다고 한다. 때문에 우리는 집단의 무리를 따라잡기 위해(이들도 똑같은 걱정을 하겠지만) 더 많은 친구와 더 높은 호감, 더 많은 연결 고리를 찾기 위해 허우적거린다는 것이다.

앞에서 우리는 집단에 소속되는 것이 그릇된 행동을 정당화하고, 심지어는 부추기는 데 영향을 미칠 수 있다는 사실을 확인했다. 또한, 기술을 통해 형성된 수많은 연결 고리를 통해 우리의 사회적 본능이 어떻게 동요하는지도 보았다. 이것이 자연스레 발생하는 사회적 영향력이라는 조류에 휩쓸린 결과라면, 누군가 그 힘을 이용하려 하고, 또 마침내 이용에 성공할 때에는 어떤 일이 발생할까?

사회적 정체성을 이용해 사람들을 조종하려는 시도는 전혀 새로운 것이 아니다. 예를 들어, 제2차 세계 대전과 그 후 냉전 시기에는 양측의 선전물이 예술의 형태로 발전하며 상대의 의심을 더욱 부추겼다. 21세기에는 우리에게 영향력을 미치고자 하는 사람이나 조직들이 기술과 데이터를 갖추고 예술을 넘어 과학 영역으로 기세를 확장하고 있다.

페이스북, 트위터, 인스타그램이 사람들을 조종할 수 없다면, 이들이 어느 정도는 문제에 직면했다고 봐야 한다. 상품을 판매하려는 자들에게 서비스 사용자의 관심을 파는 것이 소셜 미디어 서비스가 의존하고 있는 사업 모델이기 때문이다. 만약, 사람들이 트위터에서 다이어트 콜라 광고를 보거나 페이스북에서 친구들이 '좋아요' 누른 것을 보고 더 많은 구매를 한다면, 코카콜라 컴퍼니Coca-Cola Company는 트위터와 페이스북을 통해 소셜 미디어 광고 전략을 펼쳤을 것이다.

페이스북은 이에 관한 연구에 긴 시간을 투자했다. 페이스북

의 진정한 고객인 광고주들이 이 플랫폼을 이용하는 이유는 결국 다수의 청중에게 다가가 영향을 미치기 위함이다. 연구는 페이스북에서 누군가가 좋아하거나 공유하는 것들이 그 사용자의 네트워크 안에 있는 사람들의 행동에 영향을 미치는지, 그리고 그 과정의 사용자 관여 정도에 중요한 의미가 있는지에 대한

것이었다.

이러한 연구에서, 일상적인 행동의 영향력은 존재하긴 했으나 미미했다. 또한, 동일한 사람이 어떤 콘텐츠를 더 많이 공유했다고 해서 그에 대한 사람들의 관심도가 더 높아진 것도 아니었다. 아마도 우리는 친구와 우리 사이의 유사성을 보여주는 데까지만 기꺼이 반응한다고 볼 수 있을 것이다.

온라인상의 행동이 주변 사람들에게 영향을 미칠 수 있기 때문에, 페이스북 엔지니어들은 새로운 고민을 하게 되었다. 우리에게 대학 친구들의 근황을 알려주고, 새로운 상품이나 서비스를 판매하는 것 외에 무엇을 할 수 있을지에 대해서 생각하게 된 것이다. 그렇다면 페이스북을 통해 더 나은 시민이 되도록 우리를 독려할 수도 있을까?

페이스북의 사내 연구원들은 2010년 미국 중간 선거 당일 페이스북을 방문한 18세 이상의 미국인 6100만 명을 대상으로 한 가지 실험을 했다. 이들 중 대다수(약 6000만 명)를 무작위로 선택해 투표를 독려하는 사회적 메시지를 보여주었다. 메시지에는 지금까지 몇 명이 투표권을 행사했는지(최소한 자신들이 투표했다는 것을 페이스북에 밝힌 사람의 수)와 그들의 페이스북 친구 중 이미 투표를 마친 여섯 명의 사진도 포함되어 있었다.

이 투표 독려 메시지를 본 집단은 다른 두 집단(페이스북 친구들의 사진을 제외한 다른 모든 것을 본 정보 집단과 아무런 정보도 보지

못한 대조군)과 비교되었다. 그 결과, 투표 독려 메시지를 본 집단과 대조군을 비교했을 때 아무런 차이도 발견되지 않았다. 페이스북의 투표 독려 메시지를 보거나 투표자의 수를 인지하는 것도 사람들의 투표 행위에 영향을 미치지 않았다. 하지만 투표를 했다고 밝힌 친구들의 얼굴을 보았을 때는 영향이 있었다. 투표 가능성이 0.39퍼센트 증가한 것이다.

　이는 반올림 오차에 가까운 수치로, 크게 증가한 것은 아니다. 그러나 페이스북의 엄청난 파급력을 고려하면 이 수치의 가치는 빠르게 올라간다. 또한, 효과는 거기에서 그치지 않는다. 투표 독려 메시지를 보고 투표에 참여한 사람들은 친구들에게 자신이 선거에 참여했다는 것을 더욱 직접적으로 보여주기 위해 자신의 페이스북 페이지에 '투표 완료 I voted' 스티커를 게시하며 얼굴을 공유할 수 있었다. 이 스티커는 투표를 마친 유권자들에게만 배부되었다.

이 또한 큰 효과를 보았다고는 할 수 없었다. '얼굴' 실험군에 속한 사람의 가까운 친구들은 투표 확률이 0.22퍼센트 더 높아지는 데 그쳤다(먼 친구들은 영향을 받지 않았다). 하지만 일반적인 사용자들에게 평균적으로 열 명 정도의 가까운 친구가 있다는 것을 고려하면, 2010년 선거에서 이러한 개입으로 증가한 전국의 투표수가 34만 표에 이른다는 것을 알 수 있다.

선거 참여를 독려하기 위한 페이스북의 첫 시도는 꽤 강력했다. 그리고 정치 활동가들은 이것이 미래에 어떻게 사용될 수 있을지에 대해 생각하기 시작했다. 34만 표가 미국 전역에 고르게 분포했을 때, 이것은 어떤 것에도 그다지 큰 영향을 미치지 못할 것이다. 하지만 이것이 타깃화된다면 이야기는 완전히 달라진다. 2016년 대통령 선거의 경우, 34만 표라는 수는 미시간, 위스콘신, 펜실베이니아, 알래스카, 애리조나, 플로리다주를 통틀어 공화당의 과반수를 합친 것보다 많은 것이다. 이들 주를 대표하는 89명의 선거인단은 도널드 트럼프의 승리를 민주당의 압승으로 뒤집을 수도 있을 것이다.

이 34만 유권자들의 표는 오바마 대통령이 연임에 성공한 2012년도의 대선 결과를 뒤집지는 못하지만, 당선 표차를 선거인단 다섯 명의 표로 좁히기에는 충분할 것이다.

시민의 참여를 독려하고 세상을 더 나은 곳으로 만들고자 하는 페이스북의 능력이 인정받으면서, 이 플랫폼의 능력을 활용하는 방안을 고심하는 일이 정당, 홍보 단체, 로비스트들의 우선순위로 급부상하게 되었다.

한편, 페이스북 연구자들은 공유라는 행태가 가진 부정적인 측면에 대해서도 관심을 기울이고 있다. 또한, 부정확한 정보의 확산이라는 한 가지 중요한 사실에 대해 인지하게 되었다.

소문의 폭포 : 페이스북의 연구

2014년, 페이스북의 한 연구팀은 페이스북에서 나타나는 '소문 폭포rumour cascades'를 주목했다. 이는 명백한 허위 정보가 네트워크, 특히 밈meme을 통해 퍼지는 것을 말한다. 여기서 밈은, 다수의 피드로 복사 혹은 전달되며 이따금 약간의 수정을 거친 메시지나 이미지를 말한다. 연구자들은 허위 정보에서 진실을 가려내는 수고를 덜어내는 한편, 이에 대해 자세히 알아보기 위해 조사를 시작했다. 사용자가 특정 소문이 거짓임을 밝히는 스놉스(Snopes, 온라인 팩트 체크 사이트)의 링크를 페이스북에 공유했을 때, 해당 링크가 어떻게 퍼지는지 조사한 것이다. 연구자들은 게시물이 처음 생성된 곳이 어디인지, 그리고 누가 이것을 공유했는지를 파악하기 위해 스놉스의 기사가 링크된 시점에서부터 게시물의 히스토리를 추적했고, 이를 통해 다음 이미

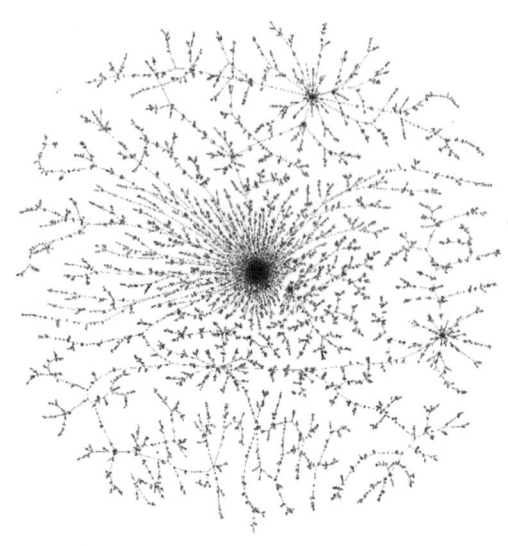

누군가 거짓 이야기를 공유하면 폭포에 물줄기가 생겨나고, 이를 누군가가
자신의 네트워크 내에서 공유할 때마다 물줄기가 계속해서 생겨난다.

지와 같은 네트워크 도표를 만들었다.

우리는 네트워크를 단일 시작점, 또는 하나의 씨앗에서 발산하는 한 그루의 나무라고 생각할 수 있다. 여기서 각 개인은 '공유'라는 행위를 통해 새로운 나뭇가지를 만들 수 있다. 어떤 나뭇가지는 금방 자취를 감추는데, 친구가 많지 않거나 영향력이 크지 않은 사람의 경우가 바로 그것이다. 반면, 공유 횟수가 많은 가지는 더 멀리 뻗어 나간다. 부수적인 공유를 통해서도 각각의 가지가 생성되는데, 이 가지들 또한 즉시 사라지거나 더 멀리 확산될 수 있다.

페이스북 연구원들은 이러한 분석을 통해 거짓 소문이 어디까지 퍼질 수 있는지와 소문의 확산을 막기 위해 반박문을 게시했을 때 어떤 일이 발생하는지를 살펴보았다.

그 결과, 소문의 확산은 빠르게 진행되지만, 반박의 효과 또한 생각했던 것보다 더 빠르게(평균적으로 약 10분 안에) 나타난다는 것을 확인했다. 사람들이 반박문을 읽게 되면, 이것은 소문의 확산을 막거나 확산 속도를 늦추는 데 상당한 효과가 있었다. 진실이 승리하기를 바라는 이들에게는 희소식이 아닐 수 없다.

그러나 페이스북 연구진이 조사한 소문 폭포의 물줄기 중에서는 단 15퍼센트만이 진실을 밝히려는 시도로 이어졌다. 나머지 소문은 진실 여부의 확인 없이 계속해서 퍼져나갔다. 이보다 더 심각한 문제는, 누군가가 소문의 폭포에서 갈라져 나온 물줄기 중 최소한 하나의 물줄기에 대해 반박하는 링크를 게시해야 거짓 소문이 퍼지고 있다는 사실을 확인할 수 있다는 것이다. 거짓을 반박하는 사람이 없다면 우리는 얼마나 많은 거짓 정보의 나무가 존재하는지 알 수 없다.

만일 반박이 효과는 있으나 그것이 제한적이라면, 맞불 전략은 어떨까? 밈에 대항하기 위해 밈을 무기로 사용하는 것이 효과적인 방안이 될 수 있을까? 연구자들은 이를 알아보기 위해 카운터밈(counter-meme, 원래의 밈을 패러디한 형식을 띠며 거기에 속아 넘어간 사람들을 조롱하는 메시지)에 대해 조사했다. 그 결과, 대부분의 카운터밈이 효과가 없으며 최초의 밈이 가졌던 추진력이나 영향력을 찾아보기 힘들다는 사실이 밝혀졌다.

페이스북이 사용료를 징수할 것이라는 내용의 밈, 또는 그 정보를 공유하지 않는다면 나쁜 목적으로 사용자의 데이터를 사용하겠다는 밈 등의 거짓이 전반적인 진실에 해를 가하는 것은 아니다. 이는 조나단 파이(Jonathan Pie, 영국의 코미디언에 의해 만들어진 가공의 영국 뉴스 리포터)처럼 인내심의 한계에 봉착해 저널리스트 흉내를 내는 사람들 역시 마찬가지이다. 하지만 거짓의 양과 이것이 확산되는 속도는 사회적 환경에서 배워나가는 우리의 능력을 갉아먹는다.

이러한 현상은 부분적으로 온라인 소셜 미디어 환경에 기인한다. 즉, 트위터나 페이스북과 같은 플랫폼으로 비즈니스를 하는 데 따르는 대가다. 하지만 어느 정도는 일부 사람이나 조직이 의도적으로 취하는 행동의 결과로도 볼 수 있다.

이는 소련의 붕괴를 연구한 인류학자 알렉세이 유르착Alexei Yurchak의 주장이다. 그는 소련의 성공적인 선전 활동이 시민들을 대상으로 두 개의 평행한 현실을 만드는 데 일조했다고 말한다. 하나는 시민들이 생필품을 구하기 위해 몇 시간씩 줄을 서며 일상의 고통을 마주해야 하는 현실이다. 또 다른 하나는 소련이 행한 집요한 선전의 부산물로, 반박이나 표출이 불가한 냉

엄한 현실을 말한다. 사람들은 처음에는 공적으로, 그 후에는 사적으로, 그리고 종국에는 그들의 머릿속에서조차 이 현실을 반박하거나 표출하지 않게 되었다.

유르착이 이야기한 것처럼 '과대 표준화hypernormalization'가 확립되면, 우리는 무언가의 대안에 대해 생각하지 못하게 된다. 이는 소련이 명백히 붕괴하고 있을 때에도 소련을 대체할 체제에 대해 생각하지 못하고 급격한 몰락에 당혹을 금치 못했던 러시아 국민의 이야기와 마찬가지다. 영국의 다큐멘터리 감독 아담 커티스Adam Curtis에 따르면, 이제는 이러한 종류의 집단적 망상이 서구를 장악하고 있다. 지도자들은 단순한 이야기를 지어내 우리의 세계에 대해, 그리고 그 세계에서 무슨 일이 일어나고 있는지에 대해 설명하려 한다. 이를 통해 세상에 대한 집단적 망상이 만들어지며 우리는 결국 이러한 이야기들을 받아들이고, 믿고, 공유하게 되는 것이다.

예를 들어, 2016년 방영한 아담 커티스의 다큐멘터리 '하이퍼노멀리제이션HyperNormalisation'에서 그는 리비아의 지도자였던 무아마르 카다피Muammar Gaddafi의 등장에 주목했다. 1980년대, 서구권에서 세계적인 적으로 여겨지던 카다피의 등장과 그것의 의미에 대해 살펴본 것이다. 다큐멘터리를 보면, 카다피는 당시 아랍 지도자들 사이에서도 그리 인기 있는 인물이 아니었다. 그는 미 정보국이 세계적 병폐의 원인으로 지목하는 인물이자 자신의 권력을 강화하는 데 병적으로 집착(그러다 결국 테러리즘을 지지하게 되는)하는 인물에 불과했다. 커티스는 세계적으로 발생하는 사건 전반에 대해 그의 주장을 대입한다. 그러면서 지도자들이 어려운 결정을 내리기 꺼리거나 복잡한 일에 소극적인 태도를 보이는 것이 결국에는 대중의 눈을 흐리기 위해 단순하고 거짓된 이야기를 꾸며내는 행태로 이어진다고 주장한다.

과거에는 음모론자들의 영역으로 치부되었던 것이 최근 들어 간과하기 힘들 만큼 두드러지게 나타나고 있다. 이는 특히 브렉시트 국민 투표와 2016 미국 대통령 선거를 기점으로 거짓의 양이 걷잡을 수 없는 상태에 도달했기 때문으로 볼 수 있다.

가짜 뉴스의 등장

'가짜 뉴스fake news'의 등장은 브렉시트 국민 투표와 미국 대통령 선거, 두 민주주의적 절차에 큰 영향을 미쳤다. 힐러리 클린턴과 민주당원들이 워싱턴의 소아성애자 집단의 존재를 감추려 한다는 의혹은 수천 가지 가짜 뉴스 중 하나에 불과했다. 미국과 영국의 정보국에서는 점점 더 많은 가짜 뉴스의 증거를 수집하고 있다. 그리고 이 증거는 우리의 사회적 자아가 사회를 불안정하게 만들고 인터넷 기사에 대한 신뢰를 무너뜨리는 데 이용되고 있다는 것을 보여준다.

보안국과 사법 당국은 러시아 정보기관이 운영하는 페이스북과 트위터 계정이 소셜 미디어 상의 허위 콘텐츠 양산에 책임이 있다고 의견을 모으고 있다. 가짜 뉴스를 게시하는 계정 대부분이 보유한 '실제' 팔로워 수는 극소수, 또는 0에 가깝다. 이들 중 대부분이 그들이 만든 네트워크 안에서 존재하며 계속해서 가짜 뉴스를 게시하고, '좋아요'를 누르고, 공유하고, 리트윗retweet한다. 하지만 이들은 결국 실제 사람들의 네트워크로 파고든다. 즉, 믿을 만한 내용의 게시물을 보고 그것이 기존의 신념에 이의를 제기하지 않으며, 이미 다른 '트롤(troll, 인터넷상에서 남의 화를 부추기기 위한 메시지를 보내는 사람)'들에 의해 여러 차례 공유되었다는 사실을 알게 되면, 사람들은 스스로 그 게시물을 공유하기에 이른다. 특정 시점이 지나면, 새로운 정보가 진실인지 거짓인지 구별하기 어려워진다. 그래서 우리는 결국 이 모든 것이 적어도 부분적으로는 거짓이며, 믿을 것은 아무것도 없다는 결론에 이르게 된다.

이러한 현상은 브렉시트 국민 투표 이후 더욱 두드러졌다. EU 탈퇴 캠페인을 지지하고 있는 러시아 트롤들은 EU 잔류 캠페인을 깎아내리는 가짜 뉴스를 게시했고, EU를 탈퇴했을 때의 이익과 잔류했을 때의 불이익에 대해 과장하여 떠들어댔다. 영국 내무성은 EU를 탈퇴했을 때의 경제적 타격에 대해 우려하는 내용이 담긴 재무부의 경제 영향 평가 결과를 영국 각 가정에 우편을 통해 알리는 전례 없는 조치를 취했다.

영국의 정치를 풍자한 시트콤 '예스 미니스터Yes Minister'나 코미디 쇼 '더 씩 오브 잇The Thick of It'과 같은 TV 방송에서는 내무성이 다소 우스꽝스럽게 묘사된다. 하지만 내무성은 투철한 공무원 단체로, 아무런 선입견 없이 공평하게 현재 집권 중인 정부를 위해 일하는 것과 당파적인 정치 문제에는 개입하지 않는 것을 강령으로 하고 있다. 브렉시트 영향 평가는 이른바 '조건부 예측conditional forecast'으로, 무조건적 예측과 달리 정확도가 높은 경제 예측의 한 형태다.

예를 들면 무조건적 예측은 '2025년 4월 1일, 마이크로소프트Microsoft의 주가는 얼마가 될 것인가?'를 묻고 주가 예상치를 제공한다. 날씨, 제품 출시 실패, 투자 부실, 경쟁사의 활동 등 주가에 영향을 미치는 요소들이 많기 때문에 예상치가 그리 정확하지는 않을 것이다. 전반적인 경제 수준을 모두 고려해 예측하면 상황은 더 복잡해진다.

이와 대조적으로, 조건부 예측은 앞으로 정확히 무슨 일이 일어날지 예측하는 것을 목표로 하지 않는다. 예를 들면 브렉시트의 시행처럼 한 가지 요소에 변화가 있을 때, 현실화될 수 있는 두 가지 미래에 대한 비교를 제공한다. 조건부 예측이 덜 복잡한 이유는, 하나의 새로운 정책이 한 가지 요소에 영향을 미칠 때, 그 영향의 방향과 크기를 예측하기가 훨씬 더 쉽기 때문이다.

아래의 전단은 영국이 EU를 탈퇴함으로써 발생할 수 있는 경제적 결과를 약술한 것으로, 영국의 각 가정으로 배포된 것이다. 많은 사람에게 이것은 영국의 공무원법을 심각하게 위반한 행위로 보였다. 그럼에도 불구하고 조언은 분명하고 객관적이었으며, EU 탈퇴 캠페인을 무력화시키는 것으로 보이기도 했다. 브렉시트에 대해 모호한 입장을 취하고 있던 사람들은 틀림없이 아래의 전단을 보고 흔들렸을 것이다.

영국을 위한 중요한 결정

6월 23일 목요일, 국민 투표가 있을 예정입니다. 이 투표는 여러분들이 영국의 EU 잔류를 결정할 수 있는 기회입니다.

이 결정은 아주 중요합니다. 여러분은 물론 여러분의 가족과 자녀에게 앞으로 수십 년에 걸쳐 영향을 미칠 것이기 때문입니다.

새로운 EU에서 영국은 **특별한 지위**를 확보했습니다.

- 우리는 유로화 사용에 동참하지 않을 것입니다.
- 우리만의 국경 관리 체제를 유지할 것입니다.
- 영국은 유럽의 정치 통합 체제의 일부가 되지 않을 것입니다.
- EU 이주민의 복지 혜택을 엄격히 제한할 것입니다.
- EU의 관료적 형식주의를 지양할 것입니다.

영국 정부는 영국의 EU 잔류를 지지합니다.

이 전단은 사실만을 기반으로 하며, 왜 정부가 EU 잔류에 투표하는 것을 영국 국민을 위한 최선의 선택으로 생각하는지를 설명합니다.
또한, EU 탈퇴에 투표했을 때 영국이 직면하게 될 문제 중 일부를 보여줍니다.

자세한 정보를 원하신다면 EU 국민 투표 웹 사이트인 EUReferendum.gov.uk를 방문해주십시오.

그리고 2016년 6월 23일, 상상하기 힘든 일이 일어났다. 52퍼센트 대 48퍼센트의 결과로 영국의 EU 탈퇴가 결정된 것이다.

몇 달 뒤, 대서양 건너편에서는 데이브 랜드^{Dave Rand} 교수(당시는 예일대학교에 재직 중이었고, 현재는 MIT에 재직 중이다)가 도널드 트럼프의 미국 대통령 당선 소식을 들었다. 부분적으로는 전국에 만연한 가짜 뉴스 덕분이었다. 랜드 교수는 그동안 사람들이 더 협력할 수 있게 만드는 환경 설계 방안에 관해 연구해 왔다. 하지만 선거 이후에는 사람들이 어떻게 가짜 뉴스를 믿게 되는지, 아니면 적어도 어떻게 가짜 뉴스에 동조하게 되는지를 연구하게 되었다.

사실에 기반을 둔 뉴스든 가짜 뉴스든 뉴스의 출처는 다양하기 때문에, 사람들은 자신의 직관에 따라 어떤 것을 읽고 어떤 것을 믿을지 선택한다. 즉, 자신이 이미 믿고 있는 사실에 가장 잘 부합하는 뉴스를 고른다는 것이다.

랜드 교수가 이야기한 것처럼, 이러한 종류의 확증 편향(confirmation bias, 자신의 가치관이나 신념에 부합하는 정보에만 주목하고 그 외의 정보는 무시하는 사고방식)은 분석적인 과정이다. 다양한 뉴스의 출처를 살펴보고 기존의 신념과 비교해 어떤 것을 믿을지 결정하도록 하기 때문이다.

이에 대해, 랜드 교수는 사람들이 뉴스를 어느 정도로 분석하여 생각하는지 알아보는 실험을 계획했다. 교수의 이론이 맞다면, 분석적 집단은 그들의 신념에 부합하는 가짜 뉴스를 믿을 가능성이 더 클 것이다.

하지만 결과는 그의 예상과 달랐다. 그는 '뉴스에 대해 더 신중하게 생각하는 사람일수록 진짜 뉴스와 가짜 뉴스를 더 쉽게 구별했다. 심지어 뉴스 헤드라인이 그들의 이념과 부합하는 경우에도 마찬가지였다. 오히려 그러한 경우, 진짜 뉴스와 가짜 뉴스의 구별이 더욱 용이했다. 즉, 사람들이 가짜 뉴스에 속는 것은 동기에 기반한 추론 때문이 아니라 추론의 부재 때문이었다'라고 말했다.

이는 기존의 의견과 반대되는 결과다. 하지만 사람들이 그들의 뉴스 피드에서 정보를 소비하는 속도를 늦추는 식으로 조금 더 신중하게 생각한다면, 사회적 신뢰를 해치는 가짜 뉴스의 유효성이 감소될 수 있을 것이라는 희망을 주었다. 정보의 소비 속도를 늦추는 것은 소셜 미디어 사용자들에게 작은 불편이 될 수 있지만, 잠재적으로는 더 큰 이익이 될 것이다.

만약 랜드 교수의 연구가(아직 초기 단계이긴 하지만) 황량한 풍경에 한 줄기 햇살을 드리우는 격이라면, 우리의 사회적 자아는 이미 아무런 방어막도 없이 남용되고 있다고 볼 수 있다. 즉, 우리의 행동을 특정한 방향으로 유도하기 위해 우리가 보는 정보를 목적을 가지고 직접적으로 조작하는 행위가 만연하다는 뜻이다.

소셜 미디어에 좌우되는 우리의 감정

사용자의 피드에서 불필요한 것을 축소하고 변경하는 것은 소셜 미디어 플랫폼에서 중요한 부분을 차지한다. 플랫폼 소유주 측은 어떤 게시물을 택하여 홍보(또는 강조)할지 중립적인 선택을 내리기 어렵다. 이들은 아마도 사용자들을 다시 플랫폼으로 끌어들일 만한 게시물을 홍보하게 될 것이다. 가령 '회사에서 보낸 하루'라는 게시물보다 '바베이도스Barbados에서 보낸 멋진 휴가 #blessed'라는 제목의 사진이나 '승진했어요!'라는 제목의 글을 우선시하며 사회적 비교에 대한 사용자들의 욕구를 이용하려 들 것이다. 또한, 이들은 사용자들이 플랫폼에서 광고하는 상품을 구매하도록 게시물을 배치할 수도 있다. 먹음직스러운 음식 사진을 지역 레스토랑 광고 옆에 배치할 수도 있을 것이다. 하지만 이러한 선택에는 대가가 따른다. 사용자가 홍보 게시물을 많이 볼수록 광고 수익은 증가하지만, 사용자가 플랫폼에 중독될수록 광고 효과는 떨어진다는 것이다.

이들은 좀 더 오싹한 방법으로 피드에 우선순위를 매길 수도 있다. 2014년, 페이스북은 수많은 사용자와 논평자들을 대상으로 한 가지 실험을 진행했다. 그리고 그 실험의 내용은 개인적 정보를 과도하게 공유할 수 있도록 설계된 플랫폼에서조차 가히 경악할 만한 수준이었다. 실험은 간단했다. 페이스북은 일부 사용자들을 무작위로 선택해 세 집단으로 나눴다. 첫 번째 집단에게는 친구들이 올린 '행복한' 내용의 게시물을 다른 게시물보다 더 많이 보도록 했고, 두 번째 집단에게는 평상시와 같이 게시물을 보도록 했으며, 세 번째 집단에는 상대적으로 더 부정적인 내용의 게시물을 보도록 했다. 그 결과, 행복한 내용의 게시물을 본 집단의 경우 그들도 행복한 내용의 게시물을 올린 것으로 드러났다. 아주 큰 변화는 아니었지만, 자신들이 본 게시물에 영향을 받은 것이다. 이 연구가 대중에 알려지자 페이스북은 이러한 실험을 했다는 것, 혹은 사람들의 감정을 조종하려 했다는 것을 이유로 크게 비난을 받았다. 페이스북의 연구를 전면 중단시킬 만큼의 엄청난 비난이었다. 그리고 그때부터 소셜 미디어 플랫폼이 사용자의 감정을 조작할 수 있다는 말이 나오기 시작했다.

가짜 뉴스로 사람들을 현혹하려던 러시아 정부의 전략에는 치밀함이 부족했다. 그럼에도 선거에 영향을 미치기 위해 만들어진 가짜 뉴스는 선거 기간은 물론 선거 이후에도 빠르게 퍼졌다. 하지만 더욱 치밀한 접근을 위해서는 우리의 사회적 정보에 집중해야 한다. 여기에는 우리가 온라인에 게시하는 모든 정보(트윗, '좋아요'를 누른 게시물, 사진, 지리적 정보 등)는 물론 인구학적 정보와 설문에 답한 내용까지 포함된다. 이러한 것들은 근본적으로 전자화된 사회 개인 정보라고 할 수 있다.

혼란을 부르는 이름이지만 런던에 본사를 두고 있는 케임브리지 애널리티카(영국의 정치 컨설팅 그룹)는 바로 이 사회적 정보와 현대적 통계 기법을 합법성이 의심되는 기타 데이터들과 함께 조합해 사용한 기업이다. 2016년 미국 대선 기간 중, 케임브리지 애널리티카는 사용자의 데이터를 모아 머신 러닝(machine learning, 인간의 학습 능력과 같은 기능을 컴퓨터에서 실현하고자 하는 기술 및 기법)을 통해 사용자들의 '유형'을 파악했다. 참고로, 도널드 트럼프 대통령의 수석 전략가로 활약했던 스티브 배넌 Steve Bannon이 해당 기업의 경영진 중 한 명이다. 기본적으로 그들의 희망, 꿈, 정치적 성향은 물론 그들의 관심을 가장 많이 또는 적게 받는 광고 유형 등을 기반으로 프로필을 구축한 것이다.

이 데이터는 2015년 5천만 명의 페이스북 사용자들에게서 불법 수집된 것이었다. 이에 전직 케임브리지 애널리티카의 직원 크리스토퍼 와일리Christopher Wylie가 내부 고발자로 나섰는데, 그의 말을 빌리자면 이 데이터는 '우리가 그들에 대해 알고 있는 것들을 악용하고 그들 안에 있는 악마를 목표로 삼는데' 이용되었다. 목표는 분명했다. 잠재적인 트럼프 지지자들에게는 그들의 정체성과 공포를 이용한 광고를 보여주어 표심을 얻고, 클린턴 지지자들에게는 투표 본능을 억누르는 광고를 보여주는 것이었다. 이것은 지금까지 선거에 개입하기 위해 동원된 방법 중 가장 정교한 방법일 것이다.

취재 기자들의 노력으로 이 사실이 세상에 알려진 후, 페이스북은 새로운 반발에 직면했다. 경찰은 케임브리지 애널리티카를 급습해 압수 수색을 감행했고, 회사는 결국 문을 닫았다. 미국 또는 영국 당국이 케임브리지 애널리티카의 직원과 이사진들에게 범죄 혐의를 적용할 수도 있을 것이다. 결국, 불법 수집된 데이터의 사용은 사회에 중요한 메시지를 남겼다. 사람들은 이제 우리에게 영향을 미치는 소셜 미디어의 힘이 너무 크고 통제하기 어려워진 것은 아닌지 의문을 가지게 되었다.

이제 그 주장을 무시하는 것은 어려워 보인다. 케임브리지 애널리티카는 2015년 5월 문을 닫았으며, 그에 앞서 같은 해 3월에는 2016년 대선 당시 케임브리지 애널리티카의 CEO였던 알렉산더 닉스Alexander Nix가 정직 처분을 받았다. 하지만 닉스나 그와 비슷한 인물이 다시 회사를 세워 가장 비싼 값을 부르는 사람에게 선거 조작 서비스를 파는 것을 막을 방법이 없다. 케임브리지 애널리티카 스캔들이 그런 서비스에 대한 무료 광고 역할을 톡톡히 해주고 있다. 실제로 닉스는 신생 기업인 '에머데이터Emerdata'의 이사로 임명되었는데, 여기에는 케임브리지 애널리티카 모기업 회장인 줄리안 위틀랜드Julian Wheatland와 케임브리지 애널리티카 수석 데이터 책임자인 알렉산더 테일러Alexander Taylor가 포함되어 있었다. 회사의 문을 닫고 다시 여는 방식으로 당국의 감시를 피하려 하는 이들의 행동은 정치인들의 분노가 왜 플랫폼, 그중에서도 특히 페이스북을 향하고 있는지를 설명해 줄 것이다. 영국, 미국, 유럽 의회는 각각 마크 저커버그의 의회 출석을 요구했다. 마크 저커버그는 영국 의회 청문회에 출석을 거부하며 페이스북이 스스로 법 위에 있다고 믿는 것이 아니냐는 질타를 받았으나, 미 의회와 유럽 의회 청문회에는 출석했다. 그리고 청문회에서는 "사용자들이 서비스 비용을 지불하지 않는데 어떻게 사업 모델을 지속합니까?", "트위터도 페이스북과 마찬가지의 방식으로 운영됩니까?"와 같은 꽤나 직설적인 질문들을 받았다.

저커버그는 수일에 걸쳐 이러한 질문에 답했다. 사용자의 개인 정보를 보호하지 못한 것과 개인 정보가 유출되었음을 사용자들에게 알리지 않은 점에 대해서는 사과했지만, 청문회는 그의 승리로 마무리되는 듯했다. 청문회의 목적이 보여주기식 처방 또는 정치적 점수 따기 그 이상이라고 생각한다면, 청문회는 승자 없는 게임이나 다름없다. 이제 페이스북은 '가짜 뉴스는 여러분의 친구가 아닙니다'라는 광고를 실제로 내보낼 만큼 위협을 인지하는 것처럼 보이지만, 정치인들과 각국 정부는 페이스북이 무엇인지 이해하지 못하는 것 같다. 페이스북이 세상에 어떤 영향을 미칠 수 있는지, 또 어떻게 하면 페이스북을 효과적으로 규제할 수 있을지에 대해서는 말할 것도 없다.

이것은 놀랄 일이 아니다. 기관으로서 은행은 천 년이 넘는 역사를 가진다. 하지만 우리는 아직 은행을 규제할 방식을 마련하지 못했다. 플랫폼과 은행 사이에 차이점이 있다면, 은행이 정치에 미치는 영향은 상당히 제한적이며 추적이 쉽다는 사실이다. 지난 몇 년간 우리는 인터넷과 소셜 미디어를 통해 새롭게 부각된 사회적 자아가 민주적 제도의 기반을 약화시키고, 이미 진흙탕이 된 민주주의를 더욱 탁하게 만들고 있음을 확인했다. 우리는 앞으로 어떤 미래가 펼쳐질지, 이러한 기술이 실제로 얼마나 강력한 힘을 가졌는지 알지 못하지만, 비교적 가벼운 조작조차도 상당한 파급력을 가질 수 있음을 인지하고 있다.

우리가 깨닫지 못하는 사이에, 사회적 자아와 소셜 미디어는 우리를 특정 방향으로 인도할 수 있다. 또한, 사회적 본능과 사회적 환경은 우리를 위험에 빠뜨리기도 한다. 페이스북의 사례에서 보듯이, 시민의 삶과 의사 결정에 있어 전통적인 사고방식을 고수하는 정부는 새로운 파도에 속수무책일 뿐만 아니라 크누트 대왕과 마찬가지로 그 파도를 되돌리지 못한다. 여기서 크누트 대왕은 파도가 모래를 깎는 것을 보고는 파도를 향해 "나의 명령 없이는 내 땅을 한 치라도 깎아낼 수 없다. 즉시 멈추어라."라고 명령했지만, 끊임없이 밀려드는 파도에 발을 적시지 않기 위해 그 자리를 피한 인물이다. 그때 그는 스스로 잉글랜드를 점령한 권력자가 아닌 일개 파도도 지배하지 못하는 무력한 자라는 깨달음을 얻고, 하나님 앞에서 자신을 높일 수 없다며 왕관을 윈체스터 대성당 제단에 걸쳐놓고 예배를 드리는 경건한 기독교도가 되었다.

이어지는 2부에서는 조금 더 긍정적인 접근 방식을 통해 사회적 영향력에 관한 이야기를 나눌 것이다. 인류의 역사는 사람들 간 상호 작용의 역사다. 이러한 상호 작용과, 이를 가능하게 하는 본능이 없었다면 인류는 결코 생물학적 종으로서 번성하지 못했을 것이다.

우리 사회를 위협하는 사회적 영향력에 관한 이야기는 다소 무게가 있지만, 이런 음울한 이야기에도 희망은 숨어 있다. 예를 들어 선거에 소셜 미디어를 동원하는 것은 위험한 일이지만, 더 많은 유권자에게 투표를 독려하는 데에는 도움이 될 수 있다. 우리의 사회적 집단은 어려운 상황 속에서 파벌을 이루고 차별적 행태를 보이기도 하지만, 소셜 미디어는 분열된 우리를 결집시키기도 한다. 몇 년 전, 영국에서 홍수가 발생했을 때 수십 마일 떨어진 곳에서 이재민에게 세탁과 임시 숙소에 이르기까지 모든 것을 내주는 사람들이 있었다. 그때 우리는 이들의 사회적 본능을 보았다.

신문에는 사회적 영향력에 대한 부정적인 이야기가 가득하다 해도, 우리의 일상은 삶을 더 풍요롭게 만드는 작은 사회적 행위들로 가득하다. 그러므로 지금 우리에게 중요한 문제는 어떻게 하면 주변 사람들뿐만 아니라 스스로를 위해 사회적 본능을 이용할 수 있는가 하는 것이다.

2부
사회를 조종하는 넛지의 힘

모든 것에 꼬리표를 붙일 수는 있으나,
모두에게 꼬리표를 붙일 수는 없다.

─────── 순수의 시대, 이디스 워튼(The Age of Innocence, Edith Wharton)

4장 스스로를 포장하는 사람들

1913년 11월의 어느 쌀쌀한 날, 한 무리의 사람들이 코네티컷 Connecticut주의 하트퍼드Hartford에 모였다. 공기 중에는 기대감이 가득했다. 연설자는 자신의 일생을 건 프로젝트에 대한 지지를 얻기 위해 영국에서 온 전설적인 인물이었다. 그녀가 연단에 올랐을 때 사람들은 그녀가 작고, 매우 날씬하며, 옷을 잘 차려입었다는 것을 눈치챘다. 그녀는 세 딸을 둔 유부녀였다.

그녀는 이렇게 말하기 시작했다. "저는 지지를 얻기 위해 여기에 온 것이 아닙니다. 저는 전장을 잠시 벗어난 군인으로서 여기에 있습니다". 에드워드 시대(영국의 에드워드 7세 왕의 집권기인 1901년부터 1910년까지의 시기 또는 제1차 세계 대전이 발발하기 직전을 의미함) 여성성의 전형적인 이미지를 보이는 한 사람의 놀라운 발언이었다.

연설자의 이름은 에멀린 팽크허스트Emmeline Pankhurst였으며, 그녀에게는 사명이 있었다. 정치적이고 투쟁적인 여성의 정체성을 구축함으로써 여성 사회 정치 연맹WSPU, Women's Social and Political Union이 여성의 참정권이라는 명목으로 취한 행동을 정당화하는 것이었다. 그녀는 계획적으로 의상을 선택했고, '우리 여성들'이나 '우리는 아무런 표식도 달지 않는다. 우리는 모든 계급에 속한다.'와 같은 말을 의도적으로 사용했다.

그녀는 연설이 효과를 발휘하려면 우선 연설을 듣는 여성들이 그녀를 '그들' 집단의 일원으로 인식하는 것이 필수적이라는 것을 알고 있었을 것이다. 만약 그렇게 된다면, 아마도 그들은 자신들과 팽크허스트 간의 공통점을 찾고 그녀의 발언에 담긴 의미를 이해하기 시작할 것이다. 반대의 경우, 그들은 그녀를 그들 집단의 일원이 아닌 광분한 여성 참정권 운동가로 치부할 것이고, 미심쩍고 적대적인 태도를 보이며 떠날 것이다.

이는 사람들을 더 힘 있고 대의적인 민주주의라는 강력한 가치로 유도하기 위해 사용되는 공유 정체성shared identity의 한 예이다.

실제로, 사회적 정체성 이론가들은 공동의 사회적 집단이라는 인식이 사회적 영향력과 조직의 기초라고 주장한다. 주어진 상황에서 다른 사람과 집단 소속감을 공유한다고 인식할 때, 사람들은 공유 정체성과 관련된 문제에 대해 그 사람과 의견이 일치하기를 기대한다. 그뿐만 아니라, 의견이 달랐던 문제에 대해 합의에 도달하고 그들의 행동을 조정하기 위해 적극적으로 노력할 동기를 부여받는다. 예를 들어 우리가 직장에서 자신을

'우리가 속한 팀' 혹은 '회사'와 강하게 동일시한다면, 합의에 도달하려는 동기는 우리를 한층 더 노력하도록 만들 수 있다.

사회적 정체성은 자신을 특정 사회적 집단과 동일시하고 속해 있는 집단과(종종 상당히 깊은 수준까지) 관계를 맺음으로써 시작된다. 이를 통해 사회적 환경 내에서 우리의 위치를 만들거나 집단의 관점에서 스스로와 다른 사람들을 이해하고, 우리의 집단 소속감에 따라 행동할 수 있다.

집단 동일화group identification의 과정은 대략 다음과 같다.

1. 스스로를 특정 집단으로 분류한다. 사회 정체성 이론social identity theory에서는 이러한 분류가 합의된 것이기를 요구한다. 예를 들어 다른 사람들이 마이클의 나비넥타이 컬렉션을 보고 그를 괴짜라고 분류하는 것만으로는 충분하지 않다. 마이클 또한 자신을 괴짜로 분류해야 하며, 그는 실제로 그렇게 한다.
2. 스스로를 이 집단의 다른 구성원들과 점차 가까워지고 있으며, 공통점도 많아지고 있다고 여기기 시작한다.
3. 우리는 우리의 집단을 다른 집단에 비해 특별하게, 더 좋게, 더 바람직하게 만드는 것들을 강조함으로써 속해 있는 집단을 '긍정적으로 차별화'하고자 한다. 이는 이러한 긍정적 차별화가 우리의 자긍심과 긍정적 자기 개념을 향상시키기 때

문이다.

따라서 사회적 집단을 통해 세상을 보는 것은 우리가 스스로를 어떤 집단으로 분류하고, 집단의 다른 구성원들과 심리적으로 더 가까워지며, 속한 집단을 다른 집단에 비해 긍정적으로 차별화하고자 한다는 것을 의미한다. 예를 들어, 우리는 자신을 여자나 남자, 자전거 타는 사람, 고양이 또는 개를 좋아하는 사람, 스타워즈Star Wars 팬, 대학 동문 등으로 칭할 수 있다. 이러한 집단은 특성에 따라 가족이나 친구 모임과 같이 작고 상호 작용이 원활한 집단일 수도 있고, 반대로 크고 일반적인 집단일 수도 있다. 이러한 자기 분류의 본능은 우리가 세상에 대한 경험을 체계화하는 방법의 근본적인 부분이다. 우리는 스스로에 대해 좋게 느끼기를 원한다. 이에 집단 소속감을 바탕으로 한 자신의 긍정적인 이미지는 더 열심히 일하고, 더 협력하고, 더 창의적인 사람이 되기 위한 강력한 동기 부여가 된다.

이상적인 구성원 되기

흔히 한 개인의 사회적 집단이 쉽게 정해진다고 생각할 수 있다. 실제로 많은 사람이 성별, 인종, 국적, 섹슈얼리티, 나이와 같은 명백한 특징에 근거하여 사회적 집단에 가입한다. 하지만 다른 상당수는 그렇지 않으며, 이는 우리가 처음 상상할 수 있는 것보다 정체성을 훨씬 더 복잡하게 만든다. 예를 들어, 태어날 때 여성으로 정해진 많은 사람은 그들 자신을 '여성'이라는 사회적 범주에 속한다고 인정하지 않는다. 그들은 다른 성 정체성을 가질 수도 있고, 자신들이 그 정체성의 전형적인 모습에 부합하지 않는다고(또는 부합하기를 원치 않는다고) 느낄 수도 있다. 또는 '흑인 여성', '레즈비언 여성'과 같은 교차적인 집단과 더 강하게 동일시할 수도 있다.

게다가 우리가 스스로 인식하는 정체성의 상당 부분은 현재 갖고 있는 가치나 행동, 또는 우선순위에 비해 인적 사항과는 그다지 연관되어 있지 않다. 예를 들어 수잔나는 방 탈출이나 다른 몰입형 퍼즐 게임에 열광하는 전현직 BIT 직원들로 구성된 '탈출 부대Escape Force'라는 왓츠앱WhatsApp 그룹에 속해 있다. 왓츠앱 그룹 채팅은 채팅 그룹의 이름을 정할 수 있는 유용한 기능을 제공한다. 그 결과 수잔나는 '시간제한이 있는 테마별 방에 갇히는 것을 좋아하는 동료들의 모임'이 아닌 '탈출 부대'가 될 수 있었고, 공통의 관심사와 정체성을 가진 친구들은 우리가 동일시할 수 있는 가장 강력한 사회적 집단 중 하나이다.

또한, 우리가 어떤 집단을 따르는지는 정체성이 요구되는 순간 처한 상황에 따라 달라진다. 최근 수잔나는 참석자들이 서로를 잘 알지 못하는 회식 자리에서 명사나 형용사를 사용하지 않고 각자 자기소개를 해야 하는 게임을 했다. 참석자 중 한 명은 '채식주의자'를 어떻게 동사로 바꿀지 고심하느라 대부분의 시간을 보냈다. 그녀는 그 순간 음식에 둘러싸여 있었기 때문에 그 단어가 가장 먼저 떠올랐다고 말했다.

이러한 예는 '정체성 부각identity salience'이라는 개념을 끌어낸다. 이는 특정 상황에서 어떤 정체성이 가장 먼저 떠오르는지를 의미한다. 서로 다른 사람들이나 주변 단서는 우리가 그 순간에 동일시하는 집단을 변화시키고, 이로 인해 서로 다른 사회적 집단이 표면화될 수 있다.

사람들은 해외여행을 할 때 그들의 국적으로 인해 현지인들이나 다른 관광객들과 어떻게 구별되는지에 대해 종종 생각한다. 영국과 호주에서 온 관광객들은 서로에게 미국 관광객들의 야단스러움과 멍청함에 대해 크게 불평한다. 물론 모든 미국 여행자들이 그렇지는 않을 것이다.

수잔나는 BIT에 들어오기 전에 호주 정부에서 일했었다. 이 당시 그녀는 변호사, 의사, 회계사, 사회 복지사 등의 직업을 가진 친구들이나 동료들과 이야기할 때 자신을 '공무원'이라고 표현하는 것에 익숙했다. 그러나 BIT 사람들은 출신 학과를 바탕으로 자신에 대해 설명하곤 했으며, 그녀도(정치에 대한 논쟁에서 이기려 할 때 외에는 한 번도 그랬던 적이 없음에도) 자신을 정치학자라고 소개하기 시작했다.

이러한 과정들의 밑바탕에는 집단의 '이상적인' 구성원에 관한 지속적인 탐구와 절충이 있다. 집단의 이상적인 모습은 구성원들에게 모범이 되는 특성이나 행동의 집합체이다. 즉 '우리는 어떻게 하는가', 그리고 '우리를 차별화하는 것은 무엇인가'이다. 2장에서 보았듯이, 집단의 이상에서 많이 벗어난 사람은 처벌받거나 배척당할 것이다. 이것이 에멀린 팽크허스트가 옷을 잘, 그리고 여성스럽게 차려입기 위해 주의를 기울인 이유이고, 그녀의 작은 키가 소중한 자산인 이유이다. 이런 특징은 '여성'이라는 사회적 집단에서 그녀를 배척할 뚜렷한 이유가 없음을 의미했다. 집단의 정형화된 이미지란 모든 집단 구성원들이 동일하고 이상적인 모습을 따를 것이라는 집단 구성원들과 타인들의 가정이다.

책과 영화를 포함한 〈해리 포터Harry Potter〉 이야기는 이에 대한 예를 보여준다. 매년 초 호그와트의 모든 신입생은 마법의 모자에 의해 그리핀도르, 후플푸프, 래번클로, 슬리데린의 네 개 기숙사로 배정된다. 이 배정은 학생들의 선택도 일부 반영되는 동시에 학생들이 각 기숙사의 이상에 얼마나 잘 맞는지(용감하거나, 근면하거나, 똑똑하거나, 야심 차거나)에 따라 이루어진다. 해리는 슬리데린과 아주 잘 어울리는 드레이코 말포이와의 만남에 실망하여 자신을 슬리데린에 배정하지 말아 달라고 마법의 모자에게 애원하고, 결국 그리핀도르로 가게 된다. 전 시리즈에서 우리는 해리의 눈으로 개인 간의 행동부터 집단 간의 행동에 이르기까지의 모든 영역을 본다. 예를 들어, 서로의 기숙사 간에 접점이 거의 없는 초 챙에게 반한 것이나 자신들을 다른 기숙사들에 비해 '긍정적으로 차별화'하려는 그리핀도르 학생들의 노력, 불사조 기사단과 죽음을 먹는 자들 사이의 격투 등이 있다. 많은 경우, 같은 기숙사 구성원들 간의 개인적인 차이는 집단의 정형화된 이미지를 우호적으로 바라보는 해리의 마음(물론 독자의 마음도)에 의해 희석된다.

이러한 사회적 동일시social identification는 현실 세계에도 적용할 수 있다. 특정 호그와트 기숙사에 소속되어 있음을 보여주는 스카프, 망토, 티셔츠를 구매할 수 있으며, 책의 가상 세계에서 만들어진 이미지 중 일부는 실생활로 이어진다. 최근 BIT 동료들 간에 마이클이 어느 호그와트 기숙사에 속할 것인지에 대한 토론이 있었다. 마이클이 그리핀도르, 슬리데린, 래번클로, 심지어는 후플푸프가 될 수도 있다는 주장들이 제기되었고, 마이클은 친절하게도 '공식 기숙사 배정' 퀴즈를 풀어 결과를 공개했다. 가장 실망한 사람들은 마이클이 자신과 같은 기숙사에 속할 것이라고 생각했던 사람들이었다. 어떻게 된 일인지 책의 가상 세계를 바탕으로 한 온라인 퀴즈가 그들 사이에 이전에는 없었던 선을 그었다. 물론 우리는 여전히 식사 내내 호그와트 기숙사에 대해 논쟁하는 사람들이라는 공통된 사회적 정체성으로 결집되어 있기 때문에, 그다지 처참한 일은 아니다.

집단의 정형화된 이미지에 대한 두 가지의 또 다른 예가 있다.

1. 마이클은 경제학자이다. 이를 바탕으로 여러분은 그가 수학적인 사고방식을 하고, 인간행동의 이론적 모델에 집착하며, 약간 거만할 것이라고 예상할 수 있다.
2. 수잔나는 채식주의자이다. 이를 바탕으로 여러분은 저녁 파티에서 그녀를 만족시키기가 남들에 비해 더 어려울 것이라고 예상할 수 있다. 또 그녀가 채식주의자가 되는 것에 대해 끊임없이 이야기하여 당신이 고기를 먹는다는 사실을 불편하게 만들고, 이에 대해 약간 우쭐해할 것이라고 예상할 수 있다.

이런 것들이 우리가 속해 있는 특정한 사회적 정체성 집단의 정형화된 모습이며, 실제로 많은 경제학자나 채식주의자들이 이러한 모습과 닮아있다.

물론 현실 세계에서 이러한 고정 관념들이 그 집단 모든 구성원의 행동을 완벽하게 설명해 주지는 못한다. 사실, 마이클은 이론경제학theoretical economics보다는 응용경제학applied economics에 훨씬 더 관심이 많고, 수잔나는 종종 베이컨이 얼마나 맛있었는지 회상한다. 그러나 특정한 사회적 정체성이 두

드러지는 영역에서 활동할 때, 우리는 이러한 고정 관념에 대해 그리고 우리가 그것을 따르고 있는지에 대해 의식한다. 예를 들어 수잔나는 이 장이 얼마나 채식주의나 완전 채식주의에 대해 언급하고 있는지를 의식하고 있다는 것이다.

마이클은 경제학 콘퍼런스에 가면 결국 제한된 최적화 constrained optimization나 식별 전략identification strategy에 대해 많은 이야기를 하게 된다. 수잔나가 다른 채식주의자들과 저녁 식사를 할 때, 어느 순간 대화의 주제는 치즈로 바뀐다. 치즈가 얼마나 맛있는지, 대부분의 치즈가 채식주의자용이 아닌 것이 얼마나 안타까운 일인지, 고기를 먹는 것과 유제품을 먹는 것 사이의 도덕적 경계가 어디쯤인가에 대한 의문 등을 이야기한다. 이러한 대화는 물론 집단 내의 채식주의자가 아닌 사람에게는 꽤 지루하지만(반면 완전한 채식주의자는 참견하지 않으려고 혀를 깨물고 있다), 두 명 이상의 채식주의자들이 식사를 위해 앉아 있을 때 일어나는 흔한 일 중 하나이다.

우리가 속해 있는 집단은 우리의 행동에 단순한 대화 이상의 영향을 미친다. 비록 이 분야의 연구가 아직 초기 단계에 있지만, 특정 행동이 그들의 확립된 사회적 집단 또는 그들이 속하고 싶은 집단의 모습과 일치한다는 것을 보았다. 그리고 이를 사람들에게 알리는 것이 건강한 청소년 식습관을 장려하고, 부정행위를 감소시키며, 다른 사람을 돕고자 하는 어린이들이 의지를 높인다는 증거가 나타나고 있다.

소속감과 차별성 사이의 줄다리기

앞서 살펴보았듯이, 우리는 머릿속을 떠다니는 많은 집단 정체성group identity을 동시에 가질 수 있다. 따라서 사람들이 특정 집단과 동일시하는 정도가 어떻게 변화하는가라는 흥미롭고 중요한 질문을 던질 수 있다. 앞서 정체성 위협에 대해 살펴볼 때 이에 대해 잠깐 언급했다. 어떤 집단에 대한 정체성이 약한 상태에서 집단의 정체성에 위협이 가해지는 것은 집단 정체성을 더 감소시키거나 심지어는 집단에서 완전히 나오게 할 수도 있다. 직업을 바꾸거나, 친구 집단을 바꾸거나, 자신에 관한 생각을 바꾸는 등의 이러한 일은 항상 일어난다. 만약 마이클이 스타 트렉(Star Trek, 미국의 대표적인 텔레비전 SF 드라마 시리즈로 훗날 엄청난 인기에 힘입어 영화화되기도 하였다)을 너무 많이 언급하는 것에 대해 덜 놀림 받기를 원한다면, 그는 트레키(Trekkie, 스타 트렉 시리즈 마니아)라는 사회적 집단의 일원처럼 행동하는 것을 멈추면 될 것이다.

2장에서 살펴본 공 주고받기 게임을 하는 사람은 같이 게임을 하고 있는 두 사람들에게 배척당하는 것이 고통스럽다고 느꼈을지도 모른다. 하지만 대부분의 경우 이는 아주 빨리 기억에서 사라졌을 것이다. 즉, '연구실에서 함께 공 주고받기 게임을 하는 사람들'은 아마도 마음속 깊이 자리한 사회적 집단은 아닐 것이다. 그러나 다른 사회적 범주들은 우리가 어떻게 자신과 타인들을 바라보고, 행동 양식을 형성하며, 세상을 이해하는지에 대한 굳건하고 근본적인 부분이다. 이러한 사회적 집단에 가해지는 정체성 위협은 2장에서 본 트럼프를 지지하는 '개탄스러운 자'들처럼, 그 집단에 대한 유대가 깊어지도록 할 수 있다.

초기의 연구에서 집단 동일화의 강도는 주로 자존감과 연관된다고 제시했다. 즉 자신에 대해 더 좋은 감정을 느끼게 만드는 집단과 더 많이 동일시한다는 것이다. 하지만 이는 왜 사람들이 그렇게 만들어 주지 못하는 집단과 지속적으로 동일시하고자 하는지에 대한 문제를 설명하지 못한다. 예를 들어, 왜 '개탄스러운 자'들은 '미국을 다시 위대하게'라는 구호에 열중하는가? 왜 소외된 지역 사회에서 온 사람들은 그 지역 사회를 버리고 지배적인 다수로 동화되지 않는가? 왜 영국 크리켓 국가 대표팀의 열렬한 팬들은 30년간의 디 애쉬즈(The Ashes, 영국 크리켓 국가 대표팀과 호주 크리켓 국가 대표팀 사이에서 행해지는 크리켓 평가전 시리즈) 우승 가뭄 동안 더욱 헌신적인 팬이 되었는가?

사실 우리가 정말 추구하는 것은 '최적 차별성optimal distinctiveness'이라 불리는 개념이다. 인간이 특정 사회적 정체성에 대해 동일시하는 정도는 그 집단이 소속감과 타당성에 대한 욕구와 차별성과 개성에 대한 욕구 사이에서 얼마나 균형을 잘 맞추는가에 달려 있다는 것이다. 우리는 집단 내에서 소속감과 입증성을 찾고, 다른 집단과 비교함으로써 차별성과 개성에 대한 욕구를 충족시킨다. 이에 내포된 의미는 어떤 집단이 우리에게 집단 구성원이 누구이며 집단 소속감이 무엇을 의미하는가를 명확하게 제시하여 충분히 가깝고 동질적으로 느끼게 해줌과 동시에 우리를 집단 밖의 다른 사람들과 차별되도록 만들어 줄 수 있을 때, 가장 강한 사회적 정체성이 성립한다는 것이다. 우리는 우리가 속한 집단이 다른 군중들과 떨어져 있기를 원하지만, 동시에 군중들에게서 멀리 떨어지는 것은 원하지 않는다.

무엇이 우리를 특정한 정체성과 동일시하는 정도에 영향을 미치는가에 대한 또 다른 힌트는 BIT와 킹스 칼리지 런던King's College London이 함께한 연구에 있다. 해당 연구는 킹스 칼리지 신입생들의 경험을 이해하기 위해 수행되었다. 수잔나는 BIT의 루시 매킨슨Lucy Makinson, 킹스 칼리지의 앤 마리 캐닝Anne-Marie Canning, 마이야 코포넨Maija Koponen과 함께 750명의 학생을 모집하여 일 년에 걸쳐 특정 시점에 그들이 어떻게 느끼고 무엇을 하고 있는가에 대한 여섯 차례의 설문 조사를 시행했다. 한 학년의 약 3분의 2가 지난 시점에서 시행한 네 번째 설문 조사의 항목 중 하나는 학생들이 대학의 다양한 측면과 자신을 얼마나 동일시하는지 순위를 매기는 것이었다. 가장 높은 순위 세 가지는 '나의 학과 과정my course', '나의 캠퍼스my campus' 와 '킹스 칼리지 런던의 모든 것all of King's College London'이었다. 또한, 많은 학생이 자신을 학생 집단과 동일시하였으나(이에 대해서는 11장에서 더 알아볼 것이다) 교수진이나 학과와 동일시한다는 응답은 가장 높은 세 가지의 절반에도 미치지 못했다.

이는 일리가 있다. 수업, 지도 교수, 시험 일정을 공유하는 학과 과정 동료들은 소속감을 줄 수 있으며, 위에서 언급했듯이 우리의 가장 강력한 사회적 정체성의 일부는 작고 교류가 활발한 집단에서 나타난다. 반면 다른 학과 과정의 학생들과 교류하는 것은 자신의 학과 과정이 남들에 비해 어떻게 다르고, 얼마나 우월한지에 대해 생각할 수 있는 기회가 된다.

킹스 칼리지는 런던 여기저기에 흩어진 많은 캠퍼스로 이루어져 있다. 학생들은 주로 한 캠퍼스에 있지만, 수업이나 활동에 따라 다른 캠퍼스에 가기도 한다. 각각의 캠퍼스는 모두 뚜렷한 특징이 있다. 캠퍼스는 학생들이 대학을 경험하는 틀이 되고, 학생들에게 그들이 누구이고 어떻게 적응하는지에 대한 단서를 제공한다(7장에서 더 자세히 탐구할 것이다). 다른 캠퍼스에 가는 것은 학생들에게 그들이 어떻게 다른지 생각하고, 기존 캠퍼스의 익숙한 강의실과 길을 더 선호하게 할 기회가 된다.

한편, 이 설문 조사에서 저소득층 학생들이 '킹스 칼리지 런던의 모든 것'을 최우선으로 동일시할 가능성이 훨씬 더 크다는 것을 발견했다. 아마도 저소득층 학생들은 대학의 상징적 가치와 학창 시절 친구들에 비교해 최상위권 대학에 다니는 것이 그들에게 어떤 의미인지를 더 절실히 느꼈을 것이다. 이러한 학생들이 학과 과정 동료들과 강한 대인 관계를 맺지 않았을 가능성도 있다(이에 대해 11장에서 더 살펴볼 것이다).

우리는 신입생들에게 킹스 칼리지의 졸업생 멘토링 플랫폼인 킹스 커넥트 King's Connect 가입을 장려하고자 했다. 이를 통해 정체성에 대한 통찰에 근거하여 학생들이 자신과 멘토 간에 공유 정체성을 느낄 때 멘토링에 가입할 가능성이 더 큰지를 조사하고자 했다. 따라서 우리는 두 가지의 문자 메시지를 만들었는데(문자를 보내지 않는 대조군과 별개로), 하나는 정보 전달에만 초점을 맞추었지만 다른 하나는 킹스 칼리지의 학생 또는 동창으로서의 공유 정체성 요소를 추가하였다.

결과적으로, 정체성을 강조한 경우 더 많은 학생이 킹스 커넥트에 가입했다. 하지만 가장 놀라운 것은 문자를 받지 않거나 정보 전달 문자를 받은 저소득층 학생들은 플랫폼에 가입하지 않았지만, 정체성을 강조한 문자를 받은 저소득층 학생들은 다른 어떤 집단보다 더 많이 가입했다는 것이다. 그 학생들에게는 손을 내밀도록 격려하기 위해 공유 정체성이라는 동기가 필요했던 것 같다.

킹스 칼리지 런던 >

아이샤, 안녕하세요! 신입생으로서 앞으로 몇 년간 학업에 대해 많은 질문과 결정을 하게 될 거예요. 당신보다 먼저 비슷한 경험을 하고, 당신이 원하는 바를 이루어낸 누군가에게 묻는 건 멋진 일이죠. 킹스 칼리지의 모든 동창생이 킹스 커넥트에 가입되어 있으며, 당신이 그들과 언제든지 연락할 수 있다는 사실을 알고 있나요? 그들은 당신이 킹스 칼리지에서의 시간을 최대한 활용할 수 있도록 돕고 싶어 해요. 여기서 가입하세요. #링크

위에서 보듯 강력한 사회적 정체성의 형태가 직장과 관련되어 있다는 것은 아마도 명백할 것이다. 즉, 이것은 우리가 팀 또는 회사 전체에서 자신의 역할을 바탕으로 스스로에게 정체성을 부여하는 방법이다. 직장은 일련의 단계적인 정체성 집단을 제공하여 '전형적인' 노동자에 대한 인식을 형성하고, 다른 집단과 비교하도록 유도한다. 사람들은 조직 전체, 지점이나 현장, 업무 집단, 규율이나 지위와 관련된 사회적 정체성을 가질 수 있으며, 이러한 정체성은 일하는 동안 서로 중첩되고 상호 작용한다. 이것이 공동의 목적(또는 조직 내의 다른 영업 부서나 스포츠의 상대

팀과 같은 공동의 라이벌)이 조직의 단결을 위해 중요한 이유이다. 조직의 구성원들이 외부 집단과 비교 혹은 긍정적인 차별화를 추구하는 데 초점을 맞추게 하는 일이 자주 나타나지 않는다면, 가까이에 있는 집단과 자신들을 긍정적으로 차별화하는 데 주력할 가능성이 있다. 그리고 이는 회사 내 인사 부서와 경쟁 관계를 형성하거나 지역 사무소 구성원들을 무시하는 등의 행위로 나타날 수 있다.

사회 정체성 이론 : 편견을 극복하기 위한 방법

지난 1장에서 증가하는 정치적 정체성political identity의 일치를 살펴보았다. 어떻게 공화당이 백인, 기독교인, 노동자 계층의 유권자들에게서 점진적으로 지지를 얻어 다른 집단에 대한 편협성을 증가시키는가 하는 것이었다. 한 조사에 따르면, 자신이 속한 다양한 사회적 집단을 비슷하거나 심지어 겹치는 것으로 여기는 응답자들은 집단의 규범을 위반한 다른 사람들을 처벌하고 다른 집단을 차별할 가능성이 더 큰 것으로 밝혀졌다. 놀라운 일은 아니다. 우리의 행동이 어느 사회 집단의 이상적 행동과 일치하는 범위가 넓을수록 우리는 그 집단에 속한다고 느낄 것이며, 우리를 그들과 더 깊이 동일시할 것이다.

하지만 점차 분열되는 사회, 혹은 집단에 대해 무엇을 할 수 있을까? 집단이 서로 충돌하는 이유를 이해하기 위해 개발된 사회 정체성 이론이 집단이 어떻게 조화롭게 살 수 있는지를 이해하는 데도 사용될 수 있을까?

집단 간의 갈등은 인간이 사회적 동물인 만큼 피할 수 없는 인간 사회의 특징으로 여겨졌지만, 사회 정체성 이론은 계속해서 발전하고 있는 비교적 새로운 분야이다. 비록 집단 내의 편견과 해결책에 대한 사회심리학적인, 혹은 이를 넘어서는 많은 연구가 있지만 높은 경험적 수준을 보이는 연구는 거의 없다. 우리가 어떻게 사람들의 정체성을 긍정적인 변화로 이끌 수 있는지를 이해하는 것은 확실히 오랜 여정이 될 것이다.

이것은 너무 추상적으로 보일 수도 있고 어쩌면 정부가 다뤄야 할 문제일 수도 있지만, 우리는 모두 사회적 구조의 구성원이다. 스스로 속한 집단을 개념화하는 방식, 그리고 집단 외부의 사람들과 상호 작용하는 방식은 집단 내 다른 구성원들에게 상당한 영향을 줄 수 있다. 특히 우리가 특권층 주류에 속한다면 말이다. 이러한 사람 사이, 집단 사이의 작은 상호 작용이 모여 정치적 시스템, 양극화, 편협성, 심지어 잠재적으로는 집단 간의 폭력으로 발전할 수 있다. 우리가 스스로를 돌아보고 우리 자신의 집단 소속감이 생각하고 행동하는 방식과 다른 사람들을 보는 방식에 어떤 식으로 영향을 미치는지 생각하는 것은 중요하다.

또한, 만약 우리가 타인에게서 편협한 모습을 본다면 우리는 그들에게 그것이 잘못되었다고 말할 것이다. 특히 그들이 우리의 사회적 집단에 속해 있다면 말이다. 사람들이 소중하게 여기는 사회적 집단에 맞추어 생각을 가공하는 것이 그 사회적 집단의 이상적인 모습대로 행동하게끔 부추기는 데 사용될 수 있다는 증거들이 나타나기 시작했다. 조지 마틴George Martin의 《왕좌의 게임Game Of Thrones》 팬들은 '라니스터는 언제나 빚을 갚는다A Lannister always pays his debts'라는 말에 익숙할 것이다. 라니스터 가문은 신념에 따라 행동하며, 끔찍한 결과를 일으킬 수 있다는 사회적 집단(이 경우는 가족)의 이상을 드러내는 강력한 문장이다. 이러한 문장 대신 '미국인이 된다는 것은 의견이 불일치하는 사람의 말을 잘 듣는 것이다'라든지 '우리 학교에서는 그렇게 하지 않는다'라고 말한다고 상상해 보자.

연구에 따르면 보스턴 레드삭스를 응원하는 뉴요커와 같이 어떤 사람이 지닌 다양한 사회적 집단에서 요구되는 행동 간에 충돌이 있는 경우 다른 집단에 대해 더 우호적이라는 점이 밝혀졌다. 이것이 복합적인 상황을 잘 받아들이는 사람이 더 열린 마음을 갖고 있어서인지, 혹은 복합성이 열린 마음을 갖게 하기 때문인지는 불분명하다. 그러나 이러한 발견은 사회적 집단 간의 관용을 향상하는 방법을 고안하는 데에 있어 길을 제시할 수 있다. 우리가 정체성과 같은 복합적인 문제를 단순하게 우리 것 또는 다른 것으로 생각하려 하는 유혹을 뿌리쳐야 한다는 것은 분명하다. 타인의 기대에 반하여 행동했거나, 친구들의 기대에 옥죄이는 기분이 들었거나, 당신의 성별이나 인종 혹은 나이에 따라 기대되는 바와 모순되게 행동하고 있다는 느낌을 받은 때를 생각해 보자. 그 느낌과 복합성을 잘 간직하고, 다른 사람들과 상호 작용을 할 때 아마도 그들도 다른 사회적 집단들과 기대들이 얽힌 거미줄 위를 걷고 있을 거라는 것을 기억하라.

다른 집단 구성원들과 교류하는 것이 가치 있는 일일 수 있다는 연구도 있다. 사람들은 어느 집단과의 관계가 깊고 조화로워질 때까지는 그 집단 사람들과 더 교류하고자 하며, 다른 집단 사람들과는 마주치지 않으려 한다. 당신은 전혀 다른 사회적 배경을 가진 사람과 얼마나 자주 개인적인 수준(마트에서 지나치며 인사하거나 가벼운 잡담을 나누는 것이 아닌)에서 교류하는가? 대답은 아마 '생각보다 드물게'일 것이다. 만약 당신이 변호사라면, 당신의 친구들도 대부분 변호사일 가능성이 크다. 만약 당신이 런던에 살지 않는 영국인이라면, 당신의 친구들은 대부분 영국인일 것이다. 만약 당신이 중산층이라면, 아마 대부분의 시간을 중산층 사람들과 어울릴 것이다. 만약 당신이 영국의 중산층 변호사라면 친구 중 대부분이 영국인, 중산층, 변호사 중 적어도 두 가지 이상에 해당할 가능성이 크다. 소셜 미디어는 이러한 문제를 더 심각하게 만들었다. 사람들은 자신들을 '페이스북 거품 Facebook bubble' 안으로 넣어두고 자신과 반대되는 사회적 집단이나 견해를 가진 사람들을 절대 마주치지 않을 수 있다. 다른 집단의 누군가를 만난다는 것은 그들과 개인적인 수준에서 교류하고 사회적 거리(이에 대해서는 다음 장에서 다룰 것이다)를 줄인다는 것을 의미한다. 하지만 그것은 부정적인 고정 관념을 줄이는 데에도 도움이 될 수 있다.

특정한 심리 활동이 자신과 자신이 속한 사회적 집단 밖의 사람들 간에 거리를 두려는 경향을 줄일 수 있다는 흥미로운 연구가 있다. 예를 들어 사람들이 사회적 집단의 구성원 자격과 관련이 없는 것들, 특히 서로의 독특한 개인 특성에 초점을 맞추도록 함으로써 집단과 별개로 상호 작용하도록 장려한다.

하지만 이러한 일은 특히 영국에서는 잘 일어나지 않는 경향이 있다. 영국에서는 '좋은 주말 보냈나요?', '날씨가 좋지 않나요?'와 같은 무난한 주제로 대화를 가볍고 '작게' 유지하는 것이 일반적이기 때문이다.

하지만 이러한 대화를 피상적인 것에서 개인적인 것으로 바꾸는 것은 어렵지 않다. '개인 간 친밀감의 실험적 형성 Experimental Generation of Interpersonal Closeness'이라고 불리는 36개의 질문으로 구성된 프로토콜이 있는데, 보통 이것은 사람들 사이에 수년간의 우정을 통해 생길 법한 친밀감을 단기간에

4장 스스로를 포장하는 사람들   119

형성하는 것을 목표로 한다. 이 프로토콜은 밀접한 관계를 갖는 사람들의 행동을 연구하고자 하는 심리학 연구자들에게 유용하다. 프로토콜의 첫 번째 질문은 '세상 어느 누구라도 선택할 수 있다면, 누구를 저녁 식사 손님으로 초대하겠습니까?'이며, 개인적인 문제를 공유하고 그것을 어떻게 해결할 것인지에 대한 조언을 구하라는 36번째 질문까지 진행되며 점차 친밀감을 고조시킨다.

여러분은 얼마나 자주 새로운 동료나 지인에게 '당신에게 있어 완벽한 날이란 어떤 날인가요?' 또는 '당신의 삶에서 가장 감사한 일은 무엇인가요?'와 같은 질문을 하는가? 이러한 의미 있는 대화는 사회적 집단을 아우르는 대인 관계를 위한 지름길이다.

편견을 극복하기 위한 또 다른 방법은 사람들을 그들 모두가 속한 상위 사회적 집단과 동일시하도록 하여 가까운 집단에서 상위 집단으로 초점을 옮기도록 만드는 것이다. 1장에서 언급했듯, 선거 이후 정치인들은 민주당과 공화당 지지자들을 '미국인'이라는 공통된 사회적 집단에 초점을 맞추도록 독려하고자 할 것이다. 또한, 우리는 사람들이 공통된 사회적 집단을 찾도록 할 수도 있다. 예를 들어 둘 다 응원하는 스포츠 팀이나 대만 음식에 대한 기호와 같은 공통된 관심사나 가치를 발견하는 것이다. 연구들은 이러한 모든 접근법이 다른 사회적 집단 구성원들에 대한 편견을 줄일 수 있다고 제시한다.

상대방의 관점에서 어떤 문제에 대해 생각하도록 하는 '조망 수용Perspective-taking' 역시 타인에 대한 부정적인 고정 관념을 줄이는 흥미로운 방법이다. 뉴욕 사무실의 누군가가 방금 당신에게 무례한 말로 쏘아붙였다고 상상해 보자. 당신은 아마 '모든 뉴욕 사람들은 무례해. 저런 식으로 반응한다면 다음에는 뉴욕 사람들과 일하지 않겠어.'라고 생각할 것이다. 그러나 만약 당신이 '뉴욕 사무실에서 일한다는 것은 어떨까? 왜 이 사람이 그렇게 반응했을까?'라고 생각한다면, 당신은 당신이 뉴욕 기준 오후 6시 반에 통화 일정을 잡았으며, 사무실이 맨해튼 한가운데에 있기 때문에 그 동료에게는 통근이 오래 걸리고 힘든 일이라는 것을 깨달을 수도 있다. 당신과 통화한 사람이 방금 추가 업무를 떠맡았거나, 그 사람은 중서부에서 왔고 다른 사람들은 모두 동부 해안 출신이기 때문에 그가 뉴욕 사무실에 적응하기 위해 애써 온 것을 떠올릴지도 모른다. 그러면 당신은 당신을 쏘아붙인 동료의 성격에 대한 처음의 야박한 판단을 수정할 수도 있다.

단, 조망 수용이 타인에 대한 태도 변화를 가져올 수는 있으나, 그 개인이 속한 사회 집단에 대한 전반적인 인식의 변화를 가져오지는 않는 것으로 보인다.

위에서 설명한 여러 유형의 접근법들이 다른 집단 구성원들과의 교류와 공감을 높일 수는 있다. 그러나 사회 정체성 이론의 주요한 통찰 중 하나는 태도를 바꾸거나 편견을 줄이는 가장 효과적인 방법은 집단 밖의 사람들과 교류를 늘리는 것보다 집단 내에서부터 이루어져야 한다는 것이다. 하지만 이것이 실생활에서는 무엇을 의미할까?

타인에 대한 우리의 태도와 고정 관념은 우리가 속한 사회적 집단 내에 떠다니는 정보에 의해 형성된다. 우리는 열렬히 응원하는 스포츠 팀의 팬들에게서 상대 팀 팬들의 행동에 관한 이야기를 들음으로써 그들이 무례하고 상스러우며 정정당당하지 못하다고 생각하게 된다. 우리는 동료들의 불평을 통해 마케팅 부서가 게으르다는 생각을 하게 되고, 그 결과 우리는 자신이 마케팅 부서와 언쟁한 이야기를 모아서 동료들에게 전달한다. 앞서 이 장에서 살펴보았듯이, 이는 집단의 자연스러운 부분이다. 우리는 스스로를 다른 집단과 차별화하고, 그들보다 더 정정당당하거나 의욕적이라고 느끼기를 원한다. 그러나 만약 타인이 최선을 다하고 있다고 가정하고, 타인의 관점을 받아들이며, 반대되는 관점도 보고자 하는 것이 집단 내에서의 규범이나 기대라면, 이것이 집단 간의 갈등을 줄이는 가장 강력한 방법이 될 수 있을 것이다. 서로 다른 배경을 가진 개인 간의 사회적 거리를 줄이는 것과 함께 집단 내에 있는 규범, 신호 및 정보에 긍정적인 영향을 주는 것이 사회적 선택 설계의 관심사이다.

이 장에서 우리는 사회적 집단의 형성에 대해 알아보았다. 집단 구성원들은 '이상적인' 구성원의 기준을 수정하며 지속적으로 집단에 참여하고, 구성원들이 이러한 정형화된 모습과 닮기를 기대한다. 우리는 또한 집단의 어떤 면이 사람들로 하여금 특정 집단과 강력히 동일시하게 하는지와 어떤 종류의 집단이 '최적 차별성'에 대한 요구를 가장 잘 충족시키는지를 알아보았다.

이제 우리는 정보나 기대가 집단에서 어떻게 흘러가는지 이해하게 되었다. 이에 사람들의 사회적 특성 중 가장 좋은 면을 끌어내려면 팀이나 직장, 정책을 어떻게 설계해야 하는지 생각해 볼 수 있을 것이다.

한 인간과 전 세계 인간의 유일한 차이는 같은 종의 나무들과
같이 정도의 차이일 뿐, 종류의 차이가 아니다.

———————————————————— 마하트마 간디(Mahatma Gandhi)

▥ 5장 행동을 좌우하는 사소한 차이

모든 경제학과 학부생들이 배우는 상징적인 연구가 있다. 해당 연구에서 심리학자 대니얼 카너먼과 행동경제학자 잭 네치Jack Knetsch, 리처드 탈러는 학생들을 연구실로 데려와 게임을 하도록 했다. 게임은 아주 간단했다. 한 학생에게 약간의 돈(10달러로 가정)을 주고, 돈을 받지 못한 다른 학생에게 얼마를 주고 싶은지 물었다. 첫 번째 학생(결정자)이 주고 싶은 금액을 결정하면, 돈을 받는 학생(수취자)에게 얼마를 주든지 결정자는 10달러에서 주기로 한 돈을 제외한 돈을 가지고 방을 떠나도록 했다. 이는 경제학자들이 독재자 게임Dictator Game이라고 부르는 것으로, 게임 이론 수업을 들은 사람이라면 누구나 친숙할 것이다.

학생들은 독립된 실험실에서 결정을 내렸으며, 누구에게 돈을 주는지 또는 누구에게서 돈을 받는지 알지 못하도록 했다. 이러한 간단한 모형에서, 결정자에게는 분명한 최선의 전략이 존재한다. 주는 돈이 얼마만큼이든 결정자는 더 가난해지므로, 그들은 가능한 한 적게 주어야 한다. 즉 한 푼도 주지 않아야 한

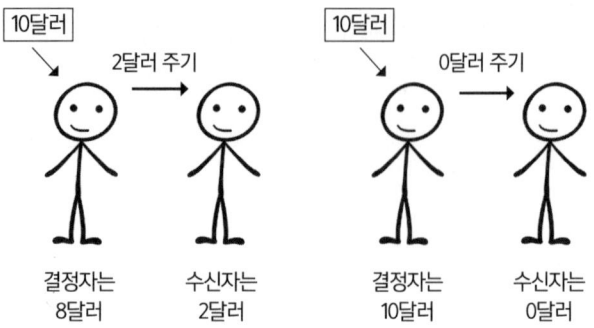

다. 특정 부류의 경제학자들은 여기서 우월 전략* 균형의 개념이 실제로 일어날 것으로 예상한다.

물론 실제로는 한 푼도 주지 않은 사람은 거의 없었으며, 이는 경제학자들에게 사람들이 그들의 이론이 예측하는 것처럼 냉담하고 자기 잇속만 차리는 것이 아님을 받아들이도록 한다. 이에 카너먼, 네치, 탈러는 사람들이 다른 사람들에게 마음을 쓰거나 특정 사회적 선호도를 갖는다고 결론지을 수 있었다.

그렇다면 사람들은 언제, 어떻게 그리고 어느 정도까지 다른 사람을 배려할까? 만약 이러한 질문에 답할 수 있다면, 우리는 직장을 비롯한 여러 환경을 긍정적 행동을 극대화하도록 설계할 수 있다. 많은 면에서 이는 결국 '사회적 거리'의 문제이다. 사회적 거리란 두 사람 간의 대인 관계와 사회적 집단 관계에 근거

---

* 상대편이 어떤 전략을 선택하는지와 상관없이 자신에게 가장 유리한 특정 전략

하여 인식된 분리의 정도를 의미한다. 우리는 우리가 아는 사람들을 가장 먼저, 그리고 가장 많이 보살핀다. 다음으로, 알지는 못하지만 공통된 사회적 집단에 속한 사람을 보살피고, 더 먼 관계의 사람은 그다음이다. 여기까지는 아주 명료하다.

독재자 게임을 한 가지만 약간 변형하여 시행한 연구도 있다. 그들은 결정자들에게 수취자의 이름을 알려주었다. 진행자들이 수취자의 이름을 간단히 지어낼 가능성도 분명히 있었지만, 단지 수취자의 이름을 아는 것만으로도 사람들은 평균 48퍼센트를 더 기부했다. 즉, 우리는 비록 누군가의 이름만 알고 있다 하더라도, 그 사람을 어떤 집단이나 '타인'이라는 모호한 개념보다 더 많이 신경 쓴다. 순전히 허울뿐인 방식이더라도 두 참가자 사이의 사회적 거리를 줄이는 것은 사람들을 더욱 너그럽게 만들었다.

기부자와 모금인의 연결 고리

미국 대학들은 통상적으로 영국 대학들에 비해 동문에게 훨씬 많은 기부금을 모금한다. 양쪽 시스템을 모두 경험해 본 사람이라면 정확하고 과학적으로 동문에게서 기부금을 얻어내는 과정을 갖춘 것처럼 보이는 미국의 대학들에 비해 영국 대학들이 체계적이지 못하고 아마추어 같다고 말할 것이다. 그 이유는 부분적으로는 미국 대학들이 정말로 정확한 과학성을 가지고 있기 때문이다. 이 분야의 전문가 중 한 명인 텍사스A&M대학교 조너선 미어Jonathan Meer 교수는 지난 10년간 여러 대학과 함께 일하며 동문을 통한 기금 모금에 대한 심리를 이해하려 노력했고, 이를 통해 이들 대학의 재원에 상당히 기여했다.

누군가를 그들이 몸담았던 대학에 기부하도록 하는 사례는 흥미롭다. 이에 대해 우리가 생각할 수 있는 가장 그럴듯한 근거는 대학에 감으로써 일생 동안의 수입이 꽤 많이 증가한다는 것이다. 영국의 경우 평생 약 20만 파운드, 미국의 경우 백만 달러의 추가 수입을 얻게 된다. 물론 경제학, 법학, 의학 등의 학위는 다른 학위보다 더 수익성이 높고 수입 순위에서 최상위를 차지하는 반면, 어떤 추정치는 미술사 학위가 실제로 여러분의 기대 수입을 감소시킨다는 것을 보여주기도 한다. 그럼에도 대부분의 사람들은 대학이 좋은 것이며, 장려되어야 한다고 생각하는 것 같다.

그러나 이에 비해 많은 이들이 졸업 후 대학에 돈을 내는 것을 꺼린다. 이의 일부는 등록금과 관련이 있는데, 사람들은 대학에서의 경험에 대해 이미 한 차례 돈을 지불했다고 느끼며, 그들이 대학에 일종의 '도덕적 빚'을 지고 있다고는 생각하지 않는다. 결국, 그들 대부분은 졸업 후 수십 년간 매우 실질적인 재정

부채를 지게 될 것이다.

하지만 많은 영국인이 끔찍하다고 여기는 영국의 학자금 대출 상환 시스템은 미국에 비해 놀라울 정도로 관대하다. 글을 쓰고 있는 현재의 등록금은 3년 과정의 경우 영국 표준에 따라 연간 9000파운드로 책정되어 있다. 2018년을 기준으로 하면, 졸업생들은 생활비 대출을 포함해 평균 50,700파운드의 빚을 지게 된다. 상환은 졸업 후 연간 21,000파운드 이상의 수입이 생길 때까지는 시작되지 않는데, 이는 영국 근로자의 46퍼센트보다 높은 연봉이다. 학자금 대출은 30년이 지나면 탕감되는데, 국가 재정 연구소Institute of Fiscal Studies는 전체 학생의 약 4분의 3이 결코 빚을 갚지 못할 것으로 추정한다.

이를 미국과 비교해보자. 미국의 경우 전체적인 시스템이 영국처럼 엄격하게 규제되어 있지 않기 때문에 대학마다 등록금이 매우 천차만별이지만, 특히 두드러진 예는 하버드대학교이다. 2017년 하버드대학교의 연간 등록금은 43,000달러로, 임대료와 식비를 포함할 경우 63,000달러까지 올라간다. 글을 쓰고 있는 현재 환율로 이는 연간 47,419파운드에 해당하는데, 이는 영국 대학생들이 재학 기간 전체에 걸쳐 지불하는 금액과 비슷하며, 영국 정부가 제공하는 것과 같은 보호 없이 4년간 돈을 지불해야 한다.

어느 시스템이 더 우수한지, 또는 하버드대학교의 교육이 옥스퍼드대학교에 비해 정말로 네 배의 가치가 있는지 판단하는 것은 우리의 몫이 아니다. 다만 이는 왜 하버드대학교의 동문들이 그렇게 많은 돈을 기부하는지 의문을 불러일으킨다. 훨씬 많은 등록금을 내고 빚을 훨씬 더 많이 졌는데도 하버드대학교 동문들은 2016년 12억 달러(9억 파운드)를 기부했으며, 옥스퍼드대학교 동문들은 3억 4,500만 파운드(4억 5,800만 달러)를 기부했다.

미국 동문 기금 모금의 일반적인 문화 중 일부를 살펴보면, 동문 잡지에 기부를 청하는 글이나 안내를 싣는 것뿐 아니라 기금 모금인이 졸업생들에게 전화로 기부를 요청한다. 이는 다소 공격적인 방법이지만, 적어도 길에서 말을 걸거나 문을 두드리는 것보다는 덜 방해된다.

미어는 기금 모금인과 동문 간의 사회적 거리가 미치는 영향을 알아보기 위하여 한 대학의 전화 기금 모금 운동 자료를 살펴보았다. 지리적 거리, 즉 모금인과 기부자가 얼마나 가까이 사는지, 혹은 과거에 얼마나 가까이 살았는지는 기부액에 영향을 미치지 않는 것으로 나타났다.

그렇다면 기부자와 모금인 간의 연결 고리인 사회적 집단의 관련성은 얼마나 영향을 미쳤을까? 같은 남학생 혹은 여학생 사교 클럽에 속한 경우 약 8퍼센트 정도 더 기부했으며, 같은 종류의 학위를 취득한 경우 9퍼센트 더 기부하는 것으로 나타났다. 평균 기부 금액이 614달러임을 고려할 때, 이는 상당한 증가이다.

 미어는 기금 모금 전화를 하는 사람들이 여러분이 예상하는 것처럼 최저 임금을 받고 고생하고 있는 재학생만 있는 것은 아니라는 점을 깨달았다. 오히려 그들 중 상당수는 동문들이었다. 전화를 받는 사람과 룸메이트였던 사례도 있었다. 전혀 모르는 사람이 아닌 같은 방에서 1년간 함께 생활했던 누군가가 여러분에게 전화했다고 생각해 보라. 여러분은 즉시 전화를 끊을 수도 있고, 그들이 하는 말을 들으려 할 수도 있다. 심지어는 그들이 여러분에게 대학에 새로운 과학 센터를 짓는 것을 돕기 위해 기부를 부탁할 때, 이를 거절하는 것이 조금 더 어렵다는 것을 발견할지도 모른다. 그런 일은 실제로 일어난다. 낯선 사람보다는 예전 룸메이트가 부탁했을 때 기부할 확률이 5퍼센트 증가했고, 기부금도 17.5퍼센트 더 많았다. 결국, 이 전략으로 다른 사람이 전화하는 것보다 25퍼센트 더 많은 돈을 모을 수 있었다.

 물론 현실 세계에서 모든 고객이 무언가를 사거나 기부하려고 할 때 잘 아는 사람과 대화를 나누는지 확인하는 것은 꽤 어려울 수 있다. 펜실베니아대학교 데보라 스몰Deborah Small 교수는 동료들과 함께 기금 모금 운동에 사용되는 홍보 수단을 바꾸기 위한 연구를 했는데, 이번에는 편지와 광고지를 사용했다.

 사람들에게 남부 아프리카와 에티오피아의 기아 해결을 돕는 '세이브 더 칠드런Save the Children'의 캠페인을 보여주었다.

연구에 참여한 사람들을 두 그룹으로 나누어 첫 번째 그룹에는 세이브 더 칠드런에서 제공한 정보를 토대로 기아의 규모와 정도, 기아를 겪는 사람의 수 등을 포함한 통계 자료를 제시하였다. 여기에는 '300만 명의 잠비아 사람들이 굶주리고 있습니다', '1100만 명의 에티오피아 사람들이 즉각적인 식량 원조를 필요로 합니다' 등의 문구가 포함되었다. 다른 집단에게는 한 어린 소녀의 사진을 보여주고 그 아이에 대한 구체적인 정보를 제시하며 다음과 같이 말했다. '여러분이 기부하는 모든 돈은 아프리카 말리의 7살 소녀 로키아에게 전달될 것입니다. 로키아는 매우 가난하며, 극심한 기아로 아사의 위험에 직면해 있습니다. 여러분의 도움으로 아이의 삶은 더 나아질 것입니다'.

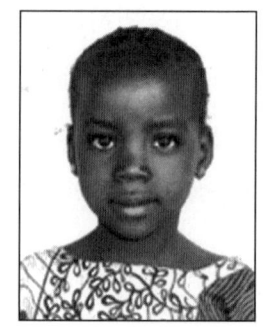

이성적으로 우리는 첫 번째 그룹에 제시된 정보가 더 중요하게 다뤄져야 한다는 것을 안다. 스팍(Spock, 감정보다 이성을 중시하는 성향을 보이는 스타 트렉의 등장인물)이 '다수의 필요가 소수나 한 명의 필요보다 더 중요하다'라고 말한 것처럼, 한 사람을 돕는 것보다 수백만의 사람들을 도울 때 기부할 가능성이 분명히 더 커야 하지 않을까? 하지만 현실은 그렇지 않다. 사람들은 통계를 제시했을 때보다 한 명의 누군지 알 수 있는 피해자를 보앉을 때 평균 두 배의 돈을 기부한다.

우리가 그 한 사람에 대해 더 잘 알수록, 그리고 더 가깝다고 느낄수록, 우리는 더 많은 것을 준다. 예루살렘의 히브리대학교 연구자들은 예비 기부자들에게 이스라엘 의료 센터에 있는 어린이 환자들에 대한 정보를 주는 연구를 시행했다. 그들은 아이들에 대해 아무 정보도 받지 못하거나, 아이들의 나이를 듣거나, 나이와 이름을 듣거나, 나이와 이름을 비롯한 사진을 받는 집단으로 나누었다. 그 결과 아이들에 대해 더 많은 정보를 가질수록 기부할 가능성이 커지는 것으로 밝혀졌다. 가장 먼 사회적 거리를 갖는 메시지와 가장 가까운 메시지를 비교할 때 기부할 가능성이 네 배나 차이 났다. 흥미롭게도 본 연구는 '한 명의 누군지 알 수 있는 사람'에게 특별한 무언가가 있다는 것을 발견했다. 사람들에게 여덟 명의 아이들을 돕도록 요청하며 정보를 제공한 경우, 받은 사회적 정보의 양에 따라 기부금의 차이를 보이지 않았다. 하나는 가장 외로운 숫자일지 모르지만, 사람들을 돌보도록 만드는 데는 가장 좋은 숫자로 보인다.

자선 효과에 관심이 있는 사람들에게 이는 실망스러운 결과일 수 있다. 최고의 마케팅은 자선이 얼마나 많은 좋은 일을 할 수 있는지를, 혹은 그것이 얼마나 심각한 문제를 해결할 수 있는지를 알리는 것보다 대부분의 돈이 어디로 갈지를 결정하는 것이라는 점은 우리를 주저하게 한다. 만약 여기서 사회적 본능이 이성적 두뇌보다 더 우선시된다면, 아마 우리는 잘못된 길로 내몰리게 될 것이다.

그리고 그것이 바로 데보라 스몰이 생각한 것이다. 그녀와 그 이후의 다른 연구자들은 우리가 원초적인 사회적 본능을 극복하고 더 효과적인 기부자가 될 수 있도록 돕기 위해 노력해왔다. 앞서 논의했던 로키아 연구에서 일부 사람들은 그들이 편파적일 수 있다는 사전 경고를 받았다.

우리는 여러분에게 사회학자들이 했던 몇 가지 연구에 대해 말해주고 싶습니다. 이 연구는 사람들이 어려움을 겪는 사람들의 일반적인 통계보다는 문제에 처한 특정 사람에게 더 강하게 반응한다는 것을 보여줍니다.

이 아이디어는 간단하다. 사람들에게 그들이 특정한 개개의 피해자에게 치우쳐 있다는 것을 알게 함으로써 그들이 다시 한번 생각하도록 하고, 근거가 주어졌을 때 더 많이 기부할 수 있도록 도울 수 있다. 또는, 적어도 로키아의 사진에 덜 휘둘리도록 할 수 있다.

그래서 이것이 효과를 거두었을까를 묻는다면, 일종의 효과는 있었다. 사람들에게 그들이 로키아의 사진과 그녀에 관한 이야기에 영향을 받고 있을 수 있다고 말하는 것은 그것을 본 사람들과 통계만 받은 사람들 간의 기부액 차이를 감소시켰다. 하지만 이러한 경고는 정보를 받았을 때 사람들이 기부한 금액을 늘리지는 못했다. 우리는 충고를 듣고 일시적으로 내재된 사회적 본능을 억제할 수는 있지만, 무미건조한 수치들에 마음을 쓰도록 스스로를 변화시키지는 못한 것으로 보인다. 우리는 너무 사회적이다.

내재적 동기 부여와 외재적 동기 부여

사회적 거리는 조직 내에서 직원과 관리자의 사이, 또는 일반적인 영업 및 마케팅 직원과 고객 사이에도 존재한다. 조너선 미어의 대학 내 기금 모금에서 보았던 것처럼 공통된 특징이나 경험을 통해 관심을 끌어 고객과 판매 사원 간의 사회적 거리를 좁히는 것이 그들의 과제이다. 하지만 판매 사원 스스로 노력하는 또 다른 방법도 있다.

조직 심리학자 애덤 그랜트Adam Grant가 한 연구가 바로 그와 관련된 것이었다. 그랜트의 연구 분야 중 하나는 내재적 동기 intrinsic motivation 부여와 관련된 것이다. 내재적 동기 부여는 어떤 일을 할 때 그에 따르는 보상 때문이 아닌 스스로가 원해서 하는 경우를 의미한다. 물론 여러분은 주로 돈을 벌기 위해 일하지만(만약 돈을 받지 못한다면, 여러분은 틀림없이 먹고살기 위한 다른 길을 찾을 것이다), 여러분이 동료나 고객을 위해 한층 더 노력했거나 조직 내 다른 사람들을 더 편하게 만드는 새로운 과정을 개발했다면, 이는 내재적 동기 부여가 작동한 것이다. 만약 여러분이 단지 돈이나 다른 형태의 보상 때문에, 또는 받기를 희망하여 무언가를 한다면, 이는 외재적 동기extrinsic motivation 부여에 해당한다.

외재적 동기 부여는 믿을 만하다. 만약 내가 여러분에게 어떤 일을 해 달라고 돈을 지불한다면, 나는 여러분이 그 일을 할 것이라는 데 강력히 배팅할 것이다. 반면에 내가 여러분이 단지 호의로 매일 출근하기를 바란다면, 아마 잘 될 가능성이 거의 없을 것이다. 외재적 동기 부여는 비싸고, 딱 그만큼만 작동한다. 급여는 사람들이 일을 하게 할 수 있고, 성과급은 일을 더 잘하게 할 수는 있지만, 돈을 지불해서 사람들을 스스로 더 노력하게 하거나 팀 플레이어가 되게 할 수는 없다.

많은 조직이 내재적 동기 부여에 의존한다. BIT에서 마이클은 'T-REX(Team Research, Evaluation and eXperimentation, BIT의 여러 팀 중 하나)에 온 것을 환영해요. 근무 시간은 길고 보수는 형편없죠'라고 말하며 팀에 들어온 사람들을 환영하는 것을 좋아했다. 대부분의 정부, 자선 단체, 그리고 이윤 추구 이외의 다른 일을 하는 많은 기업도 마찬가지라고 할 수 있다. 직원들은 자신들이 고객이나 동료들을 돕고 있거나 세상을 더 나은 곳으로 만들고 있다고 느끼기 때문에 기꺼이 낮은 임금을 받아들인다.

애덤 그랜트가 발견한 것처럼, 내재적 동기 부여는 단지 업무의 일부로서 주어지는 것이 아니다. 그랜트는 병원에서 엑스레이나 CT 촬영 같은 검사를 시행하고 판독하는 방사선사들을 연구했다. 그들은 환자의 병을 진단하고 환자들이 올바른 치료를 받도록 하는 데 중요한 역할을 한다. 그러나 그랜트는 방사선사들이 몇 년간 일하고 나면 내재적 동기를 일부 잃는다는 것을 발견했다. 그들은 적어도 부분적으로는 그들이 하는 일과 사람들을 돕는 것 사이의 연관성을 잊어버리고, 마지못해 일하기 시작했다.

그다음 그랜트가 한 일은 전문가들과 그들이 상대하는 사람들 간의 사회적 거리를 줄이는 것이었고, 이는 내재적 동기 부여를 강화한 좋은 예다. 그는 일부 방사선사들에게 환자의 영상(몸 내부의 사진)뿐 아니라 그 사람의 겉모습을 찍은 사진을 함께 주었다. 이 간단한 개입을 통해 진단의 정확도를 47퍼센트나 향상시킬 수 있었는데, 이는 겉모습을 찍은 사진에 어떤 정보가 있어서가 아니라, 그 환자들이 더 실제처럼 보였기 때문이다.

다른 연구에서는 더 큰 효과가 관찰되었다. 그랜트가 대학 장학금 수혜자들을 그들의 장학금을 모금하는 콜센터로 데려와 직원들을 만나게 했을 때, 모금액이 400퍼센트 증가했다. 그들의 만남은 아주 짧았고 따로 추가 수당을 받지 않았음에도, 직원들과 수혜자들 간의 사회적 거리를 좁히는 것이 내재적 동기 부여를 향상시킬 수 있다는 것을 보여주었다.

하버드 경영대학원의 라이언 뷰엘Ryan Buell 교수는 직장에서의 또 다른 예를 제시했다. 라이언은 하버드대학교의 교내 식당과 협업하여 음식의 질을 높일 수 있는지 알아보았다. 하지만 라이언은 요리사도 아니고 심지어 특별히 음식을 좋아하는 사람도 아니었다. 그는 재료의 신선도를 살피지도 않았고, 심지어 손님들이 무엇을 원하는지, 주요 경쟁 식당이 어디인지를 알아보기 위한 시장 조사도 하지 않았다. 행동과학자인 라이언은 곧바로 요리사의 동기 부여를 살폈다.

여러분이 가장 최근에 간 식당에 대해 생각해 보자. 안에 들어가면 종업원이 자리로 안내한다. 메뉴를 살핀 후 여러분은 마침내 프랑스식 오렌지 오리 요리를 먹기로 결정한다. 종업원을 불러 주문을 하면 15분 뒤 음식이 나오고, 여러분은 음식을 즐긴 뒤 돈을 지불하고 나온다.

이러한 과정에서 여러분은 분위기나 종업원의 친절함과 매너, 동석자와의 대화, 그리고 물론 음식 그 자체까지 많은 것을 즐길 수 있었다. 이제 잠시 요리사에 대해 생각할 시간을 갖자. 그들은 식당 뒤쪽에 있다. 통로에 오렌지 오리 요리, 스테이크,

버섯 리소토를 요청하는 종이 한 장이 나타난다. 그들은 음식을 만들고, 그것을 통로 위에 놓는다. 그리고 종업원은 주방의 미닫이문을 통해 그것을 가져간다. 요리사는 아마도 요리하기를 좋아할 것이고, 함께 일하는 동료 중에 친구가 있을지도 모른다. 하지만 그들은 그들의 일 중 중요한 부분인 손님이 음식을 경험하는 순간과는 완전히 차단되어 있다.

따라서 뷰엘과 그의 동료인 타미 김Tami Kim, 치아중 차이 Chia-Jung Tsay는 요리사들과 손님들 간의 사회적 거리를 좁히는 일에 착수했다. 그들은 주방에 아이패드, 식당 내부에 카메라를 설치하여 때로는 요리사들이 그들이 요리를 만들어 줄 손님을 볼 수 있게 하고 때로는 볼 수 없게 했다. 그 결과, 카메라가 작동하여 요리하기 전에 손님을 볼 수 있을 때 요리사들이 더 열심히, 더 빨리 요리하는 것으로 나타났다. 손님들 또한 더 맛있다고 평가했다. 여러분은 자연스럽게 다음 단계가 궁금할 것이다. 손님들이 요리사가 요리하는 것을 볼 수 있게 하면 어떻게 될까?

뷰엘과 그의 동료들은 요리사들이 손님들을 볼 수 있을 때보다 손님들이 요리사들을 볼 수 있게 했을 때 음식에 대한 평가가 더 좋아졌음을 발견했으나, 이것이 통계적으로 유의한 차이는 아니었다. 하지만 쌍방이 모두 서로를 볼 수 있게 했을 때, 손님들은 음식이 훨씬 더 낫다고 생각하고 높은 점수를 주었다. 요리사들은 손님들을 볼 수 있고 손님들은 요리사를 볼 수 없을 때 요리사들이 더 열심히 일하고 더 나은 음식을 만든다는 점은 그것이 감시 때문이라기보다는 손님들과 더 가깝다고 느꼈을 때 일을 열심히 하도록 동기 부여가 되었기 때문임을 시사한다.

만약 고객과 직원 간에 사회적 거리가 중요하다면, 동료들 사이에서는 어떨까? 어떤 회사들은 직원들이 서로 관련될 수 있음을 분명히 하고, 서로를 적극적으로 돕는 내재적 동기 부여를 유지하기 위하여 직원들 간의 사회적 장벽을 낮추는 데 많은 노력을 기울인다. 이러한 노력의 분명하고 잘 구조화된 형태로 아이스 브레이킹(ice breaking, 새로운 사람을 만났을 때 어색한 분위기를 깨는 것) 시간이나 진실 게임을 들 수 있지만, 구글의 각 팀원이 똑같은 티셔츠를 입는 것이나 '프라이데이 펀 드링크스Friday Fun Drinks' 행사 같은 일들도 다른 방식으로 사회적 거리를 좁힌다.

사회적 신뢰 쌓기 : 다양성과 균일성

동기 부여와 협력을 방해하는 장애물들을 없애는 것은 팀을 더 원활하게 기능하도록 만드는 데 분명한 도움이 되지만, 사회적 본능에 너무 많이 개입하는 것은 효과를 떨어뜨리며, 더 나쁜 결정을 내리게 할 수 있다.

비록 우리가 사회적 친밀함에서 얻는 몇몇 이점들을 포기하더라도, 다양성이 높을수록 기업이 더 나은 성과를 낸다는 근거들이 있다. 일례로, 미국의 경우 여성 대표가 회사를 운영할 때 평균적으로 더 많이 성장하고 더 회복력 있는 것으로 나타났다.

그 회사들의 가치는 평균 4,200만 달러 상승했는데, 이러한 차이는 특히 연구 개발에 주력하고 있는 기업들에서 더 크게 나타났다.

인종의 다양성도 마찬가지다. 많은 미국 은행들의 표본을 살펴본 연구자들은 인종적으로 다양한 은행들이 그렇지 않은 경우에 비해 월등히 높은 성과를 낸다는 것을 발견했다. 이는 심지어 정치적 다양성에 대해서도 성립한다. 한 팀 내에 민주당과 공화당 지지자 또는 우파와 좌파가 섞여 있는 팀이 더 효율적이었다. 또한, 당파의 이해관계를 벗어난 협력은 이념 싸움에 지친 유권자들에게 호응을 얻을 뿐 아니라 진정으로 더 나은 통치를 끌어낸다. 그러나 이러한 다양성은 달성하기 어려울 수 있다.

2016년 하버드대학교에서 열린 행동 교류Behavioural Exchange 콘퍼런스의 연설자로 나선 컬럼비아 경영대학원 캐서린 필립스Katherine Phillips 교수는 다양성을 보이는 집단과 균일한 집단의 작업 성과를 연구한 그녀의 경험에 관해 이야기했다. 그녀는 수백 개의 과제를 거쳐 결론에 도달했다. 그녀는 '균일한 집단들보다는 다양성을 보이는 집단들에서 정답에 도달한 비율이 높았습니다'라고 밝혔다. 해당 연구와 관련해 더욱 주목할 만한 점은 그녀가 사람들이 이 같은 결과에 대해 어떻게 생각하는지, 즉 집단 내의 사람들이 그 경험에 대해 무엇을 믿었는지 조사했다는 것이다. 놀랍게도 균일한 집단은 그들이 더 효율적이라고 느꼈고, 심지어 틀렸을 때조차 자신들이 내린 결정을 확신했다. 다양성을 보이는 집단에 속한 사람들은 사회적으로 떨어진 동료들과 의견이 다를 것을 예상했다. 따라서 편한 합의에 의존할 수 있는 사람들에 비해 더 열심히 일하고 더 많이 준비하며, 더 창의적이다. 당연하게도 사람들은 다양성을 보이는 집단을 선택할 가능성이 더 낮다. 집단 내의 사회적 거리가 멀기 때문에 일이 더 힘들고 갈등이 많기 때문이다.

우리는 직장에서 그리고 일상생활에서, 자신과 사회적으로 가까운 사람들에게 더 많이 반응하도록 각인되어 있다. 따라서 직원과 고객, 또는 기부자와 수혜자 사이의 사회적 거리를 줄일 수 있는 조직들은 사람들의 내적 욕구를 증가시킴으로써 잠재적으로 이득을 거둘 수 있다. 조직 내에서 우리는 사회적 거리의 감소가 관리자로서의 삶을 더 편하게 만들고, 구성원들이 서로를 더 돕도록 하는 것을 볼 수 있다. 이는 우리가 모두를 하나로 모아 어떤 일을 하고자 할 때는 좋은 현상이다.

그러나 사회적 거리의 감소로 얻을 수 있는 평온함에는 대가가 따른다. 사회적 거리가 가까운 팀에는 아이디어와 혁신이 부족하다. 이는 사회적 거리가 가깝다는 것이 다양성이 부족하다는 것을 의미하기 때문이다. 모두가 비슷한 경험을 갖고 있으며, 아마 거의 같은 방식으로 생각할 것이다. 사회적 거리가 먼 경우 약간의 의견 불일치는 불가피하지만, 이를 통해 얻을 수 있는 이

점이 분명히 존재한다. 리더로서 스스로 쉬운 길을 택하는 것은, 사실 돈을 낭비하고 있는 것이다.

그렇다면 양측 모두의 장점을 가질 수 있는 방법, 즉 다양성을 갖는 집단 내에 신뢰를 구축할 방법이 존재하는가? 아마도 이에 대한 대답은 '의식 절차ritual'일 것이다. 하버드 경영대학원의 마이클 노턴Michael Norton, 프란체스카 지노Francesca Gino 교수는 헤어진 애인의 사진을 찢어 버리는 것이 더 빨리 마음을 추스를 수 있게 도와주며, 음식을 먹을 때 일정한 절차를 따르는 것이 먹는 즐거움을 배가시킬 수 있음을 밝혀냈다. 노턴 교수는 비록 구성원들이 처음에는 매우 다를지라도, 이러한 의식을 통해 공동의 정체성과 목표를 만듦으로써 직장에서 생산성을 높일 수 있다고 생각했다. 예를 들어, 영화 〈금발이 너무해 2Legally Blonde 2〉의 주인공 '엘 우즈'는 '스냅 컵'이라는 의식을 사무실에 소개한다. 이는 팀원들이 동료들에 대한 칭찬을 적어 컵 안에 넣고, 이를 다음 팀 모임 때 읽는 것이다. 영화 초반에 이 의식은 나쁜 방식으로 흘러갔지만, 결국 팀을 끈끈하게 만들어 주고 서로를 존중하게 되면서 '스냅 컵'은 팀 단합의 상징이 된다.

더 나아가 영국 엑서터대학교의 경제학자 데이비드 라인슈타인David Reinstein은 우리가 누군가를 얼마나 신뢰할 것인가 판단하는 용도로 의식 절차가 사용될 수 있는지 의문을 품었다. 라인슈타인은 누구를 믿을 것인가가 아닌 일반적으로 얼마나 믿어야 하는가의 문제에 관심을 가졌다. 이는 다양한 팀이 있는 큰 조직에서 중요한 문제일 수 있다. 사람들에게 그들을 믿을 수 있는지 묻는 것은 그리 신뢰할 만해 보이지 않는다. 결국, 대화는 값싼 것이고, 어쨌든 모든 사람에게 개별적으로 물어보는 것은 매우 많은 시간이 소요된다. 라인슈타인은 그 대신 '익명 의식anonymous rituals'을 제안했는데, 이는 회사의 모든 사람이 크리스마스에 비밀 산타가 되거나 동료의 결혼 선물을 준비하는 등의 무언가를 하도록 권장하는 것이다. 익명으로 진행되기 때문에 누군가가 참가하지 않았다고 해서 배척될 가능성은 없었다. 따라서 사람들은 규칙에 따라 선물을 사려고 할 수도 있고, 선물을 사지 않고 받는 경향을 보일 수도 있다. 이를 통해 그들이 얼마나 믿을 만한가를 알게 될 것이다. 누가 어떻게 했는지 알 수는 없지만, 선물을 받지 못한 사람의 수는 일반적으로 참여자들이 얼마나 신뢰할 수 있는지를 나타낼 것이다. 즉 이것은 조직 내의 사람들에게 그들이 어느 정도 신뢰해야 하는가를 말해준다. 이러한 의식은 사회적 거리가 실제로는 누군가를 얼마나 신뢰할 수 있는가에 영향을 미치지는 않을 수도 있다는 것을 분명히 함으로써 우리가 사회적 거리를 극복하는 데 도움을 줄 수 있다.

라인슈타인의 연구는 인간이 집단 밖의 사람들을 얼마나 신뢰할 수 있는가에 대한 더욱 현실적인 이해를 제시하여 사회적 거리로 인한 낮은 신뢰를 바로잡는 데 관심이 있다. 그렇다면 반대로 접근하여, 인식되는 사회적 거리를 줄임으로써 신뢰를 쌓으려고 시도할 수 있지 않을까? 이것이 우리가 2015년에 국가 시민 서비스National Citizen Service NCS*에 참가한 청소년들을 대상으로 한 실험에서 알아본 것이었다. NCS 프로그램이 시작될 때, 청소년들은 그동안 함께 지내게 될 그룹에 배정된다. 이들 집단은 부자와 가난한 자, 흑인과 백인 등 의도적으로 다양하게 구성되기 때문에 사회적 거리가 상당히 멀게 시작되는 경우가 많다.

    연구에서 우리는 네 개의 그룹을 대상으로 그들이 처음 만났을 때 10분간 아이스 브레이킹 과제에 참여하도록 했다. 대조 그룹은 평상시처럼 서로 간단한 대화를 나누도록 했다. 세 개의 실험 그룹은 각각 그들의 공통점과 차이점, 그리고 장단점에 관해 이야기를 나누었다. 그 결과, 공통점에 대해 대화를 나누었던 그룹이 다른 그룹에 비해 4주 후 유의하게 높은 신뢰 수준을 보이는 것으로 나타났으며, 그룹 과제도 더 잘 수행했다. 단지 여러분이 다른 사람과 서로 어떻게 비슷한지에 대해 이야기를 나누는 것만으로도 두 사람 간의 인식된 사회적 거리를 줄일 수 있다. 이는 여러분이 상대방을 더 믿을 수 있고, 그들과 더 잘 일

---

* 청소년들이 잠재력을 발견하고 서로 교류하여 책임감 있는 시민으로 성장하는 것을 목표 삼아 설립된 영국 단체로, 매년 동명의 프로그램을 시행

할 수 있음을 의미한다.

이 장에서는 우리가 사회적으로 가깝거나 가깝지 않다고 느끼는 개인에게 어떻게 반응하는지에 대해 살펴보았다. 이러한 사회적 거리는 우리가 타인과 어떻게 소통하는가의 문제만이 아니라 어떠한 상호 작용을 선택하는가에 대해서도 차이를 만든다(11장에서 다시 살펴볼 것이다).

사회적 선택 구조는 사람들을 하나로 모으고 그들 간의 사회적 거리를 줄이는 데 도움을 준다. 이것이 없다면 우리의 조직은 즐겁게 일할 수 없는 장소가 될 것이고, 우수한 인재를 모집하고 유지하여 이끌어나가기 더 어려울 수 있다.

사람들은 조직에 들어오거나 조직 내에서 팀을 옮길 때 어떻게 유도되는가? 유도 절차는 사회적 거리를 줄이고 유사성을 강조하는 데 초점을 맞추고 있는가? 아니면 단지 사람들이 회사의 규칙과 절차를 인식하도록 하는 데 초점을 맞추고 있는가?

여러분은 직원의 채용을 위해 회사가 흥미롭고 열망에 가득 찬 곳으로 보이도록 최선을 다하고 있는가? 그렇다면 여러분은 그런 환경에서 편안함을 느끼는 사람들을 끌어들이는 작업을 잘 하고 있는 것이다. 그러나 이로 인해 약간 다른 성향을 지닌 뛰어난 인재들을 놓치고 있을지도 모르고, 소중한 보물이 사회적으로 멀리 떨어져 있다는 것을 발견할지도 모른다. 함께 일하는 사람들의 다양성을 보여주거나 개선하고자 하는 분야에 대해 열린 자세를 취함으로써, 여러분의 회사를 더 접근하기 쉽게 만들고 사회적 거리를 줄일 수 있다. 그리고, 이를 통해 놓칠 뻔한 인재를 발견하는 기회를 얻을 수도 있다.

사회적 거리는 사람들이 회사 내에서 이동할 때, 특히 사무실을 옮기거나 나아가 다른 나라로 이동할 때 하나의 요소가 된다. 4대 회계 법인 회사 중 하나인 케이피엠지(KPMG, 전 세계적으로 회원국을 보유한 회계 및 경영 컨설팅 기업)는 '글로벌 이동'만을 전담하는 4,500명 이상의 직원이 있으며, 이들은 고객사들의 직원이 세계 곳곳으로 이동하고 새로운 나라에 적응할 수 있도록 돕는다. 과거의 이러한 업무는 사람들이 매끄럽게 직장으로 이사할 수 있도록 비자와 숙박 시설을 확보하고 서류 작업이 잘 되어있는지 확인하는 것에 중점을 두었다. 그러나 이동하는 직원과 새로운 환경 및 동료 사이의 사회적 거리가 원활한 이행을 저해할 수 있다는 인식이 확산되고 있다.

새로운 회사나 팀으로의 이동을 도울 때 가장 중요한 것은 새로운 장소의 문화를 이해하는 데 도움을 주는 일이다. 새로운 문화의 예로는 회의 시작에 앞서 사람들이 자신을 소개하는 것이나 퇴근 후 사교 활동, 심지어 팀원 대부분이 요가 클럽 회원인 것도 해당될 수 있다. 고맙게도, 우리의 사회적 본능 중 하나는 정확히 이런 종류의 것을 받아들이는 데 맞춰져 있다. 바로 이것이 사회적 규범에 대한 우리의 적응력이다.

저기 사람들이 간다.
나는 그들의 지도자이므로, 그들을 따라가야만 한다.

―― 알렉상드르 오귀스트 르드뤼롤랭(Alexandre Auguste Ledru-Rollin)

ⅠⅠ\ 6장 우리를 조종하는 보이지 않는 것들

국가, 종교, 문화, 가족, 혹은 그 외의 어떤 형태이든 사회적 집단이 같은 집단 내의 사람들과 같은 방식으로 행동하고자 하는 우리의 욕구를 통해 모두에게 영향을 미치는 것은 분명하다. 이 장에서 우리는 규범, 즉 우리가 다른 사람들의 '전형적인' 혹은 일반적인 행동을 배우고 이에 반응하는 방식에 대해 살펴볼 것이다. 사회적 규범은 사회적 영향력의 가장 강력하고 미묘한 형태이다. 우리가 항상 군중들이 하는 것을 함께 하고자 하는 끌림을 느끼지는 않지만, 그중 대부분은 어쨌든 군중을 따른다. 우리는 무의식중에 규범을 따르며, 이는 스스로 무언가 하는 것을 멈추기 어렵게 한다. 따라서 좋은 것이든 나쁜 것이든 사람들은 우리를 조종하기 위해 우리가 속한 사회적 집단의 규범을 이용한다.

여러분이 새로운 동네에 갔다고 상상해 보자. 회의 때문에 갔을 수도 있다. 여러분은 그곳에 한 번도 가본 적이 없으며 아는 사람도 없다. 저녁을 먹으러 어디로 가겠는가? 만약 여러분의 호텔에 식당이 없다면, 가장 쉬운 기본 선택지가 없는 셈이다. 여러분은 가까이 있는 주요 광장을 돌아다니며 주위를 둘러본다. 광장 중앙에 두 곳의 식당이 있다. 둘 다 여러분이 좋아하는 이탈리아 음식점이다. 두 곳 모두 체인 음식점이 아니며, 적당한 가격에 여러분이 좋아하는 음식들을 팔고 있다. 여러분은 배가 고프고, 두 식당 중 한 곳을 선택해야 한다. 어떻게 하겠는가?

만약 여러분이 우리와 비슷하다면, 내부가 어떤지 보기 위해 두 곳의 창문을 잠깐 들여다볼 것이다. 하지만 아마 내부 인테리어를 보지는 않을 것이다. 대신, 여러분은 손님의 수를 세고 있다. 첫 번째 식당은 텅 비어 있고, 두 번째 식당에는 열 테이블 정도 손님이 차 있다. 바빠 보이지만 남은 테이블은 충분히 있다. 만약 여러분이 적극적으로 은둔하는 성향이 아니라면, 아마 두 번째 식당을 선택할 것이다. 이는 단지 여러분이 사람들을 좋아하는 것일 수도 있지만, 이 식당이 더 붐빈다는 사실에서 무언가를 알아챘음을 의미한다. 다른 사람들이 있다는 것은(특히 비슷한 메뉴와 가격일 때) 그 식당이 둘 중 더 낫다는 것을 암시한다.

여러분은 아마 오래 생각하지 않고 이러한 결정을 내렸을 것이다. 비용과 편익을 따졌다기보다는 오히려 무작위적 결정이라고 느껴진다. 대니얼 카너먼이 그의 저서 《생각에 관한 생각 Thinking Fast and Slow》에서 '패스트 fast', 또는 '시스템 1 system 1' 이라고 명명한 이러한 형태의 의사 결정은 진화론적으로 매우 적응력이 높다. 스스로 무엇을 하고 있는지 모르더라도, 예를 들어 우리가 인류의 친구 원숭이들이 먹는 것을 따라 먹는다면 높은 확률로 독이 든 열매를 피할 수 있다.

이러한 동조는 몇 가지 이유로 흥미롭다. 그중 일부는 학습(어떤 열매가 안전한지, 어디로 강을 건널지, 또는 어느 식당이 좋은지)에 관한 것이고, 다른 측면은 집단의 일원이 되고자 하는 욕망과 심지어는 처벌을 피하기 위한 욕구(2장에서 살펴보았으며, 다음 장에서 다시 논의할 것이다)에 대한 것이다. 4장에서 논의했듯이, 집단 소속감은 부분적으로 그 자체의 의미를 이해하고 협상하는 과정이며, 지배적인 규범들은 집단이 준수하는 행동의 종류에 대한 정보를 제공한다.

집단의 동조 : 석화림 국립 공원의 사례

규범을 준수하는 것은 종종 이로우며, 대부분의 사회는 법을 지키거나 재산권과 공유 재산에 대한 기여도를 존중하는 등의 규범을 준수할 것을 요구한다. 이것이 없다면 우리는 마을에서 살아남기 어렵고, 도시는 더더욱 어려울 것이다. 우리는 농경이 수렵과 채집을 대체하는 농업 경제의 존재 안에서 타인 역시 일련의 규범을 준수하는 것을 인식하도록 요구받는다.

한편, 여러분이 하는 가장 기본적인 것조차 사회적 규범을 필요로 한다. 기원전 2000년 메소포타미아에서 화폐가 출현한 이후로(이 당시에는 창고에 저장한 곡식에 대한 영수증 정도의 의미였다), 마치 돈이 가치가 있는 것처럼 행동하는 규범이 존재해왔다. 만약 그러한 규범이 존재하지 않는다면, 여러분의 이웃은 여러분에게 돈을 받고 닭을 주지 않을 것이다. 아마 곡식과 같이 그에게 유용한 무언가를 주기를 원할 것이다. 곡식과 닭고기에 대해 공통된 가치를 확립하는 데는 시간이 걸렸을 것이고, 이게 이루어지지 않았다면 여러분의 이웃은 곡식이 필요할 때 여러분(또는 곡식을 소유한 누군가)이 닭고기를 먹고 싶은 기분이기를 바라야 할 것이다.

화폐가 없는 경제는 불안정하며, 비교적 적은 물품이 거래되는 곳이라도 거래에 막대한 부담이 따른다. 《스타 트렉: 딥 스페이스 나인The Star Trek□Deep Space Nine》의 에피소드 '카드In the Cards'에서 이에 대한 좋은 예를 볼 수 있다. 캡틴 시스코의 아들 제이크와 그의 친구 노그는 상태가 좋은 1951년 윌리 메이즈 Willie Mays 야구 카드를 시스코에게 선물하여 그의 기운을 북돋아 주고자 한다. 그들은 카드를 살 수 없어서 이를 손에 넣기 위해 고위 직원들과 일련의 거래를 한다. 그 에피소드는 재미있지만, 그들이 카드를 바로 구매할 수 있었다면 일은 훨씬 간단했을 것이다. 그 대신 그들은 '욕망의 우연한 일치'에 기대야 하는 상황에 놓였다. 즉, 거래가 성사되기 위해서는 여러분이 원하는 것을 여러분의 이웃이 갖고 있으며, 동시에 여러분의 이웃이 원하는 것을 여러분이 갖고 있어야 한다.

물론 우리는 화폐가 없는 유토피아적 미래에 살고 있지 않으며, 따라서 돈을 이용해 아주 손쉽게 거래할 수 있다. 하지만 이렇게 할 수 있는 능력은 돈(금속, 종이, 플라스틱 카드 또는 은행 데이터베이스 숫자)이 가치 있다는 공통된 망상에 의존한다. 만약 여러분의 이웃이 그의 닭고기에 대한 대가로 돈을 받아들인다면, 그가 무언가를 사고자 하는 그다음 사람도 이를 받아들일 것이다. 이는 훌륭한 망상인데, 만약 모든 사람이 망상에 빠졌다면 돈은 정말로 가치 있는 것이 되고, 그렇다면 아무도 망상에 빠지지 않은 셈이기 때문이다.

만약 정말로 우리가 구매하는 모든 것들이 사회적 규범에 의존한다면, 사회가 규범을 보존하고 불복종을 없애려고 애쓰는 것은 당연한 일이다. 일요일에 교회에 가는 것과 같은 준수 의식은 우리 공동체에서 규칙을 잘 따르는 사람은 누구이고 그렇지 않은 사람은 누구인지 알 수 있게 한다.

규범에 순응하는 것은 사회와 밀접한 관계가 있는 것처럼 보인다. 하지만 이는 또한 심리에 깊이 뿌리박혀 있는 것이어서, 우리는 지속적으로 또는 무의식적으로 따라야 하는 새로운 규범을 찾는다. 영국 노팅엄대학교에서 경제 의사 결정을 연구하는 시몬 가흐터Simon Gächter 심리학 교수는 인간이 얼마나 빨리 새로운 규범을 따르는가를 알아보기 위한 참신한 실험을 했다. 실험의 기본 전제는 간단했다. 참가자들을 무작위로 집단에 배정하여 항아리에 돈을 기부하도록 했고, 기부한 돈에 몇 배를 곱해 집단 내의 사람들에게 나누어 주었다. 결정적으로, 곱해지는 배수는 1보다는 크지만, 집단 구성원의 수보다는 작게 했다. 집단 구성원이 다섯 명이고, 배수가 4라고 가정해 보자. 여러분이 1파운드를 넣을 때마다 4파운드가 집단에 주어지고, 여러분을 포함한 모든 구성원은 80펜스를 받게 된다. 집단은 여러분의 기부로 이득을 보았지만, 여러분은 20펜스의 손해를 보았다. 이 게임에서 대부분의 집단은 아주 빨리 입장을 찾았다. 처음에는 어떤 사람들은 관대하고 어떤 사람들은 인색할 것이다. 다음 몇 차례의 라운드가 진행되면서, 인색한 사람이 많은 집단에서는 처음에 관대했던 사람들이 기부액을 줄였다. 반대로 인색한 사람이 열세인 집단에서는 인색한 사람들이 기부액을 늘리는 경향을 보였다. 결국, 몇 차례의 라운드가 진행되고 나면 대부분의 사람들이 거의 같은 금액을 기부했다.

이 실험에서 가흐터의 개입은 흥미로웠다. 그는 참가자들에게 동시에 두 집단에서 게임에 참여하도록 했다. 즉 어떤 사람들은 관대하고 기부를 많이 하는(인색한 사람이 적은) 집단과 기부를 적게 하는(인색한 사람이 많은) 집단에서 동시에 게임을 진행하게 되는 것이다. 만약 그들이 단지 게임의 규칙만을 배우는 것이라면, 그들은 차이에 동조하지 않고 양측 게임에서 일관된 액수를 기부할 것이다. 하지만 실제로는 그렇지 않았다. 첫 번째 라운드는 양측 집단에서 비슷하게 행동했지만, 금세 속해 있는 집단의 규범에 동조하기 시작했다. 처벌의 가능성이 없는 상황에서조차 우리는 사회적 규범을 신속하게 파악하고, 이에 동조한다.

현실 세계의 서로 다른 친구 집단에서도 유사한 현상이 일어난다. 마이클은 고향인 영국 남서부 출신의 친구들과 함께 있을 때 애플 사이다를 매우 즐겨 마신다. 하지만 런던의 유행을 좇는 동료들과 함께 있을 때 그는 미국식 수제 페일 에일을 마실 가능성이 훨씬 크다. 한편 수잔나는 최근 결혼식을 다녀온 뒤 한껏 거칠어진 말투로 동료들에게 충격을 주었는데, 결혼식 하객 대부분은 호주인 동료였다.

물론 모든 규범이 동일하지는 않다. 어떤 규범은 집단 응집을 형성하고 긍정적인 행동을 끌어내지만, 어떤 규범은 우리와 우리의 환경에 해를 끼칠 수 있다. 이의 유명한 예로 애리조나의 석화림 국립 공원(Petrified Forest National Park, 화석화된 숲으로 이루어진 미국의 국립 공원)이 그 공원의 가장 소중한 상품인 석화목을 사람들이 훔쳐 가지 못하도록 막고자 했던 것을 들 수 있다. 공원의 놀라운 석화목을 관람한 방문객들은 무서운 속도로 석화목 조각을 훔치고 있었다. 석화목 한 조각을 훔치는 데는 불과 몇 초밖에 걸리지 않지만, 다시 만들어지는 데는 수백만 년이 걸린다.

연구원들은 공원과 협력하여 이 빈번한 절도를 어떻게 통제할 것인가를 연구했다. 그들은 하루 중 각기 다른 시간, 각기 다른 장소에 다른 표지판을 붙였다. 연구진은 두 시간마다 전략적으로 배치된(그리고 훔치기 쉬운) 석화목 조각이 도난당했는지를 확인한 뒤 표지판을 바꾸었다. 표지판의 일부는 서로 다른 사회적 규범을 사용했는데, '수많은 방문객들이 공원의 석화목을 가져가서 석화림이 훼손되고 있습니다' 또는 '이전의 방문객들은 석화목을 무단으로 가져가지 않았습니다' 같은 것이었다. 전자의 메시지는 사람들에게 숲이 소중하며 위험에 처했다는 것을 보여주기 위한 것이었지만, 방문객들은 이 메시지를 훔치는 행동이 규범이라는 의미로 받아들이는 것처럼 보였다. 이에 훨씬 더 많은 사람이 석화목을 훔쳤고, 그 결과 자연이 영구적으로 훼손되었다.

이를 통해 우리는 바람직하지 않은 규범이 예상보다 많이 일어나고 있다고 사람들에게 알리는 것이 역효과를 낳았다는 점을 알 수 있다. 그렇다면 바람직한 규범이 기대보다 덜 준수되고 있다고 사람들에게 알리는 것은 어떨까? 이에 답하기 위한 실험이 한 투자 은행에서 이루어졌다. 이 은행에서는 전국적인 모금 활동의 일환으로 아직 자선 단체에 기부하지 않은 은행원들

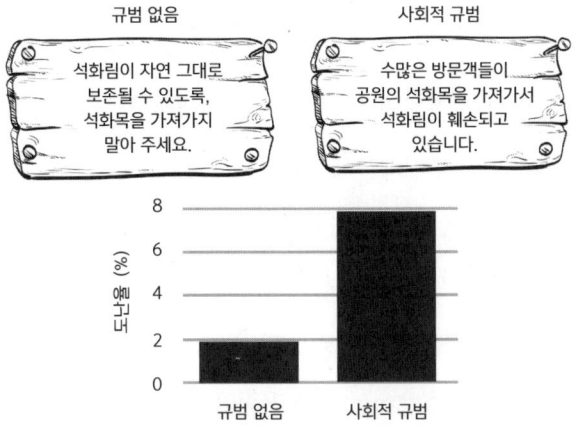

석화목에 대한 사회적 규범 실험의 결과로, 서로 다른 조건에서 석화목이 도난당한 비율을 보여준다.

에게 기부를 요청했다. 일부 직원에게는 '영국 내 근로자의 7.5퍼센트가 이미 기부를 했습니다'라고 알렸는데, 이를 읽은 직원들은 근로자의 92.5퍼센트가 기부를 하지 않았다는 사실을 직시할 수 있었다. 사전에 예상한 바와 같이, 이메일에 이 문구를 추가한 것은 기부 확률을 높이지 못했다. 하지만 은행의 고위직 사람들에게는 놀라운 효과가 있었는데, 이에 대해서는 나중에 다시 언급하겠다.

사람들이 어떻게 사회적 규범에 순응하는지에 대한 앞선 내용을 볼 때, 사람들에게 규범 준수율이 낮다고 이야기하는 것은 나쁜 생각이라는 것이 명백해 보일 수 있다. 그러나 이러한 접근은 실제로 흔하게 사용된다. 예를 들어 애완동물 보호소에서는 검은 고양이가 입양될 수 있도록 많은 노력을 기울인다. 이는 검은 고양이가 과거부터 불운의 상징처럼 여겨졌고, 사진에 예쁘게 나오지 않기 때문에 좀처럼 입양이 되지 않는다는 이유에서이다. 많은 보호소는 검은 고양이의 입양을 늘리기 위한 시도로써 '아무도 검은 고양이를 입양하지 않아요. 놀랍지 않나요?'와 같은 홍보문구로 대응해 왔다. 비슷한 예로, BIT의 일터 중 한 곳의 공용 주방에는 이따금 더러운 접시들이 싱크대에 쌓여 있는데, 최근 더러운 접시들을 찍은 사진과 즉시 설거지할 것을 요구하는 경고 문구가 부착되었다. 이런 종류의 메시지는 흔하다. 왜냐면 이런 메시지를 만드는 사람들은 다른 사람들이 그들과 같은 방식으로 반응(검은 고양이를 입양하지 않는 것에 분노하거나, 행동을 바꾸어 설거지를 잘하거나)하기를 기대하기 때문이다. 하지만 우리가 석화림의 예에서 보았듯이, 이런 메시지는 역효과를 낳을 수 있다. 사람들은 지적받은 규범에 동조하여 다른 사람들처럼 검은 고양이의 입양을 거절하고 싱크대에 쌓인 접시를 며칠간 방치한다.

  우리가 규범과 그 효과를 이해하려면, 어떻게 규범이 시작되는지를 아는 것이 도움이 된다. 이 장의 처음에 나온 예(낯선 마을에서 식당 결정하기)로 돌아가 보자. 여러분은 결정을 내리고 방금 자리에 앉았다. 이제 시간을 두 식당이 모두 비어 있었던 45

분 전으로 되돌려 보자. 그날 저녁의 첫 번째 손님이 광장에 도착한다. 여러분처럼 그녀도 외지인이며, 사실 여러분과 같은 회의에 참석하러 왔다. 그녀는 어느 식당이 더 나은지에 대해 전혀 아는 바가 없다. 그녀는 여러분과 같은 과정을 거친다. 메뉴와 가격을 살피고, 그녀가 할 수 있는 최선의 결정을 내리려고 노력한다.

늦게 도착했기 때문에 여러분은 그녀보다 분명한 이점을 갖고 있다. 여러분은 군중을 볼 수 있으나 그녀는 아무도 따를 사람이 없다. 그녀는 어떻게 했을까? 그녀는 무작위로 식당을 선택하는데, 마침 여러분이 살펴본 두 번째 식당이다. 이제 다음 사람이 광장에 나타난다. 여러분보다 더 많은 정보를 갖고 있지는 않지만, 그들은 이제 그녀가 식당에 앉아 있는 것을 볼 수 있으며, 그녀가 식중독으로 죽어가고 있지 않다는 것은 분명히 알 수 있다. 따라서 주어진 정보를 가지고 그들이 할 수 있는 최고의 일은(만약 그들이 정말 은둔하는 성향이 아니라면) 첫 번째 사람을 따라서 같은 식당으로 가는 것이다. 5분 뒤 세 번째 사람이 나타난다. 이제 그들은 약간 더 많은 정보를 얻게 되고 이에 따라 같은 과정을 거친다. 이런 과정이 반복된 뒤 여러분이 나타나고 필연적으로 앞선 사람들을 따르게 된다. 이것은 군집herding 이라고 알려진 현상으로, 1992년 경제학자 아브히지트 바네르지Abhijit Banerjee가 처음으로 공식화했다. 사회적 규범에 따르는 것은 아주 자연스러워서, 우리는 어떤 것이 좋은 생각이라고 믿을 이유가 없을 때조차도 누군가의 희미한 흔적을 따른다. 사실 여러분이 그 식당에 가게 된 것에는 무작위 선택 이상의 특별한 이유가 없다. 이제 여러분의 선택에 얼마나 만족하는가?

여러분이 상상할 수 있듯이, 이러한 군집 또는 동조 행동은 우리가 누구를 따르는가에 따라 조절된다. 만약 이 바쁜 식당이 당신이 응원하는 팀의 상대 팀 팬들로 가득한 시끌벅적한 스포츠 바라면, 별 특징 없는 사람들로 차 있을 때 비해 그 식당에 들어갈 가능성은 적을 것이다.

감추어진 규범 : 세금 납부율을 높이는 비결

우리는 사람들이 자신이 틀렸다는 것을 알 때조차 동조하고자 하는 경향이 있다는 것을 오래전부터 알고 있었다. 사실 솔로몬 애쉬Solomon Asch의 유명한 동조 실험은 마이클이 16살 때 심리학에서 배운 첫 번째 연구였다. 애쉬는 명백한 정답이 있는 과제에서도 참가자 대부분이 잘못된 합의를 따르려는 유혹을 완전히 떨쳐내지 못한다는 것을 발견했다. 이후의 연구에서는 실험의 설정, 즉 다른 참가자들이 거짓말을 하고 있을 수도 있다는 사실을 알고 있는 참가자들조차(비록 정보를 갖고 있지 못한 참가자들보다는 덜했지만) 여전히 어느 정도는 집단의 규범에 동조한다는 것을 보였다.

이것은 흥미로운 일이지만, 과연 유용한 것일까? 만약 사람들이 사회적 규범에 순응하는 것에 의존할 수 있다면, 이는 우리가 그것에 대해 생각하지 않아도 자연스럽게 일어나는 것이 아닐까? 만약 우리가 조직 내에서, 또는 우리의 고객에게, 또는 심지어 정부 정책 입안자로서 사람들의 행동에 영향을 미치고자 한다면, 규범을 좋은 방향으로 사용할 수 있는 방법이 있지 않을까?

이를 위한 일부 실마리는 우리 대부분이 종종 어떤 것이 규범인지를 잘 알지 못한다는 사실에 있다. 우리가 따를 수 있는 많은 행동은 감추어져 있으며, 이는 이러한 행동들의 발생 빈도를 과대 또는 과소평가하게 만든다. 전형적인 대학가 풍경을 떠올려보자. 대학생들이 인식하는 규범은 모두가 매일 밤마다 술에 취해 있고 서로를 유혹하고 있다는 것이다. 이러한 행동들은 매우 두드러지며 대학생 시절에 대한 고정 관념과 일치한다. 하지만 이런 모습은 우리가 생각하는 것만큼 흔하지 않다. 이와 같은 진실을 통해 학생들의 믿음이 교정되었을 때 그들은 더 진실하고 냉철한 규범을 따르려 한다.

사회적 집단의 규범에 대한 이러한 잘못된 믿음을 바로잡는 것은 진정 효과를 가져올 수 있다. 우리는 킹스 칼리지 런던과의 연구에서 학생들에게 대학에서 제공하는 공부법 교육을 받도록 권유하는 문자를 여러 차례 보냈다. 학생들, 특히 신입생들은 공부가 쉽지는 않아도 분명히 감당할 수 있다는 것을 잘 알고 있다. 그렇지 않다면 그들은 대학에 올 수 없었을 것이다. 따라서 첫해에 어려움을 겪고 있다는 것은 그들에게 약간의 충격으로 다가올 수 있다. 학생들은 고립되었다고 느끼거나 혼자만 실패하는 것처럼 생각할 수 있다. 그리고 역설적으로, 학생들은 이러한 이유 때문에 도움이 될 수 있는 교육을 받지 않으려고 한다. 모든 동기들이 잘 해나가고 있다면, 그들 또한 도움을 필요로 하지 않아야 한다고 생각하기 때문이다. 우리가 학생들에게 '킹스 칼리지의 많은 신입생이 대학의 학업에 적응하는 데 시간을 필요로 합니다'라는 문자를 보냈을 때, 학생들이 그 교육에 참여할 확률이 두 배나 높았다.

처음으로 사회적 규범의 힘을 정부 차원의 좋은 용도로 사용하도록 한 사람 중 하나는 현재 BIT 북아메리카의 이사인 마이클 홀즈워스Michael Hallsworth였다. 그는 사회적 규범에 관한 행동과학 연구를 통해 통찰력을 길렀고, 이를 바탕으로 중대한 연구를 수행했다. 홀즈워스는 시카고대학교 경제학과 존 리스트John List 교수와 함께 세금 미납자에게 보내는 편지를 무작위로 바꾸는 작업을 했는데, 이는 2010년 세금 신고를 늦게 한 10만 명을 살펴보고, 그의 동료들과 함께 그들에게 보내는 편지를 약간 수정하는 일이었다. 신고서를 제출하고 체납세를 내거나 미납에 관한 결과를 받아들이라는 점을 상기시키는 상당히 딱딱한 편지의 본문은 그대로 두었지만, 앞부분에 한 문장이 추가되었다.

열 명 중 아홉 명은 기한 안에 세금을 납부합니다.

이 메시지는 소수의 사람만 아직 세금을 내지 않았다는 것을 상기시키며, 세금을 제때 내야 한다는 사회적 규범을 명확히 하고(이에 대해 알지 못했던 경우), 또한 중요한 것으로(이를 알지만 관심을 갖지 않았던 경우) 만든다. 이 메시지만으로도 첫 28일 내에 세금을 납부하는 사람의 비율이 1퍼센트 증가했다. 이에 홀즈워스는 다음과 같은 메시지를 추가하여 규범을 더욱 구체화하고 읽는 이로 하여금 본인이 소수에 속한다는 사실을 일깨워 주었다.

영국 국민 열 명 중 아홉 명은 기한 안에 세금을 냅니다.
여러분은 현재 아직 세금을 내지 않은 극소수에 해당합니다.

이 편지는 더욱 효과적이었다. 첫 번째 사회적 규범 메시지와 비교하였을 때 납세율이 2.4퍼센트 증가했으며, 사회적 규범 메시지가 없는 편지에 비해서는 3.5퍼센트 증가했다.

두 번째 연구는 한 걸음 더 나아가 정체성의 한 요소인 사람들의 거주 지역을 도입했다. 다음의 두 메시지를 비교해 보자.

영국 국민의 대부분은 기한 안에 세금을 냅니다.
여러분의 거주 지역 주민 역시 대부분 기한 안에 세금을 냅니다.

'여러분의 거주 지역'을 추가한 것은 사회적 규범의 영향을 약간 증가시켰으나, 통계적으로 유의하지는 않았다. 그러나 이것이 여러분의 부채에 대한 개인적인 메시지와 결합되었을 때 효과는 더 컸고, '여러분의 거주 지역'을 추가한 것만으로도 납세율이 2퍼센트 증가했다.

여러분처럼 부채를 가지고 있는 사람 대부분이 이를 갚아 나가고 있습니다. 여러분의 거주 지역 주민 대부분은 기한 안에 세금을 내고 있으며, 여러분처럼 부채를 가지고 있는 사람 역시 대부분 이미 세금을 납부했습니다.

이러한 효과는 미미한 것처럼 들릴지 모르지만, 모두 더해지면 매년 2억 파운드(2억 7,000만 달러)가 넘는다.
대단히 흥미롭게도 이와 같은 개입은 세계에서 가장 낮은 납세율을 보이는 국가 중 하나인 과테말라에서도 효과를 거두었기 때문에, 그들은 '대부분'의 사람들이 이미 세금을 납부했다고 말할 수밖에 없었다. 중요한 사실은 과테말라에서는 '대부분'의 사람들이 세금을 납부했다는 사실을 아는 것만으로도 대부분의 사람들이 세금을 내지 않았음이 틀림없다는 사회적 규범에 대한 인식이 바뀌었다는 것이다. 그 결과, 영국에서와 비슷한 정도의 행동 변화를 보였다.

사회적 규범은 이제 전 세계적으로 공공 분야에서 가장 널리 사용되는 행동적 통찰의 일부이며, 이를 통해 아주 적은 비용으로도 조직과 개인에게 큰 이득을 줄 수 있다.

이 점은 로버트 치알디니Robert Cialdini의 체인 호텔 실험에서도 확인할 수 있다. 애리조나대학교 치알디니 교수와 그의 동료들은 체인 호텔과 협력하여 호텔 재정을 절약하고 환경 보호에 동참하기 위해 수건의 재사용을 늘리고자 했다. 그들은 투숙객들에게 대부분의 손님들이 수건을 재사용한다고 알리는 것이 환경의 중요성에 대한 도덕적인 메시지에 비해 재사용률을 34퍼센트 증가시킨다는 것을 발견했다. 더 큰 규모의 또 다른 연구는 고지서에 가구 에너지 소비를 월별 또는 분기별로 이웃과 비교하여 표시하였을 때, 이를 본 가구는 비교 정보를 보여주지 않은 가구에 비해 에너지 소비를 줄이는 경향이 있다는 것을 발견했다.

또한, 사회적 규범은 소비자의 다른 행동을 장려하기 위해 사용될 수 있다. 예를 들어 코스타리카 국립 공원의 직원들은

'일반적인 기부'를 다음과 같이 표현했다.

가장 일반적인 기부액은 2/5/10달러입니다.

이 짧은 메시지는 사람들에게 지배적인 사회적 규범에 대한 감을 주었다. 이전에는 방문객들이 그들이 생각한 기부액이 적절한지에 대한 결정을 내려야 했지만, 이제는 그들이 따를 수 있는 액수가 주어졌기 때문에 결정이 훨씬 쉬워졌다. 연구자들은 참고 수치가 높아질수록 기부액이 유의하게 증가하는 것을 발견했다.

인생의 다른 것들과 마찬가지로, 사회적 규범은 고정되어 있지 않다. 부모님 세대가 자라던 시기에는 흡연율이 지금보다 훨씬 높았으며, 대부분 사람들이 와인 몇 잔을 마신 후 운전하는 것에 대해 아무렇지 않게 생각했을 것이다. 오늘날은 상상도 할 수 없는 일이다. 여기에는 두 가지 의미가 있다. 첫째, 규범은 바뀔 수 있으며, 둘째, 사회적 집단의 규범이 변함에 따라 우리는 아주 빠르게 이에 적응할 수 있다는 것이다. 이는 우리가 사회적 규범을 조직에서 아직 흔하지 않은 어떤 행동을 장려하기 위해 이용할 수 있다는 것을 의미한다.

규범의 변화 : 온라인과 조직 내부로 들어가기

온라인 환경에서 규범이 바뀔 때 어떤 일이 일어나는지를 관찰하는 것 역시 필요하다. 영국의 일반 대중들은 온라인 기금 모금 플랫폼을 활용하여 자선 활동을 위한 기금을 모은다. 이는 그들이 신체 활동의 어떤 목표를 달성하거나, 극적인 행동을 하거나(머리카락이나 다리털을 미는 것), 창피한(구운 콩으로 가득 찬 욕조에 앉아 있는 것) 일을 하는 것과 연관된다. 사람들의 기부액은 플랫폼에 기록되어 새로운 사람이 방문했을 때 그들 전에 누가 얼마나 기부했는지를 알 수 있고, 총 모금액과 목표 모금액도 볼 수 있다.

브리스틀대학교의 사라 스미스Sarah Smith와 그녀의 동료들은 온라인 기금 모금 플랫폼인 저스트기빙JustGiving과 버진머니기빙Vingin Money Giving으로 2010년 런던 마라톤에 참가한 사람들을 위해 만들어진 온라인 모금에 대한 자료를 분석했다. 특별히 많은(또는 특별히 적은) 액수의 기부 전후에 이루어진 기부를 살펴보면, 작은 액수에서 큰 액수까지 규범이 변함에 따라 사람들의 기부에 어떤 일이 일어나는지를 볼 수 있었다. 변화는 즉각적으로 바로 다음 기부부터 적용되었고, 상당히 큰 폭으로 일어났다. 눈에 띄는 10파운드의 기부는 기부자들의 '정상적인' 행동에 지속적인 영향을 미쳐, 다음 몇 차례의 기부액이 2.5파운드까지 증가했다. 유난히 적은 기부금은 이후의 기부액도 소폭 감소하는 결과를 낳았지만, 이러한 변화는 비교적 덜 극적이었다. 여기서 사회적 규범은 행동의 최소 기준을 정하는 역할을 했다. 이는 경제학자들이 '하방 경직성(sticky downwards, 수요 공급의 법칙에 따라 당연히 내려가야 하는 가격이 어떠한 이유로 내려가지 않는 것)'이라고 부르는 현상으로 보인다. 아마도 우리가 나쁜 행동에 대한 처벌을 두려워하는 경향 때문에 기준을 높이는 것이 낮추는 것보다 쉽다는 것이다.

이러한 일종의 현상은 킥스타터Kickstarter 등의 크라우드 펀딩 사이트와 같은 모든 종류의 마케팅 캠페인에 사용될 수 있다. 웹 사이트 설계자는 규범을 분명히 전달하기 위해 현재까지의 가장 많은 기부액이나 제일 높은 다섯 건의 기부를 페이지의 최상단에 배치하는 등의 방법을 사용하며, 이로 인해 기부금을 늘리거나 빠른 모금이 되도록 할 수 있다. 만약 페이지에 아주 소액의 기부금이 많이 노출된다면 평균 기부액이 감소할 수 있기 때문에, 규범을 더 잘 나타낼 수 있는 중간값을 표시하는 것이 참여도를 높이는 데 도움이 될 수 있다. 아마존과 같은 웹 사이트들은 우리와 비슷한 수준의 사람들이 어떤 물건을 사는지 알려주고, 우리를 그에 따르게 만든다. 그 증거로 마이클의 집 주방에는 과도하게 비싼 실리콘 냄비받침이 있다.

조직 내부의 변화 또한 살펴보자. 관리자들도 사회적 규범을 활용할 수 있을까? 마이클이 시드니 BIT 사무실의 카렌 틴달Karen Tindall과 알렉스 기아니Alex Gyani, 그리고 모벰버 재단Movember Foundation과 함께 작업한 연구 과제를 통해 내부로부터의 영향이 명확해졌다. 모벰버 재단은 영어권 국가의 남성들이 그들의 건강을 등한시하는 것을 우려하며, 매년 11월 수염을 깎지 않는 운동과 모금 추진을 통해 건강 문제에 대한 인식을 높이려 한다. 이 재단은 2015년부터 다각화되어 남성들의 신체 활동을 늘리기 위해 노력하고 있는데, 기업들과 협력하여 직원들이 더 많이 움직이도록 격려하는 것을 돕기도 한다. 한 예로, 호주의 건설 회사 렌드리스Lendlease와 함께 프로젝트를 진행한 바 있다.

렌드리스는 이전부터 직원들의 신체 활동을 위해 투자해 왔는데, 직원들 모두에게 웨어러블 핏빗(사용자의 운동량과 심장 박동수, 수면 시간 등을 측정해 데이터화하는 스마트워치) 기기를 제공하고 하루 동안의 걸음 수와 그 외의 신체 활동을 추적했다. 이에 따르면 기기가 처음 제공되고 어느 팀이 가장 활동적인가를 경쟁하는 '핏빗 챌린지'에 참여하였을 때는 신체 활동이 급증했지만, 다음 달이 되면 걸음 수가 빠르게 감소했다.

아마 이 같은 결과에 아무도 놀라지 않을 것이다. 대부분의 사람들은 핏빗이나 이와 유사한 기기를 구매했을 때 첫 몇 주나 몇 개월 동안은 꾸준히, 적극적으로 사용한다. 주전자에 물이 끓기를 기다리는 잠깐 동안에도 조금이라도 걸음 수를 늘리기 위해 주방을 서성인다. 하지만 시간이 흐를수록 우리는 기기를 착용하는 것을 잊으며, 심지어는 어느 날 기기를 충전하는 것을 잊었다는 이유로 더 이상 착용하지 않을 수도 있다. 그리고 우리의 행동은 이전으로 되돌아간다. 혹은 신체 활동을 더 하는 대신 케이크 한 조각을 더 먹었다면, 우리의 행동은 이전보다 나빠진 것일 수도 있다. 이 같은 결과는 피츠버그대학교에서 실시한 장기 연구에서 자세히 밝혀졌다. 장기 행동 변화 프로그램에 등록된 모든 참가자는 두 집단으로 나누어졌다. 한 집단은 웨어러블 기기를 사용하고 다른 집단은 사용하지 않도록 한 뒤, 그들의 활동을 2년간 추적하였다. 그 프로그램이 끝날 때, 두 집단 간에 활동 수준의 차이가 없으며 웨어러블 기기를 받은 집단이 기기가 없이 표준적인 프로그램을 시행한 집단에 비해 체중이 덜 줄었다는 것이 밝혀졌다. 렌드리스에서 챌린지가 시작되고 한 달 후, 직원 대부분은 하루에 1,000걸음도 걷지 않았다. 그들은 기본적으로 몸을 많이 움직이지 않았다. 우리가 BIT에서 개발한 개입은 동료들과의 사회적 연결을 활용하여 플라스틱 손목밴드를 더 스마트한 도구로 변화시키고, 이를 통해 사람들이 더욱 활동적으로 움직일 수 있도록 만들고자 했다. 우리는 렌드리스, 모벰버와 협업하여 다섯 명으로 구성된 집단들로 미니 리그를 만들었다. 집단 구성은 그들의 10월 핏빗 챌린지 성적을 바탕으로 하였기 때문에, 비슷한 정도의 신체 활동을 하는 사람들과 경쟁한다는 것을 의미한다. 이러한 집단들은 행동에 영향을 줄 수 있는 강한 사회적 집단의 특징을 가지고 있다. 즉, 그들은 규모가 작고 상호 작용하며, 경쟁에서 앞서야 하는 가까운 비교 집단(리그 내 다른 집단)을 가지고 있다.

11월 내내 우리는 모두에게 그들이 어느 정도 위치에 있는지를 알 수 있도록 메시지를 보냈다. 이뿐만 아니라, 절반의 팀에는 그들이 리그 내의 선두 집단과 얼마나 떨어져 있는지에 대한 사회적 정보를 주었다. 따라서 그들은 다음과 같은 메시지를 받았을 것이다.

fitbit.

렌드리스 활성화 커뮤니티에서 보낸 메시지:

팀 EH&S NSW, 현재 진행 중인 모벰버 재대결이 11월 30일에 종료됩니다. 종료까지 1주도 남지 않았습니다! 현재 여러분은 평균 12,905걸음으로, 챌린지 그룹에서 2위를 달리고 있습니다. 선두인 Capella NSW와의 차이는 1,070걸음에 불과합니다. 우승을 위한 마지막 박차를 가하세요.

이러한 메시지는 그 전주의 활동량을 바탕으로 계산되어 매주 화요일 아침마다 발송되었다. 실험이 끝날 때 우리는 사회적 비교 정보가 주어진 집단과 자신의 활동량에 대한 정보만 주어진 집단의 걸음 수를 비교했다. 차이는 애초에 예상했던 것보다 컸는데, 하루에 600걸음 이상(8퍼센트) 증가했다. 가장 큰 효과는 이전에 활동성이 가장 낮았던 사람들에서 집중적으로 나타났다. 걸음 수가 하위 25퍼센트에 해당했던 사람들은 하루에 거의 1,000걸음을 더 걸었는데, 이전과 비교하여 50퍼센트에 가까이 증가한 것이었다. 평균 걸음 수에 대한 사회적 규범과 경쟁의 결합은 그들의 활동 수준에 큰 영향을 미쳤다. 하지만 이미 매우 활동적이었던 상위 25퍼센트의 사람들은 고작 하루에 6걸음 더 걷는 데에 그쳤다. 그들은 기준보다 위에 있었기 때문에 이것이 놀라운 일은 아니다. 하지만 이는 우리가 자신이 속한 조직에서 사회적 규범을 사용할 때 주의해야 할 점이다. 우리는 일부 사람들에게 규범을 충족시키기 위해 더 노력할 필요가 있다는 것을 보여줄 수 있다. 하지만 그렇게 함으로써 이미 기준을 상회하던 사람들에게는 덜 노력해도 괜찮다는 것을 보여주게 될 수 있다.

현재 건강 행태 관련 업무에 종사하고 있는 마이클 홀즈워스는 2015년 영국 정부의 최고 의료 책임자인 데임 샐리 데이비스 Dame Sally Davies 교수와 팀을 이루어 의사들에게 편지를 보냈다. 항생제를 많이 처방하고 있는 의사들에게 보내진 이 편지는 그들이 지역 내에서 항생제를 가장 많이 처방하는 의사 중 하나이며, 따라서 '일반적인' 처방 수준을 벗어나 있다는 내용을 담고 있었다. 데이비스가 서명한 이 편지는 편지를 받은 의사들의 항생제 처방을 3.3퍼센트 줄였다. 이 수치가 작아 보일 수도 있지만, 이는 항생제 처방을 줄이기 위한 정부의 다른 모든 노력을 합친 결과와 비슷한 수준이며, 심지어 훨씬 저렴하고 실행하기가 쉽다.

만약 이러한 방식으로 의사들의 뿌리박힌 처방 습관을 바꾸도록 유도할 수 있다면, 사회적 규범이 또 무엇을 위해 사용될 수 있을까? 생명을 구하기 위해 이를 사용한 예도 있다. 예를 들어 매일 수천 명의 사람이 장기 기증자로 등록한다고 말함으로써 장기 기증 서명을 늘리거나, 환자 열 명 중 아홉 명은 진료 예약을 지킨다고 말함으로써 예약 준수율을 높일 수 있다. 이러한 방법들은 기대되는 행동이 '일반적'이라는 것을 분명히 하거나, 그렇게 하지 않는 것은 남들에게서 동떨어져 있는 것이라는 신호를 준다.

신중하게 사용되는 사회적 규범은 사회 환경에 강력한 원동력이 될 수 있다. 예를 들면, 에너지를 과도하게 사용하는 사람들이 사용량을 줄이게 하거나 조세 회피자들이 세금을 내도록 하고, 대학생들이 술을 덜 마시도록 하는 것처럼 말이다. 이처럼 사회적 집단 내의 소수가 바람직한 행동을 하도록 유도하는 데 효과적이다. 하지만 중요하게 알아두어야 할 것이 있다. 만약 규범이 사람들이 예상하는 것보다 낮거나 혹은 규범이 부정적인 행동에 대한 것이라면, 이러한 규범을 강조하는 것은 오히려 역효과를 낼 수 있다는 것이다.

또한, 우리는 사회적 규범이 사회적 선택 구조의 나머지 부분에 어떻게 들어맞는지를 생각해 볼 필요가 있다. 앞의 4장과 5장에서 사람들이 특정한 사회적 집단을 강하게 동일시하거나 타인을 사회적으로 가깝게 느끼는 것을 가능하게 하는 '무엇'에 대해 살펴보았다. 그리고 사람들이 강하게 동일시하는 집단에서 사회적 규범이 더 강력하게 작용할 것은 분명하다. 렌드리스의 예에서, 우리는 참가자들에게 경쟁하는 다른 팀의 평균 걸음 수를 알려주었다. 만약 렌드리스 전체나, 핏빗 사용자 모두의 평균 걸음 수를 알려주었다면 효과가 더 적었을 것이다. 이는 덜 개인적이며, 사람들이 별로 자신과 관련이 없다고 느낄 것이기 때문이다. 이 예는 사회적 규범의 아주 분명한 한계를 드러낸다. 만약 우리가 원하는 행동을 다수가 하고 있지 않을 때는 어떻게 해야 하는가? 이 경우, 사회적 규범은 쓸모없는 것이 된다. 그 행동을 표준으로 만들기 위해서는 노력할 필요가 있으며, 이는 다른 접근법을 필요로 한다. 다음 장에서 사람들이 사회적 집단에서 일반적인(또는 바람직한) 행동에 대한 정보를 얻는 방법들에 대해 살펴보고, 이러한 사회적 신호가 어떻게 사회적 선택 구조의 한 부분을 이루고 있는지를 알아볼 것이다.

"체셔 퍼스,"
앨리스는 고양이가 이 이름을 좋아할지 어떨지 몰라 주저하며
말을 건넸다. 하지만 고양이는 그저 더 활짝 웃을 뿐이었다.
'옳지, 아직까진 기분이 좋은 모양이야.'
앨리스는 계속 말을 이어갔다.
"어디로 가야 하는지 가르쳐 주겠니?"

──────────── 이상한 나라의 앨리스, 루이스 캐럴(Lewis Carroll)

ⅢΛ 7장 가치 있는 정보를 위한 통로

　사회적 신호는 우리가 속한 환경에서 우리에게 무엇이 기대되는지, 혹은 다른 사람들이 무엇을 얻어내려 하는지를 나타내는 단서이다. 이는 사회적 규범과 밀접한 연관이 있다. 사실 많은 면에서 사회적 신호는 규범의 특수한 형태이다. 앞에서는 사람들에게 열 명 중 아홉 명의 납세자들은 세금을 제때 낸다고 말해주는 것과 같은 규범의 명시적인 의사소통 방식이나 타인의 레스토랑 선택을 따르는 것과 같은 직관적으로 관찰되는 규범에 대해 초점을 맞추었다. 하지만 이 장에서는 우리에게 무엇이 정상적이고, 무엇이 일반적이며, 무엇이 허용되는지를 더 미묘하게 스며드는 방식으로 알려주는 모든 것들에 대해 살펴볼 것이다. 이러한 신호에는 디자이너의 의도가 담긴 디자인 방식이나 다른 사람들이 어떻게 행동했는지 알려주는 이전의 흔적들, 그리고 우리가 어떻게 행동하기를 기대하는지 알려주는 우리와 사람들 간의 상호 작용이 포함된다.

　여러분이 월요일 아침 출근하는 중이라고 상상해 보자. 여러분은 집에서 나와 역으로 향하던 중 커피를 테이크 아웃하고, 기차를 탈 때쯤 커피를 다 마신다. 여러분은 기차 안의 많은 이들을 헤치고 설 자리를 찾는다. 그리고 누군가 여러분의 등에 부딪혀 여러분은 메고 있던 가방을 바닥에 내려놓는다. 중간쯤 갔을 때 자리가 생겨, 몇 개의 무료 신문을 옆으로 밀어놓으며 앉는다. 여러분은 빈 일회용 컵을 발치에 내려놓고, 그대로 기차에 두고 내린 다음 사무실로 향한다.

오늘 아침에 업무 평가를 받기로 되어 있기 때문에 약간 긴장했지만, 꽤 좋은 한 해를 보냈기에 낙관적이기도 하다. 상사가 여러분을 부르고, 여러분은 회의실로 가서 앉는다. 상사가 운을 뗀다. '자, 뭐 크게 걱정할 건 아니에요, 하지만……' 여러분의 가슴이 철렁 내려앉는다.

이미 여러분의 하루는 여러분을 둘러싼 일련의 신호들, 즉 누군가가 등에 부딪힌 일, 좌석에 있던 신문, 상사의 불길한 첫 문장 등에 영향을 받았다. 그리고 이런 신호들이 여러분의 행동을 변화시켰다. 우리는 깨닫지 못하는 사이에 용인되는 정상적인 행동에 대한 우리의 이해를 형성하는 사회적 신호에 끊임없이 반응하고 있다. 하지만 신호는 이보다 훨씬 클 수도 있고, 물리적 공간에 만들어질 수도 있다.

영국 맨체스터 인근 포인튼Poynton 마을에는 문제가 하나 있었다. 수십 년에 걸친 교통사업으로 인해 마을 중심부가 두 간선 도로의 교차점이 되었고, 그 결과 시끄럽고 위험하여 방문하고 싶지 않은 곳이 되었다. 이로 인해 지역 사회가 쇠퇴하는 것은 물론, 마을 생활 역시 해체되고 있었다.

이에 2011년 포인튼 마을에서는 색다른 일을 시도했다. 도시 계획자들은 모든 교통 신호를 없애고, 마을 중심부로 향하는 길을 이차선에서 일차선 도로로 바꾸었다. 그리고 운전자들에게 고속도로 구간이 끝났으며 마을로 접어들고 있음을 알리는 시각적 신호를 연달아 배치했다.

결과적으로, 도로 사용자들이 상호 작용하는 방식이 완전히 바뀌게 되었다. 차는 더 천천히 달리고 보행자들을 기다려 주었으며, 보행자들은 길을 건널 때 운전자들에게 손을 흔들었다. 지역 상권을 찾는 사람들 또한 증가했다. 한마디로, 그 마을은 보다 공동체처럼 느껴지게 되었다.

신호가 의미하는 것 : 깨진 유리창 이론

앞서 살펴본 '공유 공간'의 개념은 시험대에 오르기도 하지만, 이를 통한 공간의 설계가 사람들을 특정한 행동 모형으로 이끄는 방식에 대한 훌륭한 통찰력을 제공한다. 그리고 이는 새로운 아이디어가 아니다. 15세기 이탈리아 건축가 레온 바티스타 알베르티Leon Battista Alberti는 고전주의 건축이 침략자들에게 문명화의 영향을 주며, 이를 통해 로마에 쳐들어온 야만인들이 도시의 경관을 보고 덜 야만적으로 바뀔 것이라 주장했다. 앞서 언급한 포인튼 마을 역시 물리적 환경의 신호를 변화시키는 것이 도시 간 교통에 문명화된 영향을 미친다는 것을 발견한 것이다.

사실 수잔나는 포인튼 마을의 사례에 매료되어, BIT 입사 최종 면접에서 런던의 붐비는 은행 교차로에 무언가 비슷한 것을 시도하자고 열정적으로 설득했다. 면접관들은 그녀에게 그보다는 교육에 관련된 무언가를 제안해 볼 것을 요구했다(이는 타당한 일이었는데, 그 면접은 BIT의 교육부서 직원 채용을 위한 것이었기 때문이다).

요점은, 물리적 공간에서의 사회적 신호들과 그것이 우리의 행동에 미치는 영향은 심오할 수 있다는 것이다. 세계무역센터 World Trade Center를 설계한 건축가인 미노루 야마사키Minoru Yamasaki는 1950년대에 미주리주 세인트루이스에 '프루이트 아이고Pruitt-Igoe'로 알려진 공공 주택 프로젝트를 설계했다. 처음에는 공동체 중심의 설계로 갈채를 받았지만, 1970년대에 그 건물이 철거될 무렵에는 범죄를 비롯한 여러 사회 기능 장애로 악명 높은 모습을 보였다. 대체 무엇이 잘못되었을까?

이 프로젝트는 모든 면에서 많은 문제가 있었다. 공동체 활동을 위한 공간을 만들기 위해 건물 사이에 넓은 공간을 두었으나, 오히려 이는 주민들이 다른 건물에 사는 사람들과의 공동체 의식을 발전시키는 것을 방해했다. 그리고 프루이트 아이고를 주위 단지들과 시각적으로 동떨어져 보이게 했으며, 계단마다 수백 호의 가구가 배치되어 거주자와 침입자를 구별할 수 없었다. 또한, 건축 시공의 완성도나 환기, 유지 관리가 처음부터 좋지 않아 거주자들에게 그들이 존중받지 못한다는 인식을 주었다.

영국의 가수인 타이니 템파Tinie Tempah는 한때 영국에서 제일 악명 높은 공공 주택 단지 중 하나로 불렸던 런던 남부의 에일즈버리Aylesbury 공공 주택에서 자랐는데, 그는 이곳에 대해 '여러분이 성공할 수 없도록 설계된' 공간이라고 이야기했다. 우리가 현장 작업 중 이와 같은 단지에서 목격한 가장 놀라운 점 중 하나는 공공 공간에 있는 '공놀이 금지' 표지판의 수였다. 이는 열린 공공 공간조차도 재미난 놀이를 위한 장소가 아니라는 강한 신호를 보내며, 잠재적으로는 더욱 비도덕적인 목적을 위해 이용될 수 있다.

이전 장에서의 석화림 국립 공원 일화를 기억하는가? 사람들에게 좋지 않은 규범에 대해 말해주는 것이 때때로 그들의 행동을 그 규범과 가깝게 만드는 것과 같이, 사회적 선택 구조의 설계자들(물리적 및 디지털 구조의 설계자들을 포함하여)은 그들이 만들어낸 신호 자체를 인식하지 못하거나 그것들이 어떻게 해석되고 있는지를 인식하지 못할 수 있다. 사무용 건물에서 책상 사이의 칸막이들은 이곳이 독립된 작업 환경이라는 신호를 줄 수 있다. 반면, 만약 사장이 독립된 사무실을 갖지 않고 다른 사람들과 함께 앉기로 했다면, 그것은 팀이 얼마나 위계적인 분위기일 것인가에 대한 신호를 준다.

많은 연구가 핫데스킹(hot-desking, 모든 직원에게 각자의 자리를 배정해주는 것이 아니라, 업무가 부과될 때에만 책상을 이용하게 하는 방법)이 조직에 대한 직원들의 동일시에 미치는 영향을 탐구하고 있다. 그 결과, 핫데스킹이 조직에 대한 소속감을 해치고 사회적 집단으로서의 조직의 힘을 약화시키며, 항상 같은 책상을 사용하는 직원(아마 더 높은 직급일 것이다)과 자리를 옮겨 다니는 직원 간에 사회적 위계질서가 만들어진다는 점이 발견되기 시작했다. 이는 고용주들이 핫데스킹을 들여올 때 의도한 결과는 아닐 것이다. 하지만 고정된 자리가 배정되는 것은 직원들에게 그들이 조직 내에서 변하지 않는 공간과 지위를 갖고 있다는 사회적 신호를 보내는 것으로 보인다.

그러나 환경에 있는 신호들은 단지 건물이나 내부 공간, 거리의 설계에서만 오는 것이 아니다. 타인들이 그 건물과 어떻게 상호 작용하는지도 신호가 될 수 있다. 여러분의 아침 출근길을 다시 생각해 보자. 여러분은 빈 일회용 컵을 기차 바닥에 놓고 왔다. 자, 우리는 여러분을 모른다. 아마도 여러분은 쓰레기통을 찾을 때까지 쓰레기를 가지고 다니기보다는 대개 쓰레기를 두고 가는 종류의 사람일 것이다. 아니면 아마도 여러분이 알아차리지 못한 사회적 신호에 반응하고 있었을 것이다.

여러분이 자리에 앉았을 때, 여러분은 신문 한 무더기를 자리에서 치워야 했다. 기차 통근자들이 흔히 겪는 이러한 경험은 여러분에게 여러분 이전에 출근한 사람들에 대해 무언가를 이야기한다. 그들이 기차에서 자신의 쓰레기를 가져가지 않았다는 것이다. 아마 그것이 여러분이 일회용 컵을 두고 온 이유 중 하나가 될 수 있지 않을까?

흐로닝언대학교의 심리학자 키즈 카이저Kees Keizer는 이에 대한 실제적인 예를 제시했다. 그는 학생들이 실험실에서의 규범에 순응하는 것, 특히 대세를 따르는 경향이 있는 사람들만 규범에 순응하는 것이 아니라는 것을 보여주는 연구를 한층 발전시키고자 했다. 그리고 이를 위해 사람들이 주위의 어떤 행동으로부터 사회적인 신호를 얻는지를 보고자 했다.

카이저는 소위 '깨진 유리창broken windows 이론' 이라 불리는 범죄 예방 이론에서 영감을 얻었다. 1990년대 미국에서, 특히 당시 뉴욕 교통경찰의 책임자였던 윌리엄 브래튼William Bratton 하에서 인기를 끌었던 이 이론은, 창문을 깨는 등의 경범죄를 예방하는 것이 법과 질서를 준수하는 분위기를 조성하며 결과적으로 강도나 살인과 같은 중범죄를 줄일 수 있다는 이론이었다.

카이저는 이 이론을 시험해 보고자 했다. 정말 잘못된 행동이 다른 행동으로 퍼질 수 있을까? 그와 그의 조수들은 한 실험을 고안했다. 그들은 네덜란드 암스테르담Amsterdam의 한 구역을 쓰레기와 낙서가 하나도 없도록 꼼꼼하게 정돈했다. 그다음 의도적으로 이를 어지럽혔는데, 쓰레기를 여기저기 버려두고 낙서로 벽을 칠하여 무질서한 환경을 만들었다. 그들은 두 가지 상태(정돈된 곳과 무질서한 곳)의 구역에서 가상의 운동복 가게를 광고하는 전단지를 구역 내에 세워진 모든 자전거에 붙였다. 전단지를 핸들에 붙일 때 고무 밴드를 사용했기 때문에, 자전거를 제대로 타기 위해서는 전단지를 반드시 제거해야 했다. 그 구역에는 쓰레기통이 없었고, 이에 사람들은 일과를 마치고 자전거를 가지러 왔을 때 전단지를 땅에 버리고 갈지 가지고 갈지 선택해야 했다. 그 결과, 정돈된 환경에서는 사람들의 3분의 1만이 쓰레기를 버렸지만, 무질서한 환경에서는 3분의 2가 쓰레기를 버리고 갔다.

이같이 물리적 세계에서 우리를 둘러싸고 있는 것은 우리가 세계와 어떻게 상호 작용하는가에 있어 중요하다. 그렇다면 가상 세계에서는 어떨까? 우리는 웹 사이트를 방문할 때마다 이를 기록하는 웹 사이트 쿠키 등의 정보 수집에 동의할 것을 요구받는다. 그리고 소셜 미디어, 온라인 쇼핑, 뉴스 사이트 등의 웹 사이트에 로그인하면 훨씬 더 많은 정보를 제공하는 것에 동의하게 된다.

맞춤 광고를 위해 타 사이트 정보를 이용하는 것부터 기업 간의 개인 정보를 판매하는 것, 여러 정부나 비정부 주체들에 의한 민간인 감시에 이르기까지 온라인 사생활 문제는 점점 더 큰 이슈로 대두되고 있다. 2018년 온라인 설문 조사 사이트인 타입폼 Typeform에서 발생한 중대한 정보 유출은 타입폼을 사용하는 수천 개의 기업에 영향을 주었다. 그중에는 금융 위기 이후 이를 초래한 은행들을 와해시키기 위해 설립된 두 개의 챌린저 뱅크(Challenger Bank, 기존 대형 은행의 지배적인 시장 영향력에 도전하는 소규모 특화 은행)인 몬조Monzo와 레볼루트Revolut도 포함되어 있었다.

비록 다량의 정보 유출은 아니었으나, 이는 실제적인 문제라기보다는 기술적인 한계에 가까웠다. 해커들은 타입폼의 전체 데이터 중 일부에만 접근할 수 있었다. 그 일부를 제외한 사용자들은 운이 좋았다. 데이터 수집 도구로써 타입폼은 어디에나 있으며, 이름과 주소에서부터 급여 및 기타 재무 정보에 이르기까지 모든 개인 정보를 쉽게 넘겨준다. 이러한 점은 사건 이후 우리를 깜짝 놀라게 했다. 사람들은 키보드로 개인 정보를 입력하면서 이러한 점에 대해 거의 생각하지 않는다.

그렇다면 우리가 상호 작용하는 기업에 개인적인 정보를 공개하는 정도가 영향을 미치는 것은 무엇인가? 비록 누군가는 사람들이 개인 정보 정책을 자세히 읽고 정보 공개의 장단점에 대해 신중히 고려하기를 바랄 수도 있지만, 독자들도 예상하다시피 이것은 쉽지 않다.

맥락적 신호가 어떻게 사람들이 개인 정보를 공개하는 정도에 영향을 미치는지를 조사한 여러 연구가 있다. 그리고 역설적으로 사람들이 개인 정보 보호 정책이나 데이터 보호에 대한 언급이 전혀 없는 비전문적인 웹 사이트에서 거의 두 배가량 개인 정보를 공유하려는 경향이 있음을 발견했다.

연구자들은 이 연구를 뉴욕타임스 웹 사이트 방문자들과 학생들을 포함한 여러 다른 집단에서 반복했다. 그 결과 모든 경우의 사람들이 비전문적인 웹 사이트에서 개인 정보를 더 많이 공개하는 경향을 발견했다. 연구에 사용된 몇 가지 웹 사이트를 옆면에 실었다. 어느 것이 더 안전해 보이는가?

학생들을 대상으로 한 연구는 특히 충격적이었다. 그들의 데이터가 익명으로 안전하게 사용될 것이라는 점이 확실할 때보다 그렇지 않을 때, 민감한 정보를 선뜻 대학에 제공한다고 말했기 때문이다.

그렇다면 이러한 일이 일어나는 이유는 무엇인가? 전문적으로 보이는 웹 사이트와 명시된 개인 정보 보호 정책은 우리의 정보가 어떻게 사용되는지에 대해 걱정해야 한다는 신호를 보내는 것으로 나타났다. 반면 그들이 아는 모든 것을 즉시 케임브리지 애널리티카에 팔아 버릴지도 모르는 몇몇 '재미로 보는' 사이

예시 1

 당신이 저지른 나쁜 일은?

`████████░░░░░░░░░░░░ 42%`

4 마리화나를 피워본 적 있는가?
○ 예
○ 아니요

5 연애를 하면서 바람피운 적 있는가?
○ 예
○ 아니요

6 술을 마시고 운전해 본 경험이 있는가?
○ 예
○ 아니요

예시 2
학생들의 행동 조사를 위한 설문

`████████░░░░░░░░░░░░ 42%`

4 마리화나를 피워본 적 있는가?
○ 예
○ 아니요

5 연애를 하면서 바람피운 적 있는가?
○ 예
○ 아니요

6 술을 마시고 운전해 본 경험이 있는가?
○ 예
○ 아니요

예시 3

**카네기멜론대학교
윤리실태조사위원회**

`████████░░░░░░░░░░░░ 42%`

4 마리화나를 피워본 적 있는가?
○ 예
○ 아니요

5 연애를 하면서 바람피운 적 있는가?
○ 예
○ 아니요

6 술을 마시고 운전해 본 경험이 있는가?
○ 예
○ 아니요

트들은 신호를 보내지 않았다.

지금까지 사회적 신호에 대한 필자의 이야기가 흥미로웠길 바라지만, 아직 매우 불완전하다. 우리와 우리가 속한 사회적 집단 안팎의 사람들 간의 상호 작용이 우리의 행동 방식에 대한 이해를 어떤 식으로 만들어내는가에 대해서는 아직 다루지 않았다. 만약 이 집단들이 중요하다면, 우리는 그것들이 우리가 사회적 신호에 반응하는 방식에 영향을 줄 것이라고 예상할 것이다.

명확한 것부터 시작해 보자. 바로 보상과 처벌이다. 사람은 독립적인 이성을 형성하기 시작할 무렵부터 부모가 스스로에게 기대하는 행동의 규범에 대해 배워간다. 좋은 행동은 칭찬(때로는 아이스크림)으로 보상받지만, 나쁜 행동은 우리를 벌 받는 생각 의자로 향하게 한다.

집단행동의 특징 : 무임승차자와 협력자

시간이 흐르면서, 우리는 더욱 정교하게 주변 환경에서 오는 신호를 사물에 대한 접근 방식에 동화시킨다. 우리는 도서관에서 조용히 해야 하지만 카페테리아에서는 좀 더 시끄러워도 된다는 것을 배운다. 공원의 잔디밭 중 어느 곳은 걸을 수 있고, 어느 곳은 잔디밭 관리인에게 엄한 말을 듣게 되는지도 배운다. 또한, 집에서는 그렇게 할지라도, 격식 있는 만찬 자리에서는 식탁에 팔꿈치를 올리지 않아야 한다는 것도 배운다.

우리는 또한 다른 사람들의 행동에 대한 자신의 기대를 전달하고자 한다. 그것이 붐비는 기차에서 가방을 바닥에 내려놓지 않은 누군가의 등을 '실수로' 미는 것이든, 아니면 탐욕과 같이 우리가 못마땅해하는 행동을 제지하는 것이든 말이다.

타인의 탐욕에 대한 우리의 반감은 일련의 연구를 통해 입증되었다. 우리 중 누군가, 예를 들어 수잔나가 10파운드를 기부받았고, 마이클에게 그중 얼마를 주고 싶은지 질문을 받았다고 해 보자. 수잔나가 금액을 결정하면(예를 들어 4파운드), 마이클은 이를 받아들여야만 한다. 이것은 앞선 5장에서 다루었던 독재자 게임이다. 여기서 우리는 결정자들이 그들과 수취자 사이의 사회적 거리를 가깝다고 느낄수록 더 관대해진다는 것을 보았다.

하지만 약간의 변형을 가해, 여러분이라는 제3자가 수잔나의 제안을 볼 수 있다고 해 보자. 여러분은 수잔나의 절반만큼(5파운드) 돈을 가지고 있다. 만약 수잔나의 제안이 마음에 들지 않으면, 여러분은 연구자에게 가지고 있는 돈의 10퍼센트인 50펜스를 지불하여 연구자가 수잔나에게서 3파운드를 가져가도록 할 수 있다. 그 돈은 마이클한테 전해지지 않으며, 연구자의 주머니로 사라질 뿐이다. 하지만 이는 수잔나에게 여러분이 어떤 제안을 받아들일 만하다고 생각하는지에 대한 메시지를 준다.

이 실험은 네 개 대륙의 서로 다른 15곳의 지역 사회에서 진행되었다. 결과는 모든 사회가 같은 경향을 보였다. 제안이 공정하지 못할 때는 처벌이 가해졌고, 제안이 공정할수록 받아들여질 가능성이 컸다. 문화에 따라 처벌 행동에 상당한 차이가 있었는데, 이는 각 사회의 이타주의 규범에 대한 차이에서 비롯된 것으로 보였다. 이타적인 행동이 더 널리 퍼져 있거나, 문화의 질서를 더 중요시하는 사회에서는 이기적인 행동을 처벌하는 일이 더 흔히 일어났다.

노벨상 수상자인 엘리너 오스트롬Elinor Ostrom은 실험실 게임에서 협력이 어떤 식으로 생겨나는지 연구했는데, 이는 사람들이 현실 세계에서 어떻게 협동하기 시작했는지 밝히는 데 도움을 준다. 비록 오스트롬의 연구 내용은 아주 넓고 광범위하지만, 우리의 목적과도 관련되어 있다. 특히 흥미를 끄는 것은 집단행동 문제를 모형화한 여러 가지 게임들이었다. 집단행동 문제란 집단의 이익은 모든 구성원의 공헌에 의해 달성되지만, 개개인은 '무임승차'로 추가적인 이득을 보거나, 스스로의 공헌 없이 다른 사람들의 기여로 혜택을 받을 수 있는 상황을 의미한다. 예를 들어 우리가 어떻게 천연자원을 관리해야 하는지의 문제에서 이런 상황을 볼 수 있다. 사람들이 버스보다 더 빨리 이동할 수 있는 자동차를 이용한다면 개인적으로는 더 잘 살 수 있을 것이다. 하지만 만약 모든 사람이 그렇게 한다면 휘발유가 바닥나고, 지구온난화는 모두를 더 힘들게 할 것이다.

경제적 행동의 표준 모델에서 이러한 모든 문제는 전통적인 '죄수의 딜레마' 게임과 비슷한 방식으로 나타난다. 모두가 공헌한다면 모든 사람이 더 잘 살겠지만, 공헌하지 않으면 개인적으로는 더 잘 살 수 있기 때문에, 사람들은 공헌하지 않으려 한다. 황량한 경제학적 세계에서 우리는 결코 협력하지 않는다. 협력에는 우리를 위한 것이 아무것도 없기 때문이다. 결국, 이것은 '공유지의 비극'이라고 알려진 현상을 일으킨다. 우리 모두는 공유 자원에 너무 적게 공헌하고 너무 많이 얻어내는데, 이는 자원이 방치되고 고갈될 운명이라는 것을 의미한다.

하지만 경제학의 표준 모형에서와 마찬가지로, 이 절망적인 상황이 현실에서 그대로 일어나지는 않는다. 대부분의 흔한 자원은 적어도 어느 정도 보존되고 있으며, 실제 성공 사례도 있다.

만약 경제적 주체들이 비용보다 이득이 크지 않는 한 절대 공헌하지 않는 자연 그대로의 '무임승차자'라면, 또는 모두가 다른 사람의 행동과 관계없이 공헌하고자 하는 '협력자'라면 세상은 아마 이상적일 것이다. 문제는 한 명의 무임승차자가 생기면 다른 모두를 착취할 수 있다는 것이다. 오스트롬과 그녀의 공동 연구자들은 실생활에서의 많은 성공적 협력 사례는 세 번째 집단인 '조건적 협력자'에 달려 있다는 것을 발견했다. 조건적 협력자란 다른 사람들이 협력할 때는 같이 협력하지만 다른 사람들이 협력하지 않으면 공헌을 줄이거나 중단하는 사람들을 의미한다. 시간이 지남에 따라 무임승차자들은 조건적 협력자들의 반응을 통해 무임승차하는 것이 상황을 더 나쁘게 만들 수 있으며, 만약 그들이 함께 공헌한다면 그들의 선행이 다른 사람의 마음을 움직일 것이라는 점을 배운다. 즉, 협동이라는 규범이 조건적 협력자들이 전하는 신호를 통해 드러나는 것이다.

같은 방식으로, 사회적 집단의 구성원들은 그 집단의 일원이 된다는 것이 무엇을 의미하는지를 나타내기 위해 부분적으로 신호를 사용한다. 이것의 전형적인 예는 흡연에 관한 규범의 변화이다. 흡연이 믿을 수 없을 정도로 어리석은 일이고, 여러분 자신뿐 아니라 주위 사람들에게도 해를 끼친다는 증거가 넘치는데도 정부가 흡연율을 감소시키는 것은 힘겨운 일이었다. 건강에 대한 경고와 세금 부과는 어느 정도 성공을 거두었지만, 부과한 세금의 규모와 섬뜩한 경고 문구의 확산에 비해 그 효과는 더디게 나타났다.

사회적 태도의 변화 또한 큰 역할을 했는데, 이는 흡연자들이 그들의 흡연이 환영받지 못한다는 신호(얼굴을 찌푸리며 코끝을 막는 것, 보란 듯한 기침하는 것)를 받고 있다는 것을 스스로 깨달았음을 의미한다. 영국에서는 술집, 식당, 사무실 등 공공장소에서 흡연을 금지하는 흡연 금지령을 통해 강력한 신호를 보냈다. 비록 정부에 의해 강요된 것은 아니었지만, 금지령은 사람들이 흡연하는 친구를 밖으로 추방하도록 허용했다. 같은 종류의 문화적 변화는 안전벨트 사용과 음주 운전에서도 볼 수 있다. 안전벨트 사용을 의무화하고 흡연을 금지하는 법률이 있지만, 이러한 법률은 대부분 강요할 수 없으며 진정으로 우리가 법을 따르게 하는 것은 친구들과 가족들의 반응이다.

청소년기에 접어들면서 허용되는 행동에 대해 일러주는 역할은 부모에서 친구들로 대체된다. 하지만 우리는 비록 다른 집단의 일원일지라도, 권위 있는 위치에 있는 사람들이 주는 신호에 계속해서 민감하게 반응한다. 이것은 많은 면에서 건축과 설계에 내재된 몇 가지 신호들을 뒷받침한다. 즉, 설계 과정의 다른 끝에는 우리가 어떻게 행동할지에 대한 기대를 가지고 있는 권위 있는 사람이 있다는 것이다. 만약 건축가가 특정 방식으로 계단을 설계하거나 복도를 특정한 높이로 만들었다면, 사람들은 그들이 어떤 이유가 있어 그렇게 했을 것이라고 추정하고 건물이란 그런 것이라고 받아들인다. 그 설계가 사회적 신호(예를 들어 욕실의 금연 표시)를 포함하고 있을 때, 그것이 아마도 명백한 의도가 있는 누군가에 의해 그곳에 놓였다고 생각하는 것이다. 또는 특정 공간이 우리를 환영하지 않거나, 우리가 무가치하다고 느끼게 할 때(공놀이 금지 표지판이나 프루이트 아이고 주택 프로젝트를 떠올려보라), 설계 과정의 반대쪽 끝에 우리에 대해 그렇게 느끼는 권위자가 있다고 느낄 수도 있다.

우리가 가정 밖에서 처음으로 상호 작용하는 권위자는 보통 학교 교사들이다. 최대 14년 동안(영국의 경우) 주말을 제외한 매일매일, 선생님들은 우리에게 어떻게 행동하기를 기대하는지, 무엇을 성취하기를 기대하는지, 그리고 미래 전망이 어떠한지 사회적 신호를 준다. 그리고 이러한 신호들은 중요하다. 학생들은 청소년기를 거치며 주류를 이루는 기관을 신뢰할 수 있는지에 대한 시야를 갖기 시작하며, 그들의 집단에 대한 부정적인 고정 관념에 대해 인식하게 된다. 캐나다의 한 연구에서는 소수민족 학생들이 고등학교에 가게 되면 다른 또래들보다 부당한 대우를 받을 것이라고 예상할 가능성이 큰 것으로 밝혀졌다.

최근의 한 연구는 학생들의 성적에 대한 교사들의 기대와 학생들의 실제 성적을 비교했다. 그 결과 교사들에 의해 과소평가된 학생들은 동기 부여가 떨어지고, 교사들에게 접근하기 어렵다고 인식하는 것으로 나타났다. 이러한 현상은 소외된 학생들에게서 특히 두드러졌는데, 성취도에 미치는 영향이 3~4배 더 큰 것으로 나타났다. 미국에서 시행한 연구는 교사들이 소수민족 학생들에 대해 긍정적인 기대를 갖지 않는 경향이 조금이나마 분명하게 존재하며, 이에 더욱 부정적인 언어를 사용한다는 것을 밝혔다.

반대로 소수집단 학생들의 평범한 성과에도 부풀려 칭찬을 하는 경향이 있을 수도 있다. 이는 교사들이 학생들에 대해 다른 기준을 가지고 있어서일 수도 있고, 소수집단 학생들의 자존감을 높이려는 의도일 수도 있다. 그러나 이 같은 행동은 학생들에게 그 교사가 자신에게 큰 기대를 하지 않는다는 사회적 신호를 줄 수 있다.

몇몇 연구자들은 그들이 '현명한' 피드백이라고 부르는 방법을 사용하여 이러한 사회적 신호를 뒤집을 수 있는 방법을 탐구하기 시작했다. 비록 이 연구 분야가 상당히 새롭고 극히 적은 표본으로 시행된 연구들을 바탕으로 하지만, 교사가 학생들 개개인에게 높은 기대를 갖고 이에 도달할 수 있다고 믿는다는 확신을 주는 피드백 접근법이 유용하다는 것은 확실해 보인다. 예를 들어 교사에게 '너에게 아주 큰 기대를 걸고 있어. 그리고 나는 네가 기대에 부응할 수 있다는 걸 알기 때문에 이런 이야기를 하는 거야.'라는 쪽지를 받은 학생들은 의미 없는 메시지를 받은 학생들에 비해 학교가 소수 민족 학생들을 공정하게 대한다는 높은 신뢰를 드러내고, 과제를 더 열심히 하며, 더 높은 성적을 받는다.

그렇다면 직장에서는 어떤 모습일까? 모든 직장에서 성과에 대한 피드백이 이루어진다. 이 장 첫 부분의 예에서 여러분의 상사가 대화를 '자, 뭐 크게 걱정할 건 아니에요, 하지만……'이라고 시작했을 때 왜 여러분의 가슴이 철렁 내려앉았을까? 아마도 그의 말이나 목소리 톤이 그가 염려하고 있다는 것을 나타내며, 여러분도 걱정해야 한다는 것을 예상했기 때문일 것이다. 업무 평가에서 어떤 말이 나오든, 테이블에서 방방 뛰며 축하할 만한 종류의 뉴스는 아닐 것이다. 여러분의 상사가 그가 보내는 신호를 고려하고, 그 대신 앞에서 말한 '현명한' 피드백, 예를 들어 '자, 제가 이런 피드백을 드리는 이유는 당신이 기대에 부합할 수 있다고 확신하기 때문이에요'로 대화를 시작했다면, 그 대화는 얼마나 달라졌을까? 아마 그렇다고 여러분이 테이블에서 점프하지는 않겠지만, 적어도 가슴 졸이며 대화를 시작하지는 않았을 것이다.

여러분이 집 근처에 핵폐기물 처리장이 지어질 것이라는 뉴스를 듣는다면, 아마도 자리에서 일어나 환호하지는 않을 것이다. 실제로 1993년 스위스의 두 지역 사회에서는 그런 일이 일어났다. 이와 같은 프로젝트는 보통 전형적인 님비NIMBY, 'Not In My Back Yard'의 범주에 속한다. 우리는 핵폐기물 처리장, 쇼핑몰, 발전소, 고층 아파트, 공영 주택 등이 어딘가에 있는 것이 좋다는 사실에는 동의할 것이다. 하지만 이러한 시설이 우리 삶의 질에 영향을 미칠 정도로 가깝다면, 우리의 열정은 급격히 떨어진다(집값도 마찬가지이다).

한 가지 분명한 해결책은 그러한 시설들로 인한 비용을 주민들에게 보상하는 것이다. 만약 사람들이 돈을 최우선으로 생각한다면, 이는 틀림없이 효과를 거둘 것이다. 하지만 이미 이 장에서 보았던 것처럼, 사람들은 보상금 제안과 같이 경제적으로 보이는 것에서조차 많은 사회적 정보를 유추할 수 있다. 스위스의 브루노 프라이Bruno Frey 교수와 펠릭스 오버홀저기Felix Oberholzer-Gee 교수는 사람들이 보상을 받을 때 님비적인 프로젝트를 더 잘 받아들이는 경향이 있는지를 탐구했다. 앞서 언급한 두 곳의 스위스 지역 사회에서, 지역 인구의 3분의 2에 해당하는 305가구를 대상으로 인터뷰를 시행하여 핵폐기물 처리장 건설 가능성에 대한 그들의 입장을 파악하고자 했다. 그 결과 대부분의 응답자들이 이 시설을 지역 사회에 큰 부담으로 생각했지만, 절반 이상이 시설을 지지하는 모습을 보이기도 했다. 적어도 보상금을 제안받기 전까지는 그랬다. 보상금을 제안하자, 지지 수준이 응답자의 4분의 1 이하로 감소했다. 이러한 결과는 다른 곳에서도 마찬가지였다.

그렇다면 사람들이 보상금 제안에서 유추한 것은 무엇일까? 한 가지 설명은, 보상금이 사람들에게 시설이 그들이 생각한 것보다 더 위험하다는 신호를 보낼 수 있다는 것이다. 하지만 프라이와 오버홀저기는 응답자들의 답변을 근거로 이러한 설명을 부정했다. 그들의 주장은 보상으로 인해 지역 사회가 이것이 시민적 합의라기보다는 손실을 보상받는 경제적 거래에 가깝다는 신호를 받았다는 것이다. 이런 상황에서 사람들은 언제나 보상이 부담에 비해 충분하지 않다고 생각하며, 이에 지지도는 하락하고 만다.

동기 구축 효과 : 기사와 악당

앞서 살펴본 내용은 동기 구축motivational crowding out효과라는 연구 분야로 설명될 수 있다. 이는 금전적 이익 같은 외부로부터의 동기 부여가 그들 자신을 위해 무언가를 하고자 하는 인간의 욕망, 즉 내재적 동기를 '밀어낸다'는 것을 의미한다. 이러한 연구의 결론은 우리가 어떤 행동에 관여하는 것에 관해 동기가 부족하다고 생각하고, 이를 신호로 보내는 것을 피해야 한다는 것이다. 그 대신 적절한 규제와 장려가 필요하다.

영국 노동당 전임 고문이자 런던정치경제대학교 사회정책학 교수인 줄리앙 르 그랑Julian Le Grand은 공공 부문 전문가들과 함께 이에 대해 연구했다. 그는 공공 서비스를 둘러싼 책임 구조가 이에 속한 근로자들이 '기사(일을 올바르게 하고 전문 기술에 대해 존경받는 내적으로 동기 부여된 전문가)'이거나 '악당(가능한 한 최소한의 노력으로 최대한의 이익을 뽑아내는 데 급급한 자)'이라는 기대로 고안되었다고 주장한다. 물론 둘 중 어느 것도 현실 세계에서 완벽한 형태로 나타날 수는 없다. 이에 르 그랑은 근로자들이 주위 시스템에서 받는 신호에 따라 기사 또는 악당에 더 가까워질 수 있다고 주장한다. 예를 들어 과도한 감시, 지시적인 규칙 체계,

정기적인 감사 등은 사람들로 하여금 신뢰받지 못한다고 느끼게 할 수 있다. 이는 결국 그들을 더 이기적이고, 이익을 추구하는 방식으로 행동하게 한다. 근본적으로 만약 조직이 그들을 신뢰할 수 없는 사람으로 본다면, 왜 그들이 다르게 행동해야 하는가? 반대로, 낮은 수준의 감독 및 모니터링은 근로자들이 더 신뢰받고 동기를 부여받는다고 느끼게 할 수 있다.

이것이 말처럼 그렇게 간단한 일은 아니다. 근로자들이 신뢰받거나 동기 부여된다고 느낀다고 해서 그들이 관리자나 경영진이 바라는 대로 행동할 것이라는 의미는 아니다. 그들은 서로 다른 우선순위나 선호를 가질 수 있으며, 실제로 어느 정도의 감독은 필요한 것이 일반적이다. 예를 들어 취업 상담소에서 개별적으로 직업 코칭을 할 때 높은 자율성이 주어진다면, 신청인이 만나는 직업 코치와 그가 중요하다고 생각하는 것에 따라 비슷한 신청인들이 다른 결과를 얻게 될 수 있다. 다른 예로, 의사 개개인은 환자에게 가장 비싼 치료를 제공하기를 원할 수 있으나 만약 모든 의사가 그러한 결정을 내린다면 의료체계의 전반적인 지속 가능성에 있어 심각한 결과를 초래할 것이다.

이 경우 근로자들이 감독하는 사람이나 기관, 그리고 그들에게 부과된 규범의 타당성을 인정하는 것이 중요해 보인다. 신호는 근로자들의 역할에 약간의 틀을 잡아 주는 동시에 근로자들을 지지하고 신뢰하는 것이어야 하며, 그들이 일을 제대로 하는지 믿을 수 없다는 것이어서는 안 된다.

또한, 사람들이 같은 신호에 어떻게 반응하는지는 조직 내 그들의 위치에 따라 달라질 것이다. 이전 장에서 우리는 은행원들에게 하루치 봉급을 자선 단체에 기부하도록 장려하는 연구에 대해 살펴보았다. 예상했던 것처럼 우리는 직원들에게 영국 내 근로자의 7.5퍼센트가 기부했다고 말해주는 것이 기부율에 아무 영향도 미치지 못한다는 것을 발견했다. 하지만 데이터를 꼼꼼히 살피자 더 흥미로운 패턴이 관찰되었다. 은행 위계질서의 하위 계층에 있는 사람들은 이러한 사회적 규범을 보았을 때 일반적으로 덜 기부하는 것으로 나타났지만, 상위 계층에 있는 사람들은 같은 규범을 통해 두 배 더 기부하는 경향을 보였다. 왜 이런 것일까? 아마도 은행의 고위직들은 사회적 규범에 반응하는 것이 아니라 모금 운동이 잘되지 않고 있으며, 지도적 역할을 하는 사람들이 나서서 자기 몫을 다해야 한다는 신호에 반응하고 있었을 것이다.

다른 집단에 속한 직원들이 같은 신호에 다르게 반응하는 것처럼 어떤 사회적 집단들은 타인에게 다르게 반응할 수 있다. 우리는 소외된 집단이 '미묘한 차별'이라고 알려진 사회적 신호들과 끊임없이 싸워야 한다는 것을 안다. 이러한 신호는 지배적 집단에 속한 구성원의 사회적 본능에는 아예 없는 것들이다. 누군가에게 어디 출신인지를 묻거나, 이름을 여러 번 반복해서 묻거나, 머리 스타일이나 옷차림에 대해 언급하는 등의 작은 상호작용은 그 사람이 지배적인 사회적 집단과 어울리지 않거나 벗어나 있다는 것을 끊임없이 상기시키는 역할을 할 수 있다. 시간이 지나면서 이러한 신호들은 그 사람에게 환영받지 못한다는 느낌을 더해줄 수 있으며, 그들의 업무 성과나 기억, 행복감에도 영향을 미칠 수 있다.

하지만 모든 차별이 '미묘한' 것은 아니다. 몇몇 집단들이 여전히 받고 있는 사회적 신호 중 하나는 그들이 실제로 어떻게 행동했는가보다 어떻게 행동할 것으로 예상되는지에 대해 말하는 사법부의 차별적인 예의주시이다.

'깨진 유리창 이론'을 기억하는가? 이와 관련하여 2015년에 실시된 미국의 학자 앤서니 브라가Anthony Braga, 브랜든 웰시Brandon Welsh, 코리 슈넬Cory Schnell의 통계적 문헌 고찰을 살펴보자. 이들은 깨진 유리창 같은 사회적 무질서의 신호를 줄이고자 하는 것이 범죄 수준을 낮추는 적당한 효과를 보였지만, 경찰력을 늘려 더 많은 사람을 구금하거나 수색하는 것과 같은 더 적극적인 질서 유지 전략들은 오히려 반대 효과를 가져왔다고 말한다. 어째서일까? 두 가지 접근법 모두 경범죄를 예방하고 더 심각한 범죄로 이어질 수 있는 환경적 신호를 줄이자는 공통된 논리가 깔려 있었다. 그리고 가벼운 접근법은 효과적이었던 것으로 보인다.

반면 사회적 신호가 정책 중심적이면서 더 공격적인 형태로 사용되었을 때는 오히려 이를 약화시키는 역할을 했을 수도 있다. 뉴욕시의 경찰과 당시 시장이었던 마이클 블룸버그Michael Bloomberg는 시에서 시행한 검문검색 프로그램을 통해 범죄를 예방했다는 이유로 많은 인기를 누렸다. 한창때는 거의 70만 명의 사람들이 검문검색의 대상이 되었다. 반면, 그 프로그램은 무작위와는 거리가 멀게 인종 프로파일링에 근거했다는 이유로 광범위한 비난을 받았다. 흑인과 히스패닉인, 특히 젊은 남성들이 더 많이 검문의 대상이 되었다. 그 결과, 정책이 실행된 11년간 뉴욕의 모든 젊은 흑인 남성들이 몸을 수색당했거나 당한 누군가를 알고 있었던 것 같았다.

검문검색 프로그램과 관련하여 경찰들이 누군가의 신체를 수색할 때 요구되는 절차의 기준을 낮추었다는 점도 주목할 만하다. 이 정책이 실행되기 전에는 체포와 관련하여 권리를 얘기해주거나 수색영장을 갖고 있을 때만 가능했다. 이후 뉴욕에서는 그 기준이 '합리적 의심'으로 완화되어, 기본적으로 경찰관의 판단만 있으면 몸을 수색할 수 있게 되었다.

이제 여러분이 몸을 수색당했거나 당한 누군가를 알고 있는 뉴요커가 되었다고 생각해 보자. 경찰은 매년 수십만 명의 사람들을 멈춰 세우고 몸을 수색하고 있다. 그리고 그렇게 할 수 있는 특별한 권한을 얻었다. 이것이 안전과 질서의 신호처럼 보이는가? 범죄율이 낮은 상황으로 보이는가? 그렇지 않다. 만약 범죄율이 낮다면 경찰은 이렇게까지 할 필요가 없을 것이다. 따라서 분명 범죄가 만연한 상황이며, 모두가 법을 어기는 것이라는 결론에 도달할 것이다. 경찰청은 신호를 받지 않았다면 거주 지역의 범죄에 대해 지나친 걱정을 않았을 많은 사람에게 무심코 사회적 신호를 보냈다.

사회적 신호가 언제나 좋은 것만은 아니라는 것은 분명하다. 또한, 우리의 행동에 영향을 주기 위해 반드시 참된 정보만을 전달하는 것은 아니다. 사실 우리는 주변 환경의 패턴에서 많은 것을 습득하기 때문에 종종 최선이 아닌 길을 가게 되고, 요구되거나 승인된 행동을 실제로는 반영하지 못할 수 있다.

여기 또 다른 유명한 예로 '스케어드 스트레이트!Scared Straight!'가 있다. 이는 미국과 다른 지역에서 인기 있는 프로그램으로, 범법 행위를 저지를 위험성이 있는 청소년들에게 '교도소에서의 하루'를 체험하게 한다. 청소년들은 그곳에서 죄수들에게 이야기를 듣고, 그들의 현재 행동에 따르는 예상되는 결과를 접한다.

겉보기에는 이 프로그램도 검문검색처럼 좋은 아이디어인 것 같다. 비행 청소년들은 교도소가 얼마나 끔찍한지는 잘 알지 못할 테니, 좋은 의미의 공포가 그들을 다시 올바른 길로 돌아가게 할 것이다.

하지만 실제로는 이 프로그램이 효과가 없을 뿐 아니라 상황을 더 악화시킬 수도 있다. 실제로 프로그램에 보내진 청소년들은 잘못을 다시 저지를 가능성이 더 컸다. 흥미롭게도 그 프로그램이 효과가 없다는 것을 증명한 많은 연구 중 어느 것도 왜 이 프로그램이 효과를 보지 못했는지를 알아내기 위해 시행된 것은 아니었다. 또 놀랍게도 연구 중 몇몇은 결과가 부정적으로 나오기 시작하자 바로 중단되었고, 역효과의 이유를 알아낼 기회를 날려버렸다.

다만 연구자들은 몇 개의 가설을 제시했다. 그 프로그램이 위기 청소년들을 서로 만나게 하여 부정적인 친구 집단 형성의 기회를 주었을 수 있다. 또는 청소년들이 자신은 잡히지 않을 것이라고 믿는 낙천적인 편향을 보이거나, 교도소를 경험함으로써 역설적으로 덜 걱정하게 되었을 수 있다. 모르는 것에 대한 공포는 강력한 억제제로 작용할 수 있기 때문이다. 또 다른 가설은 청소년들을 교도소에 데려감으로써 그들에게 주는 사회적 신호에 대한 것이다. 위기 청소년들을 상습범처럼 대함으로써 어쩌면 우리는 그들이 상습범이 될 것으로 예상한다고 통보한 것일 수 있다. 이는 아주 슬프고 악의적인 사회적 신호이다. 다른 연구들은 어떤 형태이든 형사 사법 제도와 공식적으로 접촉하는 것이 이후 범죄를 다시 저지르게 만들 수 있다는 것을 시사했다.

앞에서 논했듯이, 여러분이 다른 사람들과 소통할 때 그들이 나쁘다고 여기거나 일이 잘못될 것으로 예상한다는 신호를 보내는 방식으로 소통하는지 생각해 볼 필요가 있다. 단순히 부정적 기대('이 사람이 나를 다시 실망시킬까?')가 아닌 긍정적 기대('어떻게 하면 다 함께 이 문제를 해결할 수 있을까?')를 가지고 상황에 접근하는 것만으로도 당신이 보내는 사회적 신호를 바꾸는 강력한 방법이 될 수 있다.

비록 환경에 있는 대부분의 신호가 좋지 않은 것일지라도 하나의 아주 핵심적인 신호만 있다면 상황은 개선될 수 있다. 네덜란드에서 쓰레기를 버리는 사람들에 대한 키즈 카이저의 연구로 돌아가 보자. 그는 '엉망인' 환경일지라도 거리를 청소하는 사람이 있다는 자체만으로 사람들이 쓰레기를 버리는 경향이 현저히 줄어든다는 것을 발견했다. 일이 잘못되어 사회적 규범이 잘못된 일을 하는 쪽으로 치우쳐 있을 때, 올바른 일을 하는 것이 가치 있다는 것을 보여주기 위해 신호를 바꾸는 일은 우리가 올바른 방향으로 나아가는 것을 도울 수 있다.

이 장에서 우리는 주변 환경의 작은 것들과 사람들이 소통하는 방식이 어떻게 기대 행동에 대한 가치 있는 사회적 정보를 제공할 수 있는지를 알아보았다. 비록 이 정보가 언제나 의도한 대로 전달되는 것은 아니지만 말이다. 우리가 팀을 운영하거나 조직을 구성하는 방법에 대해 생각할 때 큰 사항뿐만 아니라 작은 것들에 대해 살펴보는 것도 도움이 된다. 대부분의 경우, 사람들은 회사의 공식적인 정책보다는 주변 환경에 있는 작은 신호에서 어떻게 행동해야 하는지에 대한 정보를 얻기 때문이다. 사회적 신호에 관한 한, '사소한 일에 목숨 거는' 것이 사실상 효과적이다. 클린 데스크 정책, 복장 규정(특히 팀의 상급자인 경우), 또는 사람들이 어떤 근무 시간을 지키기를 원하는지에 대해 생각하는 것은 여러분이 원하는 종류의 사무실 문화를 확실히 만들기 위해 유용할 수 있다. 직원들에게 그들이 받는 사회적 신호를 어떻게 해석하는지에 대해 질문하고, 대답을 듣는 것 또한 도움이 될 수 있다. 여러분 회사의 인사팀 직원이 후배에게서 어떻게 승진이 이루어지는지 등의 질문을 받았을 때, 정책이 반복적으로 무시되는 것을 봐 온 후배들에게는 정책을 참고하라고 이야기하는 것이 만족스럽지 못한 대답이 될 것이다.

  분명한 것은 사회적 집단이 규범, 기대, 신념에 관한 정보의 통로이며 공통된 사회적 집단 내의 사람들은 같은 규범, 기대, 신념에 대해 적극적으로 조정하려고 한다는 점이다. 다음 장에서 우리는 정보가 네트워크를 통해 어떻게 흘러가는지, 그리고 사람들의 신념을 바꾸는 것이 왜 어려운 일인지에 대해 알아볼 것이다.

식당에서 어디에 앉느냐는 엄청 중요하지.
거기에 모두가 다 모이거든. 신입생들, ROTC들, 후보 선수들,
아시아 꼴통들, 아시아 멋쟁이들, 하키 대표팀, 흑인 냉혈한,
뭐든 먹는 애들, 뭐든 안 먹는 애들, 흉내쟁이들, 자포자기한 애들,
애정 행각하는 애들, 멋진 애들, 그리고 가장 끔찍한…
밥맛없는 공주들.

──────────────── 퀸카로 살아남는 법(Mean Girls)

IIII 8장 선택의 유도와 확산

우리는 사람들이 그들과 같은 집단에 속한 구성원들의 기대에 크게 영향을 받는다는 사실을 알게 되었다. 그리고 그 기대는 사회적 규범 또는 사회적 신호에서 비롯된다. 이러한 영향은 여러분이 정책이나 사업을 구상할 때, 혹은 여러분이 어떠한 방식으로든 그저 세상에 존재만 하고 있을 때에도 실질적으로 유의미한 결과를 가져온다.

이러한 현상들은 꽤 단순해서 우리의 사회적 환경을 마치 변하지 않을 것처럼 그대로 받아들인다. 하지만 사회적 집단은 정적이지도, 영원하지도 않다. 사회적 집단은 어느 순간 형성되며 시간의 흐름에 따라 집단의 '이상적인' 구성원도 바뀔 수 있다. 이러한 현상이 일어나는 이유를 이해하기 위해서는 '사회적 확산(social diffusion, 정보의 확산이 사회적 집단을 통해 이루어지는 것)'에 대한 이해가 선행되어야 한다. 여기서 우리는 이미 존재하고 있는 규범에 대한 사람들의 대응 방식에 관해 이야기하는 것이 아니다. 그보다는 행동이나 정보가 한 명의 구성원에서 나머지 구성원들에게 퍼지며 규범이 만들어지는 방식에 대해 이야기하고자 한다.

사람들이 어떠한 영향을 통해 자신의 행동이나 의견을 바꾸는 것을 우리는 어떻게 이해할 수 있을까? 자신과 동일한 사회적 집단을 공유하는 사람이나 자신과 다른 성격을 가진 사람을 선호하는 경향은 어떤 결과를 초래할까? 친구나 동료처럼 서로 사이가 가까운 사람 중 대다수가 의견이나 행동을 공유한다고 가정해 보자. 이것은 그들이 집단의 규범을 준수하고 있다는 사실을 의미하는 것일까? 아니면 이 행동이 한 사람에게서 다른 사람으로 전달되었다는 것을 의미하는 것일까? 이러한 행동이 결정되는 방식을 이해한다면, 우리는 이 행동이 어떻게 형성되고 변화하는지에 대해서도 이해할 수 있게 될 것이다.

BIT가 영국 정부의 국무 조정실에 있을 때, 팀원들은 매일 함께 점심을 먹었다. 점심을 함께 먹는다는 사회적 규범이 생겨난 것이다. 또한, 디저트로 커스터드 빵을 가능한 한 많이 먹겠다는 사이먼의 혁신적인 전략은 팀 전체에 유행이 되었다. 샘이 냅킨 뒷면에 즉석으로 계산을 해준 덕분에 샐러드 바에서 계란을 고르는 것*이 그리 좋은 선택이 아니라는 사실이 입증되었기 때문

---

* 영국 재무부 매점의 샐러드 바에서는 샐러드의 무게에 따라 값을 지불한다. 삶은 달걀은 가장 밀도가 높은 음식에 포함되기 때문에, 삶은 달걀이 맛있다 하더라도 가격 대비 좋은 선택이라고 할 수는 없다.

이다. 이 경우에는 디저트에 관한 아이디어가 어디에서부터 시작되었는지 파악할 수 있다. 예를 들면, '사이먼의 커스터드 사랑'에서 시작된 아이디어라고 할 수도 있다. 하지만 우리가 친구들과 공유하는 아이디어 중 대부분은 이보다 설명하기 어렵다. 만일 여러분의 친구들 대부분이 스타워즈를 좋아하고 여러분도 스타워즈의 팬이라면, 이것은 친구들이 여러분에게 스타워즈를 좋아하도록 영향을 미쳤기 때문일까? 아니면 같은 것을 좋아하는 사람들끼리 친구가 될 확률이 높은 것일까?

2000년대 초반, 수많은 행동이 사회적으로 전염된다는 것을 보여주는 몇몇 획기적인 연구가 발표되었다. 즉, 사람이 감기에 걸리는 것과 마찬가지로 친구에게서 행동이 전염될 수 있다는 것이다. 흡연, 음주, 심지어 비만도 이러한 방식으로 전염된다는 사실이 밝혀졌다. 그리고 사람들은 강력한 전염의 효과에 의심을 품고 통계를 조금 더 깊이 살펴보기 시작했다. 하지만 이 분석의 결함은 두 명의 연구자가 동일한 방법론을 통해 키와 민족성이 전염된다는 것을 '보여주려' 했을 때 드러났다. 물론 키와 민족성은 전염되지 않는다.

이러한 통계 분석의 문제는 빠르게 드러났다. 사람들은 무작위로 친구를 고르지 않으며 자신과 비슷한 사람에게 끌리기 때문이다. '반대되는 사람들끼리는 서로 끌린다'라는 진부한 표현도 어느 정도는 일리가 있을지 모르겠지만, '대체로 여러 가지 비숫한 특징을 가진 사람들끼리 서로 끌린다'라는 말이 더 정확해 보인다.

국무 조정실에 있는 다른 팀들은 각기 다른 시간, 또는 각기 다른 장소에서 점심을 먹었다. 그리고 이것은 해당 팀원들 사이에서 발생하는 사회적 확산의 양에 확실한 영향을 미쳤다. 예를 들자면, 우리 팀은 샘이 알려주지 않았다면 TV로 방송되는 스타크래프트 토너먼트 경기가 장안의 화젯거리라는 사실을 결코 알 수 없었을 것이다. 하지만 이들은 다른 팀원들의 정보를 놓친다. 샐러드에 무엇을 넣고 뺄지에 대해 몇 시간씩 토론하는 건 피하겠지만 말이다.

BIT의 규모가 커지면서 모두 함께 식사하는 것이 어려워졌지만 대부분의 직원들은 여전히 팀의 일원으로서 함께 점심을 먹었다. 즉, 사회적으로 확산되었던 것이 새로운 성격을 띠게 된 것이다. 우리는 연구팀에서 심리학계의 재현성 위기*replication crisis, 추천 팟캐스트podcast, 미국 공영 라디오 프로그램인 'Set Phasers to Poem'에 대한 최신 정보를 알게 되었다. BIT에서 만성 소화 장애를 겪는 이와 채식주의자가 모두 속한 비아이 벤처스BI Ventures팀의 대화 주제는 이와 상당히 다를 것이다. 이 중 일부는 사회적 확산이 아니라 사회적 선택이다. BIT에

---

* 학계에 큰 영향을 미친 연구들을 그대로 재현했을 때, 같은 결과가 나오지 않아 신뢰성이 의심되는 것을 일컫는 말

서 가장 똑똑하면서도 괴짜 같은 팀에 스타 트렉 열혈팬이 많다는 사실은 결코 우연이 아닐 것이다. 하지만 그럼에도 확산의 요소는 분명히 존재한다. 비아이 벤처스팀 수장이던 샬럿은 운동과는 거리가 먼 생활을 해왔지만, BIT에서 2년을 보내며 등반가가 되었다. 같은 팀에 등반가들이 많았기 때문에 영향을 받은 것으로 보인다. 이와는 대조적으로 마이클은 뚝심 있게 정적인 생활을 유지하고 있다.

지금까지 우리는 수동적인 확산 사례에 관해 설명했다. 사이먼은 우리 모두에게 커스터드 빵을 최대한 많이 먹을 것을 강권하지 않았다. 마찬가지로 BIT의 CEO 데이비드 핼펀David Halpern은 팟캐스트를 듣는 괴짜들로 하나의 팀을 구성하지 않았으며, 만성 소화 장애를 겪는 운동선수들로 하나의 팀을 구성한 것도 아니다. 꼭 이러한 방식이 아니더라도 우리는 사회적 확산의 수동적인 수혜자가 되는 대신 사회적 확산을 창조하기 위해 노력할 수 있다. 사회적 선택의 설계자가 될 수 있는 것이다.

이것이 중요한 이유는 확산이 스타 트렉이나 커스터드 빵처럼 즐겁고 사소한 일에만 국한되는 것이 아니기 때문이다. 좋든 나쁘든 간에 규범과 기대는 한 사람에게서 다른 사람으로, 그리고 하나의 팀 내에서 확산될 수 있다.

집단 사고 : 테세우스의 배

규범과 기대가 팀 내에서 확산되는 예로, 우리와 함께 일했던 팀 하나를 소개한다. 그 팀은 문제가 있었다. 차장을 비롯한 팀원 모두가 부장을 싫어했다. 그 팀에서는 결과를 내는 것이 중시되었기 때문에 업무에 따른 압박도 상당히 높았다. 이러한 이유로 성공에 대한 공을 차지하려 하거나 실패에 따른 비난을 피하려는 사람들이 너무 많아서 누가 무엇을 했는지 정확히 파악하기가 어려울 정도였다.

팀에 도움이 될 만한 해결책은 새로운 팀원을 영입하는 것이었고, 다행히 그리 어려운 일은 아니었다. 사람들은 항상 이 근무지에서 저 근무지로, 혹은 이 팀에서 저 팀으로 이동했기 때문에 직원의 순환 속도는 상당히 빠른 편이었다. 예상한 대로 2년이 지나자 기존의 팀원들이 모두 다른 곳으로 이동하면서 팀의 구성원이 완전히 달라졌다. 그렇다면 이 새로운 팀에는 어떤 변화가 나타났을까? 결과적으로, 변화는 일어나지 않았다. 이 팀의 팀원들은 여전히 서로를 미워하고 불신했다.

만일 여러분이 이 팀을 지켜보고 있었다면, 이러한 일이 발생하는 이유에 대해 당연히 의구심을 품었을 것이다. 전체 조직에 대해 신뢰하기 힘든 어떤 문제가 있는 것일까? 다른 팀들은 긍정적인 에너지가 넘쳐나고 있었기 때문에, 이것이 원인은 아닐 것이다. 그렇다면 팀원들이 일하고 있는 장소는 어떨까? 팀원들이 일하는 곳은 눈에 잘 띄는 곳이었기 때문에 그에 따른 압박이 있었을 것이다. 하지만 예를 들자면, 자연재해를 비롯한 기타 재해에 대비하고 홍수나 테러가 발생하면 정부와의 대책을 조율하는 국가 비상 사무국Civil Contingencies Secretariat의 직원들만큼은 아니었을 것이다.

우리가 생각할 때, 이것은 타이밍의 문제였다. 이 팀은 결국 테세우스의 배Theseus's ship처럼 뒤틀리고 만다. 테세우스는 그리스 신화에 나오는 영웅으로, 영웅적 행위를 기리기 위해 그의 배가 보존되었다. 하지만 시간이 흐르면서 널빤지를 비롯한 배의 부자재들이 하나씩 썩거나 뒤틀리기 시작했다. 그 기념비적 유산을 간절히 보존하고자 했던 배의 관리인들은 널빤지가 파손될 때마다 그것을 하나씩 교체했다. 그리고 수년이 지나자 배의 모든 부분이 새것으로 교체되었다. 그렇다면, 그 배는 여전히 과거의 그 배일까?

아마도 대부분의 사람들은 그 배가 원래의 배와 같은 부분이 하나도 없기 때문에 원래와 다른 배가 되었다고 답할 것이다. 분명, 우리는 이러한 관점을 선호한다. 새로운 목재는 이 배의 일부인 오래된 목재로부터 역사를 '학습'할 수 없으며, 배의 역사는 이어지지 않는다는 것이다. 우리는 이 방식대로 사람을 '목재'로 묘사할 수 있겠지만, 사람들은 항상 지각과 자의식을 가진다. 그러므로 사람은 배울 수 있고, 이어받을 수 있다.

그 팀의 12명 구성원 모두가 서로를 싫어한다고 생각해 보자. 새해 첫날인 오늘, 한 명이 떠나고 새로운 팀원이 들어온다. 이 새로운 팀원의 이름을 젬마라고 하자. 젬마는 이 분야에서 2년간 일했고, 이제 막 조직에 합류했다. 출근 첫날, 팀의 차장은 그녀를 점심 식사에 데려간다. 차장은 프로답게 보이려고 애쓰지만, 그의 상사인 부장에 대해서는 긍정적으로 이야기 해주지 못한다. 젬마는 이에 대해 어떻게 생각할까? 우선, 그녀는 차장의 이야기로 인해 부장에 대한 호감을 쉽사리 느끼기 어려워졌다. 그리고 차장을 다소 냉소적인 사람으로 생각할 수 있다. 차장이 얼마나 사려 깊은 사람인지(혹은 아닌지)에 따라, 그녀는 이 팀을 험담을 일삼는 팀으로 생각할 수 있다.

이후 젬마는 그녀와 같은 직급의 동료와 프로젝트 업무를 맡게 된다. 그리고 그 동료가 젬마의 공을 가로챘거나, 혹은 적어도 공동 작업에 대한 공을 공유하지 않았다는 사실을 알게 된다. 몇 주 지나지 않아 젬마는 부장이 팀 내에서 그다지 존경받지 못하며, 차장이 상사인 부장에게 충성하지 않는다는 사실도 알게 되었다. 차장은 냉소적이며 험담을 늘어놓길 좋아하는 사람일 가능성이 크다는 것, 또 이 팀에는 다른 사람의 공을 가로채려는 문화가 있다는 것도 금방 파악하게 되었다. 그녀가 팀원을 싫어하지 않게 될 수도 있지만, 아직 판단하기는 이르다. 일단 그녀가 동료들을 믿지 않는다는 사실은 분명하다. 또한, 동료들과는 어울리지 않는 편이 더 낫고 자신의 공로에 대해서는 자신이 인정받아야 마땅하다고 생각할 것이다. 물론 젬마는 자신감으로 인해 어느 만큼의 공로를 그녀가 '정당하게' 취해도 되는지를 오해하고 있을 수도 있다. 몇 주 만에 새로운 널빤지 하나가 제자리를 찾았고, 주변의 다른 널빤지들에게 그 배가 어떤 배인지 '배웠다'.

그로부터 2주 뒤, 팀원 중 한 명이 새로운 직원으로 교체되었다. 이 직원의 이름은 선일이며, 팀에 합류 후 젬마와 똑같은 과정을 거쳤다. 선일은 젬마와 가깝게 지냈다. 젬마 역시 이 팀의 신입 사원이고, 선일에게 일을 가르쳐 줄 수 있었기 때문이다. 친절한 젬마는 선일에게 팀에 대해 자신이 우려하고 있는 바를 이야기해 주었다. 이렇게 해서 선일은 젬마와 똑같은 전철을 밟게 되지만, 젬마의 경험을 들은 덕분에 상황은 더욱 빠르게 전개되었다.

한 달 후, 팀원 한 명이 또 교체되었다. 새로 온 팀원의 이름은 해리엇이다. 해리엇은 선일과 비슷한 과정을 경험했고 그와 가까이 지냈으며, 선일과 젬마의 경험을 듣고 많은 것을 알게 되었다. 그 후, 해리엇은 젬마와 같은 프로젝트 업무에 배정된다. 그리고 프로젝트의 결과를 발표할 때, 젬마가 자신의 지난 경험에 영향을 받고 프로젝트 대한 공을 대부분 가로챘다는 것을 알게 된다.

그로부터 약 9개월 후, 팀은 완전히 새롭게 구성되었다. 새로운 배가 된 것이다. 이제 이 팀에 기존 인원은 단 한 명도 없다. 하지만 문제는 여전히 똑같았다. 배 전체가 부식된 경우에는, 일부를 도려내는 것만으로 원하는 효과를 얻지 못한다.

이러한 현상이 꼭 불편한 일에만 국한되는 것은 아니다. 우리는 악순환에 관해 이야기하는 것만큼 선순환에 대해서도 쉽게 이야기할 수 있다. 하지만 단합이 잘 되는 팀에서조차 주의해야 할 것들이 있다. 집단 사고Groupthink는 피그스 만Bay of Pigs 침공 사건* 발생 즈음, 예일대학교의 심리학 교수 어빙 재니스

---

* 1961년 미국과 쿠바 간의 외교 마찰로 인해 일어난 사건으로, 1400여 명의 쿠바 망명자들이 미군의 도움을 받아 쿠바 남부를 공격하다 실패하였다.

Irving Janis에 의해 처음으로 연구되었다. 집단 사고는 팀원들이 서로를 신뢰할 때, 그리고 팀에 합의라는 사회적 규범이 있을 때 쉽게 퍼질 수 있다. 그러한 환경에서는 나쁜 생각이 좋은 생각으로 여겨지기도 한다. 혹은 적어도 잘못된 생각이라고 여겨지더라도 합의된 의견에 대해서는 아무도 이의를 제기하지 않는다. 1950년대 솔로몬 애쉬의 실험과 같은 여러 동조 실험에서 보았듯이, 사람들은 낯선 이들과 같은 공간에 있을 때 자신의 의견을 밝히기 꺼린다. 그렇다면 우리는 1년이라는 시간 동안 아주 가까운 사람들에게 얼마나 영향을 받을 수 있을까?

1990년대, 다트머스대학교 브루스 새서도트Bruce Sacerdote 교수는 이에 대해 자세히 연구했다. 새서도트 교수는 기숙사의 룸메이트 배정이 학생들에 의해 결정되는 것이 아니라 무작위로 이루어진다는 것을 알았다. 이는 펑크 록을 좋아하는 학생이 첼리스트와 한방을 쓰고, 미식축구 선수가 3분마다 광고를 내보내는 인기 스포츠를 지루하다고 여기는 학생과 한방을 쓸 수도 있다는 의미였다. 입학 첫해에는 동료 학생들과 가깝게 지낼 것을 요구하는 미국 대학의 생활 방침 덕택에 다른 성향을 지녔을 가능성이 매우 큰 이 학생들 역시 긴 시간을 함께 보내야만 했다. 그리고 새서도트 교수는 이들에 관한 테스트를 통해 사회적 확산이 얼마나 강력한지를 밝혀낼 수 있었다.

테스트의 결과는 실로 놀라웠다. 룸메이트로 짝지어진 학생들은 서로 비슷한 학점을 받았으며 학내 사교클럽에 가입할 확률도, 서로 같은 사교클럽에 가입할 확률도 더 높았다. 이러한 효과들이 그다지 대단한 것들은 아니었다. 만일 둘 중 한 명의 평균 학점이 1점 상승(중위권 성적에서 최상위권 성적으로 오르는 수준)한다면, 다른 한 명의 학점은 0.12점 더 높아지는(중위권 성적에서 상위 35퍼센트 성적이 되기에는 충분하다) 격이다. 하지만 이것은 실제로 일어나는 일이며, 약간의 감소는 있으나 대학 생활이 끝날 때까지 이러한 추세가 지속되는 것으로 보였다.

사회적 확산의 인과 관계를 명쾌한 방법으로 밝혀낸 새서도트 교수의 연구는 획기적이었다. 그러나 이 연구에 대한 논문은 한 현상이 가진 영향력의 실제적 크기를 과소평가한 드문 사례였다.

그의 연구 설계는 훌륭했다. 무작위로 룸메이트를 배정하는 것은 생각하기 쉬운 예이기 때문이다. 하지만 이보다 훨씬 더 체계적인 관계 형성 방식을 정확하게 반영하지는 못했다. 물론, 우리는 지리와 타이밍이라는 우연에 근거해 관계를 맺는다. 하지만 개인적으로든 직업적 혹은 지리적으로든, 관계가 우연에 의해서만 만들어지는 것은 아니다. 본 책을 예로 들어보자. 본 책의 저자는 두 명이며 이 둘은 각각 지구의 정반대편에서 태어났다. 우리는 친구였기 때문에 이 책을 공동 집필했고, 일 때문에 친구가 된 사이다. 우리는 어떻게 여기까지 오게 된 것일까? 우리는 모두 사회학을 공부했으며, 경제학이 인간의 행동을 설명하지 못하는 무수한 이유와 공공 정책에 관심이 있다. BIT에서는 교육 프로젝트 분야를 통해 함께 일했다. 이것이 우리의 관심 정책 분야였기 때문이다. 이 책이 쓰였다는 것은 마이클이 수잔나의 행동에 영향을 미쳤다는 것을 알려주는 좋은 사례 연구나 마찬가지다.

중요한 것은, 우리와 사회적 거리가 가까운 사람들(예를 들면 우리와 공통점이 많은 사람들, 또는 같은 과거를 공유하고 있는 사람들)이 사회적 거리가 먼 사람들보다 우리에게 영향을 더 많이 끼친다는 것이다. 연구에는 동전을 던져 결정하는 등의 무작위 배정 방식이 적합할 수도 있지만, 이처럼 중요한 사실을 놓치게 되는 것이다. 이와 마찬가지로, 사람들에게 부드럽게 개입하기 위해 사회적 영향력을 이용하고자 한다면, 그것이 모든 곳에서 동일하게 효과가 있을 것이라고 기대해서는 안 된다. 네트워크가 임의로 배정되거나 무작위로 구성될 때보다 서로 가까운 사람들로 구성되거나 네트워크 구성원에 대한 결정권을 가질 수 있을 때 개입의 확산 속도가 빠르고 더 완벽하다는 것이 우리의 생각이다.

네트워크 넛지 : CEO가 보낸 이메일

우리는 6장에서 대규모 투자 은행의 연례 모금 행사 형식을 빌려 시행했던 연구에 관해 살펴보았다. 그리고 상급 관리자를 제외하고는 전체 국민의 7.5퍼센트가 이미 기부했다는 사회적 규범이 그다지 영향력을 행사하지 못한 것으로 드러났다. 은행은 매년 이 모금 행사를 열며, 행사는 순조롭게 진행된다. 은행 직원들은 하루 급여에 해당하는 금액을 자선 단체에 기부해 달라는 요청을 받았다(어떤 경우에는 꽤 많은 액수였다). 모금 운동은 하루 동안 진행되었고, 기부금은 은행원들이 직접 선택한 자선 단체로 보내졌다. 모든 사람이 기업의 사회적 책임^{CSR} 전담 부서로부터 이메일을 통한 기부 요청을 받았다. 이메일에 포함된 링크를 클릭하기만 해도 기부가 가능했고, 웹 사이트를 방문하거나 모금 행사용 스캐너에 은행 ID 배지를 스캔하는 방식도 있었다.

하지만 우리는 이 모금 행사에 몇 가지 변화를 주었다. 무작위로 일부 직원들을 선택해 은행 CEO의 이메일을 보낸 것이다. 메일 머지(mail merge, 전자우편에서 동일한 편지 내용을 여러 사람에게 보낼 수 있는 기능)를 이용해 이메일을 보냈기 때문에 CEO가 개인적으로 이메일을 보낸 것처럼 보이지는 않았지만, CSR 전담 부서에서 보낸 '친애하는 동료들께'라는 제목의 이메일과 달리 '친애하는 조^{Jo}에게'라는 식으로 이메일을 보냈다.

실험 결과는 인상적이었다. CEO의 이메일을 받은 사람들이 단체 이메일을 받은 사람들보다 두 배가량 더 많은 기부를 했다. 하지만 이보다 더 흥미로운 것은 이메일을 받은 사람의 직책에 따라 결과가 다양하게 나타났다는 사실과 이를 통해 드러나는 양상이다.

우리는 직책이 낮거나 높은 직원이 중간 직책의 사원보다 CEO의 개인적인 이메일에 더 많은 영향을 받았다는 것을 알게 되었다. 이는 이전 장에서 이야기했던 내용들과 일맥상통하는 부분이었다. 은행에서 직책이 낮은 직원들은 CEO의 이메일을 받는 일이 드물다. 때문에 자동으로 발송된 이메일이라는 사실을 알더라도 그것을 더욱 특별하게 생각한다. 이 효과는 은행에 높은 직급의 직원이 많을수록 줄어드는 모습을 보인다. 이들은 CEO의 이메일을 받아본 경험이 많기 때문이다. 하지만 정반대의 효과도 하나 있었다. 은행의 고위층 직원들은 다른 직원들과 비교해 CEO와 사회적으로 훨씬 더 가까운 관계에 있기 때문에, CEO와 직접 만나고 회의를 하며 CEO에게 진짜 개인적인 이메일을 받을 수도 있다. 이들은 사실 이메일 자체에 대해서는 크게 감명을 받지 않지만, CEO와의 사회적 거리가 가깝기에 이메일의 의미를 크게 느낀다. 하지만 중간 직책의 직원들은 그 어느 쪽에도 해당되지 않는다. 이들은 CEO에게 이메일을 많이 받아보았기 때문에 이메일을 하나 더 받는 것은 큰 의미가 없으며, CEO와 개인적인 유대 관계가 있는 것도 아니다.

CEO는 기업에서 가장 중요한 인물일 수도 있지만, 모든 사람들에게 가장 큰 영향력을 미치는 존재는 아닐 것이다. 내 상사의 상사의 상사에 대해 생각해 보자. 우리는 그들이 원하는 것은 무엇인지, 상황에 따라 어떤 행동을 하는지, 혹은 무언가에 대해 어떤 반응을 보이는지에 대해 생각하는데 얼마만큼의 시간을 쓰는가? 이 질문의 대상이 나의 직속 상사라면, 우리는 얼마만큼의 시간을 더 소비하는가? 아니면 반대로, 우리는 그들의 부하 직원보다 본인의 부하 직원에 얼마나 더 많은 정신적 에너지를 쏟는가?

우리는 CEO가 직원들에게로 보내는 계획적인 아이디어나 마이클이 수잔나에게 책을 쓰자고 적극적으로 설득한 것 같은 더욱 능동적인 확산에 대해 살펴보기 시작했지만, 이것은 이전 장에서 살펴본 수동적인 확산의 유형과 아주 미세한 차이만 있을 뿐이다.

새서도트 교수의 연구와 같이 이 분야의 연구 대부분은 무작위로 사회적 집단을 형성하고 우리가 관심을 가지는 결과에 어떤 변화가 있었는지를 주로 살펴본다. 하지만 사회적 확산의 진정한 힘을 확인하려면, 실제 존재하는 네트워크를 찾아 그것의 일부에 변화를 주었을 때 어떤 일이 발생하는지를 봐야 한다.

지난 몇 년간 행동과학자들은 이를 실행에 옮기기 위해 노력했다. 논리적으로 풀어나가기는 어려웠지만, 아이디어 자체는 꽤 단순했다. 우선, 확립된 사회적 네트워크를 찾아 그것을 지도화해야 한다. 지도화를 통해 네트워크의 지형과 사람들 간의 연결 관계를 파악할 수 있을 것이다. 그다음, 네트워크에서 한 점(한 사람)을 찾아 어떤 조치를 취한다. 그리고 이 개입을 통해 다른 사람들에게 어떤 일이 일어나는지 관찰할 수 있다.

BIT에서는 하버드 경영대학원의 마이클 노턴과 협력하여 해당 분야 최초의 실험 중 하나를 수행했다. 우리는 앞서 논의한 사회적 영향력의 장점을 찾고자 했다. 직급이 더 높을수록 영향력은 더 높아야 한다. 우리는 사회적으로 더 고립된 사람일수록 영향력이 더 낮을 것으로 기대했다. 우리가 추론한 바에 따르면, 중간 관리자들은 지위도 높고 사회적 거리도 가깝다. 그렇다면 이들은 가장 효과적으로 영향력을 행사하는 사람들일까?

실험을 위해 우리는 대기업과 협력해 다시 한번 대규모 모금 행사를 열었다. 우리는 전체 직원을 네 집단으로 나눠 각기 다른 조치를 취했다. 첫 번째 집단에는 기부를 독려하는 CSR 전담 부서가 사무적인 이메일을 보냈다. 두 번째 집단의 경우, 그들의 관리자에게 이메일을 보내 모금 운동을 지지해 준 직원들에게 고맙다는 인사를 전했다. 수동적 영향의 확산 여부를 확인하기 위함이었다. 세 번째 집단의 경우 역시 관리자에게 이메일을 보냈고, '팀원들이 그들의 동료들에게 기부를 독려하도록' 애써 달라는 말을 전했다. 마지막 집단에는 세 번째 집단과 비슷한 내용의 이메일을 보냈지만, 다음과 같이 관리자가 직접 이야기하는 듯한 느낌을 주려고 노력했다.

부서 동료들에게 이메일을 보내 그들의 기부가 사회에 얼마나 큰 기여를 할 수 있는지 알려주시기 바랍니다.

우리는 이러한 종류의 개입을 '네트워크 넛지(network nudge, 개인뿐만 아니라 그들의 네트워크에 속한 다른 사람들에게도 영향을 미치는 부드러운 개입)'라고 부른다. 이메일은 오전 8시 30분에 발송되었고, 우리는 모금 행사가 진행되는 내내 기부 상황을 지켜보았다. 그리고 이후 놀라운 사실을 발견하게 되었다.

대조군(CSR 전담 부서의 이메일만 받은 첫 번째 집단)에서는 직원의 약 6퍼센트가 기부에 동참했다. 두 번째 집단(관리자가 감사 메일을 받은 집단)에서는 기부율이 첫 번째 집단의 두 배인 12퍼센트로 상승했는데, 이는 수동적인 사회적 영향력의 결과로 볼 수 있다. 놀라운 일은 네트워크 넛지 집단에서 나타났다. 네트워크 넛지가 발생한 세 번째 집단의 경우 직원의 24퍼센트가 기부에 동참한 것이다. 앞 집단의 12퍼센트와 비교해 매우 큰 증가라고 할 수 있다. 네 번째 집단의 기부율도 39퍼센트에 달했다. 이 집단의 모금액은 약 50만 파운드로 나머지 세 집단의 모금액을 모두 합친 것과 비슷했다. 어떻게 이런 일이 일어난 것일까?

데이터를 보면, 네트워크 넛지 메시지를 받은 부서의 팀원들은 서로 비슷한 시간에 기부에 참여했다. 다시 말해, 다른 집단과 비교했을 때 이 부서 팀원들이 기부에 참여한 시각은 약간 더 비슷한 양상을 보였다. 이는 기본적으로 부서 관리자가 팀원들에게 '지금 당장 기부하러 갑시다'라고 말하는 것과 비슷한 효과를 보인다. 그리고, 이것의 영향은 아주 강력하다.

믿기 힘든 결과를 받아본 우리는 한 번 더 시험해 볼 기회를 얻게 되었다. 다행히 오래 기다릴 필요는 없었다. 2013년, 영국의 데이비드 캐머런David Cameron 총리는 영국 노령 인구의 치매 발병률 증가는 위기와 다름없으며, '치매 프렌즈Dementia Friends'라는 프로그램을 신설해 다음 선거가 있는 2015년까지 백만 명의 '프렌즈'를 모집하겠다는 계획을 발표했다. 이 새로운 프로그램은 치매를 발견하는 방법과 치매 환자의 가족 및 친구들을 도울 수 있는 방법을 알려주는 교육 프로그램이다. 하지만 2014년 여름, 선거까지 1년도 채 남지 않은 시기에 모집 인원은 고작 75,000명에 그쳤다. 조치가 필요해 보였다.

'치매 프렌즈' 모집 과정은 두 단계로 나뉘었다. 먼저, '치매 챔피언dimentia champion'을 모집한다. 이들은 하루 동안 치매에 대해, 그리고 치매를 발견하는 방법과 대처 방안 등에 대해 교육을 받는다. 이들은 교육 후 한두 시간 길이의 치매 교육 프로그램에 참여시킬 또 다른 치매 챔피언을 모집해야 하며, 이를 마친 이들은 '치매 프렌즈'가 된다.

어떻게 보면 이 프로그램은 성공적이었다. 처음 예상한 대로 정확히 10,000명의 치매 챔피언이 모집되었다. 하지만 문제는 챔피언들이 모집한 프렌즈의 수가 예상보다 훨씬 적었다는 것이다. 우리가 자선 단체와 협업을 시작했을 당시, 한 명당 7명을 모집하는 데 그쳤다.

치매 챔피언이 치매 프렌즈가 되기 위해서는 다른 사람들을 모집해야 했다. 하지만 챔피언들 대부분이 다른 챔피언을 모집하기 위한 교육 활동을 단 한 번도 진행하지 않았고, 본인들을 대상으로 한 최초의 교육을 제외하면 아무런 참여도 하지 않았을 가능성이 컸다.

우리는 치매 챔피언 중 어떠한 교육 활동도 진행하지 않은 427명을 대상으로 실험을 진행했다. 이들은 이메일을 통해 치매 프렌즈 모집을 위한 교육 활동 운영 방안에 대한 조언을 받았다. 우리는 이 427명을 세 집단으로 나누었고, 단순 후속 이메일을 받는 집단을 제외한 한 집단에 네트워크 넛지 메시지를 보내 그들의 친구와 가족에게 치매 프렌즈 프로그램 참여를 독려하라고 직접적으로 요청했다. 나머지 집단에는 간접 네트워크 넛지 메시지를 보내 '그들의 가족과 친구들이 주변 친구들의 참여를 독려해주길' 요청했다. 이는 챔피언들의 네트워크를 통해 확산의 속도를 높이려는 계획이었다.

몇 달 후, 결과가 나왔다. 우리는 첫 번째 집단에 보낸 후속 이메일도 꽤 성공적이었다는 것을 알게 되었다. 모집 인원수가 0명에서 평균 8명으로 증가한 것이다. 네트워크 넛지 환경에서도 능동적인 사회적 확산의 결과가 꽤 고무적이었다. 그리고 두 번째 집단에 속한 챔피언들은 평균 16명의 프렌즈를 모집했다. 이는 단순 후속 메일만 받은 첫 번째 집단이 모집한 수의 2배다. 간접 네트워크 넛지 환경에 속한 세 번째 그룹은 평균 8명의 프렌즈를 모집했다. 전화를 통한 개입을 시도했지만, 효과는 없었다.

이들에게 무슨 일이 일어난 것일까? 여러분이 이메일을 받는 당사자라고 생각해 보자. 여러분은 치매에 걸린 사람을 알고 있기 때문에 치매 프렌즈 프로그램에 가입했고, 다른 프렌즈를 양성하기 위한 교육 활동을 진행할 의지도 있다. 그리고 소셜 미디어를 통해 친구들의 가입을 권유하라는 독려 이메일을 받는다. 여러분은 이메일의 권고 사항을 그대로 따랐고, 친구들의 참여로 프로그램은 큰 성공을 거둔다.

하지만 그 대신, 여러분이 여러분의 친구들에게 연락해 그들의 친구들을 참여시키게 해달라는 내용의 이메일을 받는다면 어떨까? 이것은 조금 다른 문제다. 친구들의 사회적 영향력을 나와 관련된 일에 쓰도록 하는 것이기 때문에, 여기에는 더 두터운 친분 관계가 요구될 것이다. 다소 다단계 방식처럼 느껴지기도 한다. 그래서 여러분은 일부 가까운 친구들에게만 연락을 한다. 그리고 이들은 치매 인식 개선에 대해 여러분들만큼 관심을 가지고 있지 않기 때문에, 이들과 가까운 소수의 친구에게만 참여를 독려한다.

많은 집단은 '저녁 식사 자리에서 종교와 정치 얘기는 하지 않는다'와 같은 특정 주제에 대한 강력한 금기를 정한다. 그리고 지원을 요청해도 무방한 항목의 규범도 정한다. 친구에게 그들의 친구들을 치매 인식 개선 프로그램에 초대해달라는 요청을 하려면 조금 곤란한 대화를 나눌 수밖에 없는데, 이러한 대화를 나누기 위해서는 약간의 도움이 필요한 것으로 밝혀졌다.

영국에서는 성인의 16.4퍼센트가 읽기와 쓰기에 자신이 없다고 말한다. 그리고 심지어 이보다 더 많은 24퍼센트의 성인이 수학에 자신이 없다고 말한다. 미국에서는 이 수가 각각 17.5퍼센트와 28.7퍼센트다. 읽기와 쓰기에 특히 자신이 없는 사람들은 이것이 자신의 일상생활에 영향을 끼칠 뿐만 아니라 종종 당혹과 수치심으로 이어지기도 한다고 밝혔다. BIT는 2014년부터 2017년까지 ASK Adult Skills and Knowledge라는 이름의 연구 센터를 운영하며 사람들에게 기초 영어와 수학 강의를 듣게 하는 방안을 연구했다.

하지만 우리는 곧 난관에 봉착했다. 영어와 수학에 약한 사람이라는 꼬리표가 붙게 될까 우려한 사람들은 강의 프로그램 참여를 희망하지 않았다. 다수의 고용주가 직원의 능력 향상을 위해 프로그램 참여를 지지했지만, 직원들은 이것이 그들의 고용 상태에 부정적인 영향을 미칠 수 있다는 이유로 참여를 망설였다. 많은 직원이 의무 교육의 실패를 경험했다는 사실도 또 하나의 난관이었다. 그들에게는 배움이 즐거울 것이라는 기대가 없었기 때문이다.

수잔나가 BIT에서 처음으로 시행한 실험은 링컨셔 협동조합 Lincolnshire Co-Operative과 공동으로 진행되었는데, 명백한 실패로 끝이 났다. 우리는 수학 능력의 향상으로 본질적인 이익이나 재정적인 이익이 발생할 수 있음을 강조하는 안내문을 직원들의 급여명세서에 붙였다. 2000명이 넘는 피험자 가운데 여기에 반응을 보인 피험자는 25명이 채 되지 않았다. 처음부터 다시 시작해야 했다.

이번에 수잔나는 런던 교통 공사TfL, Transport for London와 협력해, 사람들에게 강의 프로그램에 관심이 있다면 런던 교통 공사 훈련팀에 연락할 것을 독려했다. 우리는 앞서 링컨셔 협동조합과의 실험에서도 비슷한 초지를 취했지만, 마찬가지로 유의미한 결과를 얻지 못했다. 이제 우리는 앞서 언급했던 네트워크 넛지의 효과에 대해 실험해보고 싶어졌다. 그리고 이를 통해, 훈련팀의 직접적인 제안에 반응할 확률이 적은 사람들이 이미 강의를 이수한 동료의 독려에는 어떻게 반응할지 알아보고자 했다.

이에 우리는 지난 2년 동안 러닝 존Learning Zone에서 강의를 이수한 경험이 있는 직원이 적어도 한 명 이상 포함된 조직 단위에 런던 교통 공사 직원들을 배치했다. 총 8000명 이상의 직원들이 49개의 조직 단위에 소속되었다. 우리는 이미 학습을 마친 직원들에게 보낼 이메일 몇 가지를 준비했다. 대조군에 속한 이들에게는 아무런 이메일도 보내지 않았으며, 첫 번째 집단에는 프로그램 참여에 대한 감사와 함께 피드백을 부탁한다는 내용의 이메일을 보냈다. 두 번째 집단에는 감사 인사와 더불어 강의를 통해 도움을 받을 만한 동료들에게 연락을 취해달라고 요청하는 이메일을 보냈다. 그리고 세 번째 집단에는 감사 인사와 함께 동료들의 참여를 독려해줄 것과 석 달 안에 강의 프로그램에 등록한 직원에게는 추첨을 통해 아마존 상품권 10가지 중 하나를 제공한다는 내용의 이메일을 보냈다.

조에게

당신의 친구와 동료들이 러닝 존 강의 프로그램에 등록한다면 그들은 총 1,000파운드의 상금을 받을 수 있습니다.
우선 7월 20일 종료한 런던 교통 공사 러닝 존의 영어 강의 프로그램 이수를 축하드립니다.
이 프로그램이 당신의 일상에 어떤 영향을 미쳤는지 잠시 떠올려 주시길 바랍니다. 자신감을 가지게 되었나요? 시간 관리와 재정 관리, 동료들과의 소통, 또는 컴퓨터 활용 능력이 더욱 향상되었나요? 새로운 기회를 얻게 되었나요?
만약 그렇다면, 당신의 친구와 동료들에게 이 프로그램의 가치에 대해 알려주시길 바랍니다. 우리는 그분들과 러닝 존에서 곧 만날 수 있길 기대합니다.
11월 30일까지 프로그램에 등록하는 분들에게는 총 1000파운드에 달하는 상품권 추첨의 기회를 드립니다.
런던 교통 공사 직원은 누구나 이 프로그램에 참여할 수 있으며, 프로그램에 대해 더 많은 정보를 원하시는 분들은 이메일을 통해 간편하게 요청할 수 있습니다.

협조해 주셔서 감사합니다.

러닝 존 매니저 아슈라프

흥미롭게도, 우리는 처음의 세 가지 조건(대조군, 감사 이메일, 동료들에게 연락하도록 부탁하는 이메일)에서는 참여율의 차이를 발견하지 못했다. 하지만 보상을 추가했을 때에는 약 네 배가량 더 많은 직원이 프로그램에 대해 문의해왔다. 불편한 대화를 해야 한다면 '이 프로그램을 들으면 너한테 도움이 될 거야'라는 말보다 '러닝 존에서 프로그램을 들으면 상품을 준대'라는 말로 시작하는 것이 훨씬 더 도움이 될 것이기 때문이다.

이와 비슷한 사례로는, 워싱턴대학교에서 박사 과정을 이수 중인 레이첼 거숀Rachel Gershon의 연구가 있다. 그는 고객을 소개해 준 것에 대해 다양한 종류의 보상을 주고 그 보상의 효과를 연구했는데, 친사회적인 보상의 효과가 배타적인 보상의 효과보다 더 뛰어나다는 사실을 밝혀냈다. 여기에는 두 가지 이유가 있다. 첫째, 무언가에 참여함으로써 얻는 보상이 내가 아닌 친구들에게 돌아갈 때 그들을 독려하기가 훨씬 쉽다. 둘째, 참여 과정의 불편함을 겪는 당사자는 친구들이기 때문에 그들에게 보상을 제공하는 것이 더 효과적이다.

매끄럽게 대화를 시작하는 방법에 대해 고민하는 일은 중요하다. 행동통찰팀이 대규모 국제 자선 단체와 함께한 모금 행사에서 그 증거를 찾을 수 있다. 이 단체는 크리스마스를 앞두고 매년 한 달간의 모금 행사를 연다. 하지만 일부 적극적인 기부자들은 행사가 열리기 전부터 기부를 시작한다. 2015년에 열린 모금 행사는 열리기 전 2주 동안 292명이 기부를 했다. 이들은 본격적인 모금 행사가 시작되기 전에 자선 단체를 찾아왔기 때문에, 우리는 이들이 자선 단체와 크게 연관이 있는 사람들일 것으로 추정했다. 또한, 친구들에게 기부를 독려할 가능성도 클 것으로 생각했다.

이 연구에서 우리는 세 가지 상황을 설정했다. 기부자들에게 그들의 친구한테 연락할 것을 권하는 기본적인 네트워크 넛지 이메일을 보내는 것, 친구들의 기부 금액에 따라 최대 10파운드까지 주최 측이 동일한 금액을 기부(매칭 기부)하는 것, 친구들이 50파운드를 기부하면 우리가 10파운드를 기부(조건부 매칭 기부)하는 것. 이는 친구들도 본격적인 모금 행사가 시작되기 전에 기부하는 조건이었다.

우리는 각각의 기부자들에게 코드를 나눠주었고, 기부자의 친구들은 매칭 기부를 받기 위해서 이 코드를 입력해야 했다. 그리고 이 코드를 통해 각 친구들을 데려온 원 기부자가 누구인지 파악할 수 있었다.

결과적으로, 기본적인 네트워크 넛지는 추가 기부로 이어지지 않았다. 이 경우, 네트워크 넛지가 친구의 참여를 독려시킬 만한 동기가 되지 않은 셈이다. 아마도 모금 행사의 시기가 원인이 되었을 수도 있다. 12월이 아닌 달에 모금 행사에 참여하도록 친구를 독려하는 것은 마치 3월에 크리스마스 카드를 보내는 것과 같은 느낌을 줄 수도 있기 때문이다.

하지만 대조군과 비교했을 때 단순한 매칭 기부를 제안한 경우 훨씬 더 많은 기부로 이어졌다. 이 조건에 해당하는 기부자들은 대조군과 비교해 그들의 네트워크에서 기부를 끌어낼 확률이 12.5퍼센트 더 높았다. 그러므로, 친구에게 앞으로 며칠 안에 기부에 동참한다면 그들의 기부가 더 많은 사람에게 돌아갈 것이라는 이야기를 하는 것은 상당한 영향력을 가진다고 볼 수 있다.

조건부 매칭 기부는 기부 증가에 큰 영향을 미치지 않았다. 하지만 기부를 한 사람들은 단순 매칭 기부 집단의 사람들보다 약 두 배가량 많은 금액을 기부했다(평균 22파운드 대 45파운드). 사회적 확산의 측면에서 특히 흥미로운 점은, 조건부 매칭 기부 상황에서 기부자 자신이 50파운드 이하로 기부한 경우에는 친구들의 기부가 나타나지 않았다는 점이다. 즉 네트워크를 통해 어떤 행동을 확산시키고자 한다면, 자신도 하지 않은 행동을 친구들에게 권하지 않도록 주의해야 한다.

우리는 이전 다섯 개의 장에서 환경의 사회적 선택 설계에 대해 살펴보았다. 이 과정에서 우리는 타인과 어떻게 구별되는지, 또는 이러한 정체성이 우리의 행동을 어떻게 만드는지 등을 알수 있었다. 또한, 지배적인 규범에 대해 우리는 어떻게 반응하는지, 사회적 신호는 우리를 어떻게 특정 행동으로 유도하는지, 정보와 행동은 네트워크 안에서 어떻게 이동하는지도 알아보았다. 그리고 이를 통해 행동과학에서 얻은 발견들을 어떻게 이해하고 사용할 것인지 생각하는 시간을 가질 수 있었다.

네트워크 넛지의 한계가 우리에게 보여주듯이, 계획을 수정하거나 사람들에게 긍정적인 영향을 미치는 것만으로는 더 발전하지 못한다. 어떤 때에는 네트워크를 통한 이동이 어려울 수 있고, 우리에게 필요한 네트워크가 존재하지 않거나 선한 목적으로 사용되지 않는 경우도 있다. 이를 극복하기 위해서는 넛지를 넘어 우리 네트워크의 근간을 이루는 사회적 자본에 대한 물음에 답할 필요가 있다.

3부
넛지를 넘어선 네트워크

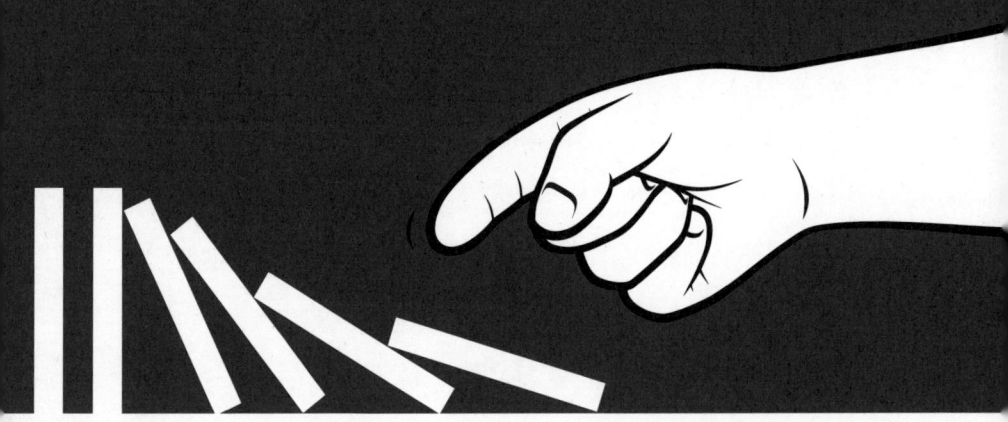

당신이 무엇을 알고 있는지는 중요하지 않다.
중요한 건, 누구를 알고 있느냐이다.

―――――――――――――――――――――――― 격언

ⅠⅠ\ 9장 연결 고리에서 생겨나는 네트워크

세상 참 좁다거나 한 다리만 건너면 모두 아는 사람이구나 하는 느낌을 받은 적이 있는가? 이는 기술의 발전 덕분이기도 하다. 하지만 그보다, 이 방대한 세상에서 우리의 생활 반경이 작은 원 하나를 벗어나지 않기 때문일지도 모른다. 몇 년 전 수잔나가 BIT에 막 합류했을 무렵, 회의차 부총리실을 방문했던 마이클은 맞은편에 앉은 사람을 보곤 화들짝 놀랐다. 그는 카멜이었다! 카멜과 수잔나는 호주에서 함께 일하던 사이였다. 카멜은 수잔나가 일하는 정부 부처에 잡 스와프(job swap, 다른 사람과 직무나 위치를 바꿔보는 것) 형식으로 4개월간 방문한 것이라고 했다. 수년 뒤, 이들의 우연한 만남이 이루어진 것이다.

우연은 계속됐다. 카멜은 잡 스와프를 통해 수잔나의 동료인 루크의 자리로 합류했다. 루크의 아내 케이트는 빅토리아주의 행동 통찰 부서 Behavioural Insights Unit를 이끄는 총괄 정책 자문관이었다. 케이트는 국제 행동 통찰 운동을 주도할 인물로 우리가 이미 점찍어 놓은 인물이었다. 마이클과 케이트는 이전부터 서로를 알고 있었다. 마이클이 하버드 케네디 스쿨Harvard Kennedy School에 있을 당시 케이트가 마이클의 행동과학 수업을 수강했기 때문이다. 마이클이 2018년 멜버른을 방문했을 때 마이클의 아들을 가장 먼저 돌봐준 사람도 바로 케이트였다.

시민 사회에 대한 글로 유명한 하버드대학교 로버트 퍼트넘Robert Putnam 교수는 사회적 자본을 '사람들 사이의 연결. 그리고 그 연결에서 발생하는 사회적 네트워크와 이를 통한 상호 호혜 및 신뢰의 기준'이라고 정의한다. '사회적 자본이란 무엇인가'라는 시험 문제에 이렇게 답변한다면 만점을 받을 만한 완벽한 정의다. 그렇다면, 퍼트넘 교수의 정의가 실제로 의미하는 바는 무엇일까?

큰 반향을 가져온 퍼트넘 교수의 저서 《나 홀로 볼링Bowling Alone》에서 그는 사회적 자본의 본질을 조망해 볼 수 있는 요소들을 활용하여 그것을 측정한다. 예를 들어, 가족이 함께 저녁을 먹는 횟수, 다 함께 식탁에 모이는 횟수 등을 고려해 자녀에 대한 부모의 투자 정도와 사회, 정당, 또는 자선 단체와 같은 사회단체 및 시민 단체에 대한 참여도를 측정한다.

고개를 갸우뚱할지도 모르지만, 가족이 모여 식사를 하는 것과 사회단체의 회원이 되는 것 모두 사회적 자본의 결과이자 원인이다(그래서 퍼트넘 교수는 이 수치를 지표로 사용한다). 퍼트넘 교수는 한 사회가 사회적 자본을 가지고 있는지, 그리고 그 사회적 자본이 시간이 지남에 따라 어떻게 변하는지를 측정하는 방식으로 연구를 진행했다. 《나 홀로 볼링》에서는 세대가 바뀜에 따라 점점 감소하고 있는 미국의 사회적 자본을 도식화했다. 이 책의 제목은 퍼트넘 교수가 연구를 통해 알게 된 현상으로부터 착안했다. 한 예로, 미국에서 볼링을 즐기는 사람들이 늘어난 반면 볼링 팀이나 볼링 리그에 참여하는 사람의 수는 줄어들었는데, 이는 사람들은 여전히 볼링을 좋아할 뿐만 아니라 볼링에 지출하는 돈도 더 많다는 뜻으로 해석할 수 있다. 즉, 볼링을 즐기는 사람들의 경제적 자본이 감소하고 있는 건 아니라는 뜻이다. 대신, 볼링 리그에 참여해서 그곳에서 만나는 사람들 사이에서 싹틀 수 있는 사회적 자본이 감소했다.

자본의 활용 : 해리 왕자의 네트워크

각 사회적 수준에 따른 사회적 자본 간의 유대 관계는 민주적 참여를 독려하고, 제도에 힘을 실어주며, 부패를 감소시키고, 경제적 성장을 도모할 수 있다. 그렇기 때문에 정부도 손 놓고 바라만 볼 수는 없었다. 사회적 자본 감소에 대해 조취를 취해야 한다는 퍼트넘 교수의 목소리는 영국뿐만 아니라 바다 건너 미국에까지 울려 퍼져, 영국의 NCS와 미국의 아메리코(AmeriCorps, 자원봉사단)를 발족시키는 토대가 되었다.

사회적 자원의 형태에 따라 사람들이 보유하고 있는 사회적 자본의 정도에도 큰 차이가 있다. 다른 사람에게 편하게 연락을 취하고, 다양한 사람을 만날 기회도 많으며 인맥 형성에도 뛰어난 사람들이 있다. 이런 유형의 경우, 태어날 때부터 자신이 속해 있는 가족이나 사회가 기존에 이미 형성되어 있는 사회적 자본을 품에 안겨줬을 가능성이 크다.

이를 가장 대표적으로 보여주는 예로 찰스Charles 왕세자의 둘째 아들이자 영국의 왕위 계승 서열 6위인 해리Harry 왕자를 언급하지 않을 수 없다. 가장 명망 높은 왕실 가문에서 태어난 해리 왕자는 그 인맥과 연줄로는 닿지 못할 곳이 없으며 여러 면에서 매력적이고 호감이 가는 인물이다. 또한, 그는 왕족이라는 엄청난 지위를 이용해 어렵지 않게 친구를 사귈 수 있고, 공식적인 자격으로 일을 하면서 네트워크를 형성할 기회가 많다.

해리 왕자는 타고난 사회적 자본을 좋은 방향으로 잘 사용하고 있는 것이 분명하다. 2017년 12월 해리 왕자는 한 달간 BBC 제4라디오의 '투데이Today'라는 프로그램에 객원 담당자로 참여한 적이 있다. 물론 그가 로열패밀리여서 가능했다는 것은 부인할 수 없는 사실이다. 어쨌든 해리 왕자가 영국에서 가장 높은 청취율을 자랑하는 프로그램을 맡는 동안 자신의 관심 주제인 정신 건강, 기후 변화, 군대에 대해 집중 조명했다. 특히 기후 변화에 대해서 다루면서 평생을 환경 보호 활동가로 헌신해

온 영국의 찰스 왕세자를 인터뷰했다. 이는 그가 자신의 아버지였기에 가능한 인터뷰였을 것이다.

이뿐만이 아니다. 더 놀라운 성과도 있다. 오바마 전 대통령이 백악관을 떠난 뒤, 첫 인터뷰를 해리 왕자와 진행한 것이다. 이것이 해리 왕자의 지위와 사회적 입지 덕분에 가능했다는 걸 부인할 수는 없다. 그러나 시기적으로, 오바마 전 대통령은 이미 임기가 끝난 뒤였고 영국의 기득권이자 왕위 계승 서열 6위인 왕자에게 아첨할 필요는 전혀 없었다. 그보다는 해리 왕자가 자신의 로열패밀리 카드를 능숙하게 사용한 덕분인 듯하다. 해리 왕자는 2015년 미국 공식 방문 일정 중 오마바 대통령을 만났고, 이후 대통령 내외는 인빅터스 게임*Invictus Games을 홍보하는 영상에 함께 출연했다. 해리 왕자가 특히 관심을 가지고 있는 사안에 힘을 실어주기 위해서였다. 왕자는 물론 막대한 사회적 자본을 가진 채 태어났지만, 다른 이들과 비교했을 때 가지고 있는 것을 탁월하게 활용했다.

물론 대다수의 일반인이 한때 악동이었다가 이제는 국가의 보배가 된 해리 왕자를 이해하기란 쉽지 않다. 게다가, 영화배우 아내와 결혼한 왕족 혈통의 해리 왕자와 일반 사람들의 격차는 앞으로 더 커지면 커졌지 줄어들 가능성은 전혀 없다는 것도 불

---

* 전쟁에서 상해 및 장애를 입은 군인들의 국제 스포츠 이벤트로, 해리 왕자에 의해 처음으로 추진되었다.

보듯 뻔하다.

《나 홀로 볼링》과 후속작인 《우리 아이들Our Kids》에는 퍼트넘 교수의 고향인 오하이오주의 포트 클린턴Port Clinton시가 시간에 따라 어떻게 변화했는지를 비교하는 대목이 나오는데, 이는 상당히 인상적이다. 수십 년 전, 퍼트넘 교수의 동급생들은 경제적으로는 격차가 있었을지 모르나 신분 상승의 기회와 사회적 자본은 거의 비슷하게 가지고 있었다. 하지만 21세기의 포트 클린턴은 완전히 달라졌다. 성장의 기회와 사회적 자본의 격차가 상당히 벌어진 것이다.

퍼트넘 교수는 '가위형' 그래프를 통해 부유한 사람은 계속해서 부유해지고, 가난한 사람은 계속해서 가난해진다는 것을 도식화했다. 수치는 다소 암울하게 느껴질 수 있지만, 시간이 지나면서 상황은 변할 수 있다. 또한, 사회적 자본을 적게 가지고 있는 사람들을 도울 수 있는 더 현명한 방법을 찾는다면, 끝없이 심화되는 불평등의 흐름에 반전을 가져올 수 있을 것이다.

미국 주택도시개발부가 진행한 '무빙 투 오퍼튜니티Moving to Opportunity, MTO' 프로그램은 경제적 자본과 사회적 자본의 중요성을 가장 잘 보여주는 예이자 역대 시행된 무작위 통제 시험 중 가장 큰 규모의 예산이 편성된 프로젝트이다. MTO 프로그램은 수천 가구에 바우처를 제공해 기존의 형편없는 공공 지원 주택에서 더 비싸고 나은 타지역의 주거 시설로 사람들을 이주시키는 프로그램이다.

야심차게 시작된 이 프로그램은 단순히 빈곤층 가정에 자금을 지원해서 삶의 질을 개선하거나, 주택 공급량을 점진적으로 늘리는 차원을 넘어선다. 극빈 지역에서 상대적으로 더 나은 동네로 사람들을 이주시켜 그들의 물리적, 경제적 자본뿐만 아니라 사회적 자본까지 바꾸겠다는 계획이었다. 주변인, 자녀의 학교, 그들이 상상하던 삶의 종류까지 완전히 바꾸어 버리는 것이다.

역대 시행된 정부 프로그램 중 가장 급진적이라고 할 수 있는 이것의 초기 결과는 복잡한 양상을 보였다. 첫 10년간은 프로젝트가 교육 및 경제적 결과에 전혀 영향을 미치지 못한 것으로 드러났다. 하지만 바우처를 통해 이주한 가정의 건강 및 행복도는 증가했다. 비슷한 시기에 나온 또 다른 분석은 이 프로젝트가 어린 여성 이주자들의 행동 및 성취 욕구에 긍정적인 영향을 주었다고 말한다. 하지만 특정 그룹에만 그 효과가 나타난 이유는 분명하게 밝혀지지 않았다.

단기적으로 볼 때 경제적 측면보다는 주로 사회적인 측면에서 긍정적인 효과가 나타났다. 하지만 이후 하버드대학교의 라즈 체티Raj Chetty 교수와 그의 동료들은 추가 분석을 통해 경제적 및 교육적 혜택 또한 존재하는 것을 확인했다. 그러나 이 혜택은 이주 프로그램에 따라 13세가 되기 전에 이동한 어린이 집단에서만 나타났다. 13세 이후에 이주한 아이들의 경우, 효과가 미미하다는 정도가 아니라 득보다 실이 더 많았다. 정든 동네를 떠나면서 친구들과 단절되고, 그곳에서 형성했던 사회적 자본이 붕괴되었기 때문에 더 좋은 새 동네로 이사한 것이 오히려 해가 된 것이다.

우리는 이 결과를 보며 사회적 자본과 경제적 자본 간에 큰 차이가 있다는 결론에 도달했다. 또한, 사회적 자본은 돈을 분배하는 것처럼 개인 간에 쉽게 이동되는 것이 아니며, 우리가 보유하고 있는 사회적 자본을 늘리기 위해서는 기존의 것을 보완하는 것이 아니라 완전히 허문 후 다시 시작하는 방법뿐이라는 것을 보여준다.

이러한 모든 사실을 종합해 보면 경제적 측면과 사회적 자본의 측면에서 의미하는 빈곤이 다르다는 것을 알 수 있다. 우선 소득이 낮거나 거의 없는 경우, 혹은 모아둔 자산이 없거나 마이너스인 경우에 이들을 빈곤층이라고 정의할 수 있다.

하지만, 일부 예외적인 경우를 제외하면 빈곤층이라고 해서 사회적 자본이 전혀 없을 가능성은 매우 낮다. 그들에게도 가족이 있고 친구가 있다. 퍼트넘 교수는 교회에 가는 행위도 사회적 자본과 관련지어 생각한다. 그리고 이는 저소득층에서 더 빈번하게 나타나는 활동이다. 반면 다인종 지역 사회에 살고 있는 사람들일수록 사회적 자본을 적게 가지고 있다는 다소 논란이 되는 발견도 있다. 마이클은 영국 남서부의 시골 마을 출신인

데, 이 마을과 마찬가지로 저소득의 백인으로만 구성된 지역 사회가 세상 곳곳에 존재한다. 이에 퍼트넘 교수는 이들이 경제적 자본은 적지만 사회적 자본은 높다고 예측한다. 반면 성공하고자 하는 열망이나 신분 상승의 욕구는 낮다고 본다.

이 경우, 문제는 사회적 자본의 부족이 아니라 사회적 자본이 효율적으로 분배되지 않는 것 혹은 사회적 자본이 유용하게 쓰일 수 있도록 이어주는 네트워크가 없는 것이라고 할 수 있다. 외부, 즉 사회의 관점에서 보면 사회적 자본이 충분하지 않은 사람들이 존재하고, 그들 때문에 사회가 더 빈곤해진다고 볼 수도 있다. 하지만 개개인을 살펴보는 경우, 상황은 좀 다르다.

개인의 네트워크는 마치 호주의 철도 네트워크와 비슷해 보인다. 호주는 각 주별로 자체 철도 표준을 적용한다. 때문에 각 주의 철로 너비가 달라서 주의 경계를 넘을 때면 열차를 바꿔 타야 한다. 그렇지 않아도 광활한 호주 땅을 횡단하기 벅찬데, 엎친 데 덮친 격이다. 주 내에서는 연결이 원활할지 몰라도 국가 전체로 보면 곳곳의 장애물 때문에 순조롭지 못하다. 호주의 주요 도시들이 적어도 800킬로미터 이상씩 떨어져 있으며 각기 다른 주에 위치한다는 것을 감안하면, 도시에서 도시로 이동하는 게 얼마나 힘든 일인지 알 수 있다.

노벨상을 받은 경제학자 아마르티아 센Amartya Sen은 1930~40년대, 벵골Bengal에서 성장하며 기근의 참혹함을 똑똑히 목격했다. 그는 경제학자가 된 후, 이 현상을 연구하며 단순히 식량 부족만으로 기근을 설명하는 것은 불가능하다는 것을 알게 되었다. 전쟁이나 정치 상황뿐 아니라 그 당시 인도를 점령하고 있던 영국이나 중앙 정부의 정보 부족으로 인한 정책의 결함 등 다양한 요소가 존재했다. 또한, 빈약한 기반 시설 등 여러 문제가 복합적으로 작용하여 적재적소에 식량이 운반되는 것을 방해했다. 당시에는 식량을 운반하기 위한 도로와 철도가 제대로 갖추어지지 않았거나, 아예 길이 없는 경우도 많았다.

호주의 사례처럼 기반 시설의 네트워크가 분절되어 있거나 인도의 사례처럼 목적지까지 가는 길 자체가 존재하지 않아 식량과 기타 필수 자원을 필요한 곳에 수송하지 못하는 일이 있다. 이처럼 사회적 자본이 부족하다는 것은 필요한 요소로의 접근이 어렵거나, 그 요소들이 우리의 사회적 네트워크를 통해 제대로 이동하지 못한다는 것을 의미한다.

개인적인 관점에서 볼 때 사회적 자본은 우리가 시민 단체의 회원인지 가족들과 저녁 식사 자리를 많이 갖는 사람인지를 묻는 것으로 귀결된다.

이 책을 함께 쓰고 있는 필자들은 까다로운 문제가 생길 때면 주로 집에 가는 길에 서로 통화를 하면서 대화로 풀어간다. 친구의 생일 선물로 어떤 술이 적당할지 물어볼 때는 동료인 루이스가, 요즘 인기 있는 카페가 어딘지 알고 싶을 때는 제스가 딱이다. 제스는 영국에 있는 멋진 카페를 줄줄 꿰고 있다. 한편 마이클은 하수구가 막혔을 때는 어머니에게 바로 전화해야 한다는 것이나 그 외에 다른 잡다한 문제들을 해결해야 할 때는 아내 친구의 남편 마크가 제격이라는 것을 이미 다 파악하고 있다.

여러분의 사회적 자본이 어느 정도인지 확인해보고 싶은가? 그렇다면, 어떤 문제가 생겼을 때 돈으로 이를 해결하지 않고, 친구 혹은 친구의 친구에게 전화를 걸어 그들의 조언이나 도움을 얻을 수 있는 경우가 몇 개나 되는지 세어보자.

이 정의를 이용할 경우, 집단의 소속감을 사회적 자본의 대체재로 적용하는 퍼트넘 교수의 생각은 타당성을 갖는다. 좀 비밀스러운 단체이긴 하지만, 프리메이슨Freemason의 경우, 사회적 자본이 매우 풍부하다. 프리메이슨 회원들은 다양한 직업을 가진 다른 회원들에게 전화 한 통으로 도움을 받을 수 있다. 회계사, 밴이나 버스 회사의 대표, 정원사, 지붕 수리공, 레스토랑 사장이나 변호사까지 정말 다양하다. 물론 아무런 대가 없이 도움이 오고 가진 않겠지만, 더 저렴한 가격에 필요한 서비스를 쉽게 누릴 수 있을 것이다.

또한, 집단의 일원이 되어 누릴 수 있는 혜택은 국내로만 국한되지 않는다. 미국의 예전 동료 중 하나가 여름 동안 연구 조교 자격으로 영국을 방문한 적이 있다. 그 당시, 동료의 부모는 딸이 바다 건너 먼 타국으로 가 낯선 동네에 살아야 한다며 걱정이 이만저만이 아니었다. 부모는 그들의 랍비(Rabbi, 유대교 지도자)에게 연락을 했고, 랍비는 자신의 제자이자 런던에서 일하고 있던 다른 랍비에게 연락을 취했다. 그러자 이 랍비가 평소에 알고 지내던 한 가정을 소개해주었다. 나의 동료는 영국에 도착하기도 전에 이미 친구와 자신을 도와줄 수 있는 네트워크를 확보한 것이다. 그 가족과 어찌나 가까워졌는지, 올해 그 집 아들과 결혼을 앞두고 있다.

우리는 이런 얘기를 들으면 본능적으로 자연스레 '아, 세상 참 좁구나' 하고 생각한다. 하지만 우리가 정부나 학계와 같이 네트워크가 잘 형성된 곳에서 일을 시작하지 않더라도, 일단 한 집단에 속하게 되면 사회적 자본은 마치 돌에 이끼가 끼듯이 여러분의 주변에서 자연스럽게 형성된다.

네트워킹 : 사회적 자본의 원천

사회적 자본을 확보하는 것이 업무의 영역에서 큰 힘이 되는 것은 분명하다. 사실, 사회적 자본은 이 장을 시작할 때 언급했던 '무엇을 아느냐보다 누구를 아느냐가 더 중요하다'는 바로 그 격언의 근간을 이루는 개념이다. 지인이 일하고 있는 곳에 합류해 본 적이 있는가? 혹은 친구가 일자리를 추천해 준 적은? 일하다 겪는 문제를 해결하기 위해 친구나 가족에게 조언을 구한 적은 있는가? 우리는 사회적 자본을 형성해서 키워나가는 과정(소위 말하는 '네트워킹'으로, 주위를 둘러보며 인맥을 쌓아가는 과정)이 경력을 쌓는 데 필수라는 말을 종종 듣곤 한다. 데일 카네기Dale Carnegie의 저서 《인간관계론How to Win Friends and Influence People》은 경력을 쌓아가는 과정에서 사회적 자본을 형성하는 데 꼭 참고해야 할 필독서이다. 업무 현장에서 사회적 자본을 풍부하게 확보한 사람은 해결사로 통하며, 회사의 원동력이자 혁신가로 인정받곤 한다. 그들은 평판도 좋고 의사 결정 과정에서 영향력을 발휘하며, 사람들이 배송을 좀 빨리 받고 싶거나 송장을 빨리 처리하고 싶을 때 연락하면 척척 도와주는 만능 해결사 역할을 한다.

요즘 사람들은 일에 관련된 사회적 자본을 링크드인LinkedIn과 같은 플랫폼을 통해서 쌓아간다. 이런 종류의 플랫폼은 비슷한 분야나 겹치는 분야의 사람들과 느슨한 사회적 관계를 유지할 수 있도록 도와준다. 그리고, 이런 관계가 유용하게 사용되는 경우가 종종 있다. 예를 들어 새로 회사를 창업한 수잔나의 옛 동료가 링크드인을 통해 수잔나에게 행동 통찰에 대한 조언을 구한 것과 같은 경우다.

그렇다면, 애초에 우리는 어떻게 네트워크라는 것에 발을 들여놓을 수 있을까? 문화 인류학적 요소로 잠시 눈을 돌려, 미국의 TV 드라마 〈길모어 걸스Gilmore Girls〉를 한번 살펴보자. 여기에는 엄마 로렐라이와 딸 로리 길모어가 나온다. 넷플릭스에서 방영된 후속작은 잠시 제쳐두고 오리지널 시리즈만 보자면, 로리 길모어의 이야기는 사회 이동(social mobility, 사회 계층에서 지위의 상하 이동)의 단면을 보여준다고 할 수 있다. 드라마는 로리가 고등학교에 입학하는 것으로 시작해 엘리트 양성소인 칠튼 학교를 거쳐 예일대학교에 입학하고, 대학 졸업 후 오바마 대통령의 선거 운동 캠프에서 사회 초년생으로 일을 시작해 신문 기자로 성장하는 과정을 담고 있다. 그 와중에 그녀는 미국 애국 여성회Daughters of the American Revolution, DAR의 회원이 된다.

'미국 애국 여성회의 회원이 되었다'라는 내용의 끈을 잡고 로리 길모어가 사회적 계단을 한 칸 한 칸 올라간 이야기를 따라가 보자. 애국 여성회는 회원제이며 회원 자격은 세습된다. 우선 회원이 되기 위해서는 반드시 여성이어야 하고, 미국 독립전쟁에 참여했던 참전 용사의 직계 자손이어야 한다. 단체의 회원 185,000명 모두가 미국 상류층 출신은 아니겠지만 드라마에서 그려지는 회원의 모습은 모두 상류층이었다.

로리가 칠튼 학교에 입학한 것은 물론 로리가 똑똑하기 때문이기도 했지만, 로리의 조부모가 학비를 대주었기 때문에 가능한 일이었다. 예일대학교를 갔을 때도 마찬가지였다. 로리의 할아버지가 예일대학교를 졸업한 동문이었고, 로리의 아버지가 막대한 유산을 상속받아 학비를 지원하기 전까지 조부모가 학비를 지원했다. 하버드에 갈 작정이었던 로리는 예일대학교에서 잊지 못할 경험을 한 후 예일대학교를 선택한다. 바로 할아버지가 주선한 예일대학교 입학처장과의 만남이었다. 거침없이 잘나가던 로리의 인생에 유일하게 제동이 걸렸던 때는 보트를 훔치다 붙잡혀 사회봉사를 선고받고 잠시 예일대학교를 휴학했던 것 정도였다. 로리의 엄마 로렐라이는 십대 시절 부모의 특권을 거부한 길모어 가족의 돌연변이 같은 존재였다. 그래서 로리의 사회적 이동은 원래 있던 가족으로 복귀하는 것으로 생각하면 보다 정확하다. 로렐라이가 딸에게 보여주는 끝없는 헌신, 마을 사람들의 애정, 그리고 로리 조부모의 경제 및 사회적 자본에 대한 접근성을 모두 합하면 로리의 성공은 처음부터 예정된 것이나 다름없다.

반면, 로리의 남자친구들은 훨씬 더 흥미를 자아낸다. 딘과 제스, 로건은 드라마에 등장하는 남자친구 중 이야깃거리가 풍부한 캐릭터들이다. 먼저 딘부터 살펴보자. 그는 스타스 할로우 마을 출신의 사랑스러운 소년으로 시작했지만 셋 중에 가장 많은 비난을 받은 인물이다. 그는 드라마 초반인 고등학교 2학년 때부터 본인이 꿈꿔왔던 직업도 가지지 못한 채 동네에 남아 있는다. 딘의 사회적 자본은 드라마 전반에 걸쳐 스타스 할로우 동네에만 국한되어 있고, 경제적 자본에도 한계가 있었다(딘은 대학에서 낙제해 추가 시험을 치러야 했고, 이혼 후 부모님의 집으로 돌아간다).

로리의 마지막 남자친구로 나온 로건은 딘과 정반대의 인물이다. 대형 신문사 사장 아들이며, 툭하면 코네티컷에서 뉴욕으로 헬기를 타고 놀러 다니는 인물이다. 사회적 자본을 보면 로건의 엄마는 미국 애국 여성회의 회원이며, 부모님 모두 좋은 인맥을 가지고 있다. 그는 돈이 많고 연줄이 있는 사람들만 가입할 수 있는 예일대학교 비밀 동아리의 회원이었다. 이렇게 보면 딘과 로건은 서로 정반대의 환경에 있는 듯하지만, 공통적인 특징도 있다. 바로 발전이 없다는 것이다. 드라마에서 로건은 전형적인 부유층 가정에서 태어난 냉담한 성격을 가진 인물로 나온다. 그리고 드라마의 결말에 이르기까지 계속 돈을 더 많이 벌고 새로운 인물들과 인맥도 잘 쌓는 캐릭터를 유지한다. 냉정했던 성격이 조금 변하기는 했어도 말이다.

사회적 자본의 측면에서 보면, 제스가 주인공이라고 할 수 있다. 제스는 경제적, 사회적 자본이 전혀 없는 상태에서 스타스 할로우로 왔기 때문이다. 제스는 엄마에게서 쫓겨나 루크 삼촌 집에 얹혀살게 된 인물이다. 다루기 힘든 문제아로 그려진 것도 그 때문일 것이다. 스타스 할로우로 이사 온 후에도 그의 경제적 상황은 크게 나아지지 않았다. 하지만 사회적 자본에서는 두 가지 큰 변화를 겪게 된다. 먼저, 로리를 만났고 그녀를 과외 선생님으로 삼았다. 로리는 제스의 공부도 봐주고, 지금 처한 현실과는 완전히 다른 새로운 세계가 있다는 것을 제스에게 일깨워주었다. 그러나 이보다 더 중요한 두 번째 변화는 제대로 된 양육을 제공하지 못했던 엄마가 아니라 믿음직한 루크 삼촌의 보호를 받게 된 것이다. 드라마 막바지에, 제스는 뉴욕으로 가 친구들과 함께 출판사를 차린다. 로건처럼 눈부시게 아찔한 성공의 자리에는 오르지 못했지만, 사회적 자본의 도움을 받아 다른 인물에 비해 가장 비약적으로 성장했다.

비록 나이가 조금 더 많긴 하지만, 제스는 MTO 프로그램에서 최대 수혜를 받은 아이들의 사례와 가장 유사하다. 애초에 붕괴될 네트워크가 없었기 때문에 더 나은 환경으로 이사한 것이 큰 도움이 되었다.

지금쯤이면 여러분은 자신의 인생에서 사회적 자본의 원천이 무엇인지 눈치챘을 것이다. 먼저 여러분의 부모님이나 부모님과 같은 세대의 어른이다. 이들은 여러분의 숙제를 도와주고 어떤 학교에 지원할지, 어떤 회사에 입사하면 좋을지 조언을 해줄 수 있으며 직장 생활의 경험을 공유해 줄 수 있는 사람들이다. 그다음은 친구다. 힘들 때 손 내밀 수 있고 마음을 편안하게 해주며 일자리를 추천해 줄 수 있는 친구, 여러분이 사는 동네에 자신의 지인이 살고 있다며 서로를 소개해주는 친구. 또는 싱크대를 고쳐주고 법률적 조언을 해주거나 동료의 계정으로 여러분의 여행 예약을 도와줄 수 있는 친구도 사회적 자본의 원천이다. 직장 동료 또한 포함될 수 있다. 비록 지금은 서로 다른 곳에서 일하지만, 여전히 연락하고 지내는 동료일 수도 있고 혹은 누군가 자신의 네트워크를 확장해 가는 과정에서 '우리 둘을 모두 알고 있는 사람이 있는 것 같아요…'라며 여러분의 네트워크 안으로 들어오는 사람도 있다.

그렇다면 길모어 걸스의 제스와 달리 나에게 썩 도움은 되지 않지만, 기존의 네트워크 안에 있는 것이 안전하고 편안하다고 느끼는 경우는 어떨까? 다른 곳으로 이사 가고 싶지만 새 동네에 아는 사람은 없고, 머릿속에는 외로움과 두려움에 대한 공포가 떠나지 않을지도 모른다. 또는 지금 직장에서 조금 더 실력을 쌓는 것이 나중에 이직할 때 도움이 될 것이라 생각하면서도, 정작 그 방법에 대해 누구에게 조언을 구해야 할지 떠오르지 않을 수도 있다.

우리는 우리를 아껴주는 사람들을 뒤로 한 채 떠나야 할 때도 있다. 그리고 새로운 네트워크의 사람들은 그들의 규칙들 제대로 알지 못하는 외부자를 포용하지 않을지도 모른다.

우리는 사회적 관점에서 이러한 상황들에 맞서기 위해 노력해 왔다. 우리는 이 책의 다음 여러 장에 걸쳐, MTO 프로그램처럼 수십억 달러를 쏟아붓지 않고도 사회적 자본을 개선할 방법, 또는 다른 사람들이 그들의 사회적 자본을 개선할 수 있도록 도울 방법에 대해 알아볼 것이다. 우리는 수백만 달러에 달하는 지원금 없이 사회적 인프라를 형성할 수 있을까? 잘못된 행동을 바로잡아주는 루크 삼촌이나 열정의 씨앗을 심어주는 로리 길모어와 같은 사람을 찾을 수 있는 방법은 무엇일까? 기존의 사회적 자본 붕괴라는 당연한 위험을 감수하고 새로운 사회적 상황으로 과감하게 뛰어들 수 있는 용기는 어디에서 찾을 수 있을까? 식민지 치하에서 치열하게 싸운 독립군 조상이 없어도, 수백 년의 역사와 의식이 없어도, 사람들이 집단의 일원이 되어 그 혜택을 누릴 수 있도록 하려면 우리는 어떤 방법으로 이들을 도와야 할까? 여기에 대해 하나씩 알아가 보도록 하겠다.

가족과 친구가 있는 뱀파이어라니. 그런 건 책에도 안 나온다고.

――――――――――― 버피와 뱀파이어(Buffy the Vampire Slayer)

10장 사회적 자본을 형성하는 요소

　사회적 자본이 중요한 이유는 우리가 조언을 구할 때나 정보를 얻고자 할 때, 혹은 문제가 생겼을 때 네트워크를 통해서 도움을 받을 수 있기 때문이다. 마이클의 사례를 통해 조금 더 쉽게 알아보자. 마이클은 2015년, 한 결혼식에 초대받았다. 여기까지는 일반적인 상황이다. 그 당시 마이클은 20대 후반이었고 같은 해 말쯤 자신도 결혼할 예정이었다. 자, 이제 남들과 조금 달랐던 마이클의 특수한 상황을 살펴보자. 첫째, 마이클이 초대받은 결혼식은 그의 가장 오랜 친구 중 하나인 피터의 결혼식으로, 영국인인 피터는 미국인 제이미와 결혼해 시카고로 이주할 계획이었다. 둘째, 이 예비부부는 마이클에게 온라인으로 목사 인증을 받아 결혼식의 주례를 맡아 달라고 부탁했다. 마이클은 기꺼이 하겠다고 대답했다.
　하지만 안타깝게도 옥스퍼드에서 시카고까지 가는 길은 너무 멀었다. 그 당시 박사 후 과정을 밟던 마이클은 친구 교수의 도움을 받아 경비를 마련했다. 때마침 미국의 인디애나폴리스에서 양일간 학회가 열릴 예정이었고, 그 자리에 초청을 받은 마이클은 자선기금 모금에 관한 연구를 발표하게 되어 인디애나폴리스에 먼저 갔다가 시카고의 결혼식장으로 갈 계획이었다. 미국인이라면 인니애나폴리스는 시카고와 아주 가깝다고 이야기할 것이다. 그래서 마이클도 금요일은 세미나에 참석하고, 토요일에 시카고로 이동해 결혼식에 참석하면 되겠다고 생각했다. 복잡할 건 없었다.

이 장에서 우리가 마음에 새겨야 할 첫 번째 교훈이자 아마도 가장 실용적인 교훈은 바로 사람들의 말만 듣고 그것을 믿기보다 반드시 본인이 직접 두 도시가 얼마나 멀리 떨어져 있는지 확인해 봐야 한다는 것이다. 두 번째 교훈은, 방대한 땅덩이에 비해 인구 밀도가 낮은 미국에 사는 사람들에게 '매우 가깝다'라는 의미는 우리가 생각하는 '가까움'과는 차원이 다르다는 것이다. 인디애나폴리스에서 시카고까지는 고속버스로 4시간이 넘는 거리로, 맨체스터에서 런던까지의 거리와 비슷하다. 마이클은 그레이하운드(Greyhound, 미국의 버스 회사)를 타면 '말 그대로 힘들어 죽을지도 모른다'라는 조언을 듣고, 새벽 4시에 출발하는 메가버스Megabus를 예매했다.

새벽 2시가 되자 알람이 울렸다. 버스 터미널까지 갈 시간은 넉넉했다. 하지만 커튼을 걷은 마이클은 밤새 펑펑 내린 눈으로 하얗게 변해버린 세상을 보고 망연자실했다. 눈은 15센티미터가 넘게 쌓여 있었다. 우버 택시를 불러 봐도 배차가 되지 않았다. 호텔 측에서도 택시를 불러 줄 수 없다고 했다. 갑자기 내린 폭설에 도로도 통제되었다. 그렇다면 방법은 단 하나, 걸어가는 것 밖에 없었다. 마이클은 호텔에서 3.2킬로미터가량 떨어진 버스 터미널까지 눈을 헤치며 힘겹게 걸어갔고, 버스 출발 10분 전에 겨우 도착할 수 있었다.

새벽 4시가 되었으나 버스는 오지 않았다. 마이클은 슬슬 걱정되기 시작했다. 영하 9도의 날씨는 매섭게 추웠고 눈은 끝없이 내리고 있었지만, 주례 없는 결혼식은 상상할 수 없는 일이었다. 그는 늘 믿고 도움을 청할 수 있는 든든한 친구, 애쉴링에게 전화를 걸었다. 애쉴링은 마이클이 거의 공황상태이며 제대로 생각을 할 수 없는 지경이라는 걸 단번에 파악해 우선 그를 진정시켰다. 그리고 인터넷으로 버스가 폭설로 인해 운행하지 않았다는 사실을 확인했다. 애쉴링은 일단 마이클에게 따뜻한 호텔로 돌아가라고 한 후, 방법을 찾기 시작했다. 택시 외에는 공항으로 갈 방도가 없었다. 하지만, 애쉴링은 호텔에서 약 1.6킬로미터 밖에 떨어지지 않은 기차역에서 시카고로 가는 기차가 20분 뒤에 출발한다는 것을 알아냈다.

눈이 쏟아지던 2월의 어느 날 아침, 인디애나폴리스 주민이라면 창밖으로 나비넥타이에 페도라를 쓰고 캐리어를 머리에 인 채 눈 쌓인 도로 사이를 정신없이 달려가는 한 남자를 봤을

지도 모르겠다. 마이클은 아슬아슬하게 기차에 올라탔다. 이제 6시간 동안 편안하게 앉아 가기만 하면 된다는 생각에 안도하며 자리에 풀썩 주저앉았다. 옷에 잔뜩 붙은 눈을 털다 보니 모자 위에는 눈이 0.5센티미터쯤 쌓여 있었다.

그 외에도 사소한 사건들이 몇 번 발생하긴 했지만, 어쨌든 마이클은 무사히 시카고에 도착해서 결혼식의 주례를 섰다. 피터와 제이미는 지금도 시카고에 살고 있고, 애쉴링은 마이클 아들의 대모가 되었다.

애쉴링은 마이클이 가진 사회적 자본의 일부다. 그리고 이 사례는 네트워크를 통해 필요한 도움을 받아 어떠한 목표를 달성하고자 할 때, 사회적 자본이 필수적인 요소라는 사실을 잘 보여준다. 우정은 근사한 것이며, 삶에서 매우 중요한 부분을 차지한다. 친구가 사회적 자본의 일부로 포함되려면 반드시 충족해야 할 요소가 있다. 힘들 때 기대어 울 어깨를 내어주거나 잘 곳이 없을 때 소파를 내어주는 친구, 혹은 새벽 4시에 정신 나간 전화를 받아주는, 즉 도움이 되는 친구여야 한다는 것이다. 만약 새벽 4시에 전화를 걸어 지금 인디애나폴리스에서 어디를 좀 가야 하는 데 도와달라고 이야기할 수 있는 친구가 있다면, 여러분은 친구라는 사회적 자본을 가졌다고 이야기할 수 있다.

성적을 올리는 가장 간단한 방법

만약 나의 네트워크에 있는 사람들이 나에게 그다지 도움이 되지 않는다면 어떨까? 예를 들어, 인디애나폴리스에서 빠져나갈 수 있도록 도와주고 싶은 마음은 굴뚝같은데 정작 어디서부터 시작해야 할지 전혀 모르는 사람일 수도 있고, 혹은 공부를 잘하도록 도와주고 싶은데 어디서부터 어떻게 시작해야 할지 모를 수도 있다. 혹은 자신감도, 정보도 없는 사람이 있을 수도 있다. 이런 경우는 보통 사회적 자본이 낮거나 거의 없는 상태로 분류한다. 친구나 가족과 같은 사회적 유대는 있지만 이런 유대 관계가 정작 나의 목표를 달성하는 데는 전혀 도움이 되지 않는 경우다.

이 분야를 처음 연구한 사람이 바로 하버드대학교의 토드 로저스Todd Rogers 교수이다. 로저스 교수는 사회적 자본이 있지만 정작 그 자본을 획득한 환경에서조차 어려움을 겪는다면, 그것은 자본이 효율적으로 활용되지 못하고 있거나 목적에 맞게 사용되고 있지 않은 경우일 수 있다는 이론을 제시했다.

교육에서 우리가 가장 먼저 살펴봐야 할 것은 '부모'이다. 우리는 이따금 아이의 운동회나 축구 시합에는 매번 빠지지 않고 참석하면서 학업 문제와 관련된 학부모 상담에는 얼굴을 비추지 않는 부모들을 발견하고는 한다. 이런 부모들의 경우, 대개의 부모가 그렇듯 아이가 공부를 잘하기를 바라며 나쁜 의도는 가지고 있지 않다. 단, 부모 자식 간에 대화가 없거나 자신의 아이가 학교에서 무엇을 배우고 있는지 전혀 알지 못하는 경우가 있다. 부모가 지금 아이에게 필요한 게 무엇인지 전혀 파악하지 못하고 있다면, 이들은 자신의 네트워크 내에 있는 사회적 자본을 자녀의 교육을 위해 제대로 활용할 수 없다.

로저스 교수는 바로 이 부분에서 영감을 받았다. 로저스 교수는 당시 브리스틀대학교 박사 과정 학생이었던 라즈 찬디Raj Chande, 그리고 같은 대학의 경제학 교수 사이먼 버지스Simon Burgess와 함께 부모가 자녀의 교육에 더 많이 참여할 수 있는 아이디어를 내놓았다.

로저스는 찬디와 함께 영국 정부의 심장 격인 다우닝Downing

가 10번지에 위치한 영국의 총리 관저로 갔다. 정치적인 도움을 받기 위해서라기보다는 교육 혁신을 실제 행동으로 옮길 수 있는 장소를 구하기 위해서였다. 그리고 이들은 영국 교육기금재단Education Endowment Foundation, EEF을 소개받았다. 영국 교육기금재단은 영국 교육부가 2011년에 설립한 단체로, 무료 급식 대상 학생들의 학업 성적을 향상하기 위해 1억 5천만 파운드의 예산을 확보해 둔 곳이었다.

영국 교육기금재단은 케빈 콜린스Kevan Collins를 최고 책임자로 두고 있으며, 재단이 자금을 지원한 모든 프로젝트에 대해 평가를 실시하고 있다. 무엇보다, 단순 평가가 아닌 무작위적 통제 실험을 통한 독립적인 평가라는 점이 눈길을 끈다. 이들은 설립 이래로 150여 개의 대규모 프로젝트에 자금을 지원했다. 이 재단은 영국 교육 논쟁의 무게 중심을 완전히 바꾸어 놓았으며, 일궈낸 성과 또한 상당한 수준이다. 한 기관이 교육의 일면을 바꾸고 많은 이들의 삶을 개선하기 위해 엄청난 노력을 기울였다는 것에 놀라지 않을 수 없다.

영국 교육기금재단이 지금까지 자금을 지원해온 프로젝트의 대부분은 운영비가 만만치 않았다. 아이들이 매일 학교에서 양질의 아침 식사를 할 수 있도록 지원한 '매직 브렉퍼스트Magic Breakfast' 프로젝트는 학교 수업을 두 달 더 한 것과 같은 정도의 학업 성취도 향상을 달성했다. 철학 수업과 관련 활동을 추가로 하는 프로그램은 학생들의 수학 성적을 부쩍 올려, 이 또한 학교 수업을 두 달 더 한 것과 같은 성과를 냈다. 멜버른대학교의 존 해티John Hattie 교수가 진행한 '비저블 클래스룸Visible Classroom' 프로젝트는 100개의 중등학교 교사를 대상으로 6주간 헤드셋을 끼고 스스로 가르치는 모습을 기록하게 했다. 재단은 이러한 시도 외에도 다양한 평가를 통해 일반적으로 사람들이 성적을 올리는 데 필요하다고 생각하는 방법(교실 크기 축소나 보조 교사 추가 배치)이 사실은 비용 대비 미미한 성과를 낸다는 것을 밝혀냈다.

버지스와 찬디, 로저스 교수팀이 제안한 방법에 대해 그것이 효과적으로 변화를 일으킬 수 있을지 회의적인 시각으로 바라보는 이들도 물론 있었다. 교수팀이 제시한 아이디어는 너무 간단해서 모두가 의구심을 가질 정도였다. 그 아이디어는 부모에게 자녀가 지금 어떤 것을 공부하고 있는지, 시험은 언제인지 등에 대한 정보를 문자 메시지로 전송해 자녀의 교육에 더욱 적극적인 역할을 하도록 독려하는 내용이었다.

아이디어 자체는 매우 단순해 보일지 모르지만, 이를 시행하는 것은 별개의 문제였다. 찬디와 4명의 보조 연구자로 이루어진 팀은 34개의 시범 학교를 대상으로 부모에게 전달할 메시지에 대한 정보를 수집하고, 문자 메시지를 작성해 전송했다. 그리고 문의 사항에 따른 답변도 작성했다. 메시지 내용은 주로 다음과 같다.

톰은 오늘 과학 수업에서 고체, 액체, 기체에 대해 배웠습니다.
면도용 크림은 셋 중 어떤 것일지 아이에게 물어보면 어떨까요?

2년 뒤 결과가 나왔다. 16세 학생들의 학업 성취도에는 효과가 미미했지만, 통계적으로 봤을 때 전체적인 효과는 유의미했다. 한 달의 추가 수업을 한 것과 동일한 결과가 나온 것이다. 이를 위해 지출한 비용은? 학생 1명당 5파운드에 지나지 않았다. 로저스 교수와 이에 대해 논의했을 때, 그는 결과에 그다지 만족하지 않은 듯했다. 학생사회지원연구소Student Social Support Lab와 공동 연구 중인 그의 연구 과제는 도움이 가장 필요한 사람들을 위해서 사회적 지원을 강화하는 것이다. 학교 전체 학생들에게 광범위하게 개입하게 되면 대부분 큰 효과를 내지 못했는데, 그 이유는 이미 사회적 지원을 충분히 받고 있는 학생들도 개입의 대상이 되었기 때문이다. 그렇다면 도움이 가장 필요한 학생을 찾을 방법은 무엇일까?

미국인 전체를 대상으로 두고 보니, 이 문제에 대한 해답은 더욱 분명하게 수면 위로 떠올랐다. 이에 로저스 교수는 전문 대학과 온라인 및 원격 교육 기관으로 눈을 돌렸다. 동일한 사회적 네트워크를 가지지 않고 이미 고향을 떠난 사람이 많이 모여 있는 곳이기 때문이다.

다시 영국을 살펴보자. 우리도 역시 비슷한 방향으로 생각하고 있었는데, 2014년 이전의 영국 성인 교육 대부분은 전문 대학에서 이뤄지고 있었다. 학령기 학생들을 위한 교육의 경험적 연구에 대해서는 혁신적인 변화가 있었지만, 연령대가 올라갈수록 제대로 관리되지 못했다(영국 교육기금재단의 의무 교육 권장 연령은 16세까지였다).

앞서 8장에서 처음 언급했던 BIT의 ASK 연구 센터는 성인 학습자의 사회적 자본 활성화 방안을 연구하는 비비 그루트 Bibi Groot 박사에게 자금을 지원했다. 하지만 ASK가 설립된 이듬해, 정부가 GCSE(General Certificate of Secondary Education, 영국의 중등 교육 자격시험)의 대상 연령을 16세까지로 제한하도록 법을 개정하면서 상황이 돌변했다.

GCSE 성적이 좋으면 16세가 되었을 때 더 좋은 학교에서 공부할 수 있는 기회가 커지며, 향후 직업을 선택하거나 대학을 정할 때도 선택의 폭이 넓어진다. 그러나 어중간한 점수를 받게 되면, 학교에서 배우는 과목이 제한되어 차후 원하는 직업을 찾고자 할 때 선택의 폭이 제한된다. 우리는 GCSE 점수가 높은 사람과 그렇지 않은 사람이 같은 자리에 지원할 경우, 점수가 더 높은 사람이 두 배 더 많은 면접 기회를 얻는다는 것을 발견했다. 이 시험에 실패한 학생들은 고등 교육을 받지 못한 채 직업 교육을 받거나 인턴으로 일을 시작해야 했다.

하지만 규정이 바뀐 후, 수학이나 영어 시험에 통과하지 못한 학생들은 별도의 교과 과정을 거쳐 재시험을 치러야 했다. 그리고 이 별도의 교과 과정은 19세까지로 의무화되어 있어, 학생들은 GCSE를 여러 번 다시 치를 수 있게 되었다. 하지만 첫 시험에서 낙제한 학생들은 19세가 될 때까지 여러 번 재시험을 치른다고 해도 통과하지 못하는 경우가 많은 것으로 나타났다. 이는 그리 놀랄 일이 아니다. 일단 첫 시험에 떨어지면 보통 규모가 더 큰 전문 대학에서 공부하게 되는데, 이 경우 수업 시간과 학생당 지원이 더 줄어든다.

실패에 대한 심리적 충격도 상당하다. 계획 및 목표 설정에 관한 연구를 보면, 첫 시험에 실패하는 경우 시험에 대한 열정이 뚝 떨어져 재시험을 치고 싶은 마음이 사라지는 것으로 보인다. 결국, 첫 시도를 실패하게 되면 두 번째 시도에도 실패할 가능성이 더 커진다는 것을 알 수 있다.

시험에 떨어진 학생들이 외톨이가 되어 어디에도 소속되지 못한 기분을 느끼는 것은 당연하다. 보통 우리는 이런 힘든 시기를 보낼 때 사회적 지원 네트워크에서 이탈해 부모님께 도움을 청하곤 한다. 하지만, 그들의 학부모와 주변인들이 학생들을 아끼고 도와주고 싶은 마음이 간절하더라도, 앞서 이야기한 것처럼 학생들을 위해 사회적 자본을 효과적으로 활용하는 방법을 알고 있지 못할 수 있다.

그루트 박사는 바로 이 부분에 주목했다. 학기가 시작할 때, 학생들에게 '스터디 서포터study supporter'의 명단을 온라인으로 작성하도록 했다. 학생들의 공부에 신경 써줄 수 있는 사람들은 누구나 이 명단에 포함될 수 있었다. 그것이 꼭 부모님일 필요는 없으며, 삼촌이나 이모, 고모, 친구, 사촌, 여자 친구, 사회복지사 등 그 누구든 명단에 포함될 수 있다. 그루트 박사는 서포터들의 이름 같은 가장 기본적인 정보 외의 휴대전화 번호도 함께 작성하도록 했다. 그 후 1년 동안, 서포터들에게 학생들이 공부하는 내용을 문자로 전송하여 아이들과 공부에 대한 대화를 자연스럽게 시작할 수 있도록 했다.

다음은 실제로 보낸 문자 메시지의 예다.

> **유프톤 전문 대학**

> 안녕하세요 벤. 다음주와 그 다음주는 레니의 중간 방학입니다. 이번 학기에 수학 수업에서 배운 것 중 가장 재미있었던 것과 유용했던 것에 대해 물어봐주세요. 감사합니다.
> 유프톤 전문 대학

> 안녕하세요 벤. 항상 레니를 도와주셔서 감사합니다. 레니와 대화를 나누는 것이 레니에게 얼마나 큰 도움이 되는지 늘 기억해 주세요. 곧 GCSE 수학 시험이 다가오니 각별히 신경써 주세요. 감사합니다.
> 유프톤 전문 대학

일 년 동안 35개의 문자 메시지를 보내는 대단할 것 없는 사소한 개입이었지만, 효과는 기대 이상이었다. 실제 합격률이 27퍼센트 증가한 것이다. 특히 남학생들의 합격률 증가가 눈에 띄었는데, 이는 기존의 합격률 자체가 여학생보다 낮았기 때문이다. 이듬해에도 같은 결과가 나타났다. 그루트 박사는 프로그램을 진행하면서, 이것이 제대로 효과를 발휘하고 있는지 알아보기 위해 학생들과 인터뷰를 진행했다. 학생들의 피드백은 긍정적이었다.

아마 삼 주쯤 전이었을 거예요. 시험이 삼 주 전이었으니까요. 자다 말고 삼촌의 전화를 받았어요. 삼촌이 너 곧 시험 아니냐고 해서, '완전 망했다'라고 생각했지요. 당장 공부를 시작할 수밖에 없었어요. -앤드류 학생

저는 이 방식이 좋아요. 이모가 어떤 방식으로든 항상 저를 위해 최선을 다해 주시거든요. 이모가 제 어깨 위에 놓인 무거운 짐을 나누어 들어주는 기분이 들어 마음이 한결 편합니다. -이본 학생

앤드류를 비롯한 일부 학생들은 예전에는 한 번도 들어보지 못한 조언을 해준 서포터들로 인해 학업에 큰 도움이 되었다고 응답했다. 또 이본과 비슷한 응답을 한 학생들의 경우, 정신적으로 많은 의지가 되었다고 말했다. 나와 친한 사람이 내 공부에 관심을 가지고 있다는 것만으로도 심리적으로 많은 위안을 얻은 것이다. 데이터상으로도 일관성 있는 패턴이 빠르게 나타났다. 사람들이 가지고 있던 기존의 사회적 자본이 새로운 방향으로 활성화된 것이다.

살면서 아주 작은 도움의 덕을 톡톡히 본 경우를 세어보면 수십 가지는 훌쩍 넘을 것이다. 병에 걸렸다는 진단을 받았거나 새로운 직장에 들어갔을 때, 승진을 앞두고 있을 때 같은 경우 말이다. 그러나 앞선 실험과 같은 방법을 실질적으로 적용시키는 것은 상당히 노동 집약적이다. 우선, 찬디의 연구를 진행하는

데 보조 연구자 4명이 필요했고, 학습 서포터 프로그램을 설립해 운영하는 데에는 시간뿐만 아니라 돈도 필요하다.

대서양 건너편의 로저스 교수도 이 방식을 알고 있었다. 로저스 교수는 요하네스 데마지Johannes Demarzi와 함께 새로운 사회적 기업인 '인 클래스 투데이In Class Today'를 설립했다. 미국 전역의 학교들과 협업하여 더욱 광범위한 학생 집단에 동일한 개입 방식을 적용했고, 이를 통해 만성적으로 높은 결석률을 해결하고자 하는 시도였다. 영국의 그루트 박사는 이와 조금 다른 행보를 보이며 기술 스타트업인 '프롬터블Promptable'의 설립을 지원했다.

건강한 습관을 위한 도우미

우리는 6장에서 렌드리스와 모벰버 재단에서 경쟁과 사회적 비교를 활용하여 직원들이 더욱 활동적인 삶을 살 수 있도록 만드는 사례를 보았다. 하지만 지원을 제공하는 접근 방법을 취하는 것은 어떨까? 회사가 자사의 웰빙 프로그램에 '습관 도우미 habit helpers'를 적용하면 직원들의 건강을 증진하는 데 도움이 되지 않을까?

이를 위해서는 우선 직원들이 웨어러블 기기를 착용해 지정된 친구에게 정보를 전송하겠다고 신청해야 한다. 사생활을 과도하게 침범하는 범위가 아니면서 추운 겨울 아침에 운동하러나가기 싫은 마음을 다잡고 집을 나설 수 있도록 적당히 독려하기에는 충분했다. 요즘엔 직장 동료와 친구가 되는 경우가 많으므로 이 프로그램을 통해 산책이나 퀴디치 게임처럼 직장 내 함께 할 수 있는 활동을 추천해 줄 수도 있다. 아니면 여러분이 정한 목표와 이를 달성하기 위해 어떤 노력을 하고 있는지 습관 도우미에게 알려줄 수도 있다. 집 밖으로 한 발자국도 나가고 싶지 않은 어느 비 오는 날 아침, 당신을 응원하는 누군가를 보내 줄지도 모르는 일이다.

자, 우리가 성적을 상승시키고 운동도 할 수 있게 한다면, 제2형 당뇨병처럼 난이도가 좀 더 높은 문제를 해결할 수도 있지 않을까? 제1형 당뇨병과 달리 제2형은 보통 성인이 되어 발병한다. 주로 선진국에서 발병률이 증가하고 있으며, 건강하지 않은 생활 습관이 원인인 경우가 많다. 영국의 경우, 제2형 당뇨병 환자 수가 1996년 140만 명에서 2016년 350만 명까지 20년간 두 배 이상 증가했다. 미국의 상황도 크게 다르지 않아 1994년 5.5퍼센트에서 2012년 9.3퍼센트까지 증가했다. 미국 질병통제예방센터Centers for Disease Control는 2050년이면 미국인의 1/3이 당뇨를 앓을 것이라고 예측한다. 이를 49퍼센트까지만 줄여도 매년 전 세계적으로 3만 8천 명의 목숨을 구할 수 있다.

당뇨와 기타 '생활 습관병'은 세계 인류의 보건과 웰빙, 생산성에 심각한 문제를 야기할 수 있다. 또한, 앞으로 인류가 더욱 고령화될 것이라는 점을 고려하면 직장에 다니는 사람 중 건강 관리가 필요한 사람들의 수는 계속해서 증가할 것이다. 이와 같은 질병에 귀중한 시간을 낭비하기보다는 기업이 나서서 직원의 건강을 관리하는 프로그램을 도입하는 것이 더욱 합리적인 선택이다.

당뇨병(또는 당뇨병 전증)을 진단받는 것은 상당히 충격적이다. 하지만 이를 전화위복 삼아 건강한 식습관과 운동, 금연 등을 통해 생활 습관을 바꾸어 병을 완치하거나 혹은 관리할 수 있는 수준으로 유지하는 사람들이 많다는 것은 반가운 일이다. 그러나 당뇨병 전증을 보이는 사람 대부분은 당뇨병 발병으로 이어지며, 이들은 컨디션 관리에 어려움을 겪는다. 설상가상으로 당뇨병을 앓는 사람이 가장 많은 집단은 저소득층 출신의 남성으로, 학교에서 스터디 서포터 프로그램을 했을 때 가장 효과를 많이 본 집단과 정확하게 일치한다. 그 이유는 이 집단이 자신의 사회적 자본을 활용하는 정도가 가장 낮기 때문이다.

건강 관리는 사회적 지지가 필요한 새로운 영역이라고 생각한다. 당뇨에 가장 취약한 집단인 중년 남성은 가족과 자녀, 친구를 곁에 두고 있지만, 당뇨 진단과 같이 인생의 근간을 흔드는 변화가 필요한 순간에서조차 가족에게 전화를 걸어 도와달라는 말을 하지 않는다. 진정 필요한 도움을 받을 수 있을 때조차도 그렇다. 한편, 자녀의 수학 공부를 도와주는 가장 좋은 방법을 알지 못하는 부모처럼 우리도 건강을 지키고자 하는 사람을 도와주는 방법에 대해 잘 알지 못하는 문제를 겪을 수 있다. 이 경우에도 스터디 서포터와 매우 유사한 프로그램이 효과적일 수 있다. 회사 직원들을 위한 웰빙 프로그램에 투자해 효과를 본 기업의 사례도 있다. 단, 잊지 말자. 만약 여러분이 당뇨병과 같은 질환을 관리하는 중이라면, 누가 여러분을 도와줄 수 있는지, 또 누구에게 도와달라고 요청할 수 있는지 한번 생각해보자. 너무 많은 사람이 서로 돕겠다고 나서는 통에 깜짝 놀랄지도 모르겠다.

우리는 더 나아가 직원들이 자신의 네트워크를 더 잘 활용할 수 있도록 돕는 다른 방법에 대해 생각해 볼 수 있다. 예를 들어 우리는 출근 첫날의 스트레스를 잘 알고 있다. 특히 대학을 갓 졸업한 사회 초년생이라면 첫 직장에서의 스트레스가 상당할 것이다. 이럴 때 친구와 가족의 도움은 새로운 직장에 무사히 안착하는 데 중요한 역할을 한다. 물론 회사 대표가 직원의 부모에게 '성과 평가가 다가오고 있습니다' 같은 문자 메시지를 보내는 것은 적절하지 않지만, 직원들에게 네트워크를 활용해 도움을 받는 방법에 대해 조언을 해줄 수는 있을 것이다.

회사에서 스트레스를 받았던 일을 자연스럽게 다른 사람들에게 토로하는 타입의 사람들도 있지만, 모두 그런 것은 아니다. 이 경우, 우리는 신입 직원에게 자신을 도와줄 수 있을 만한 사람들에게 자신의 서포터가 되어 줄 것을 요청하라고 권유해볼 수 있다. 이와 마찬가지로, 고용주는 직원들에게 근무 후 회식 자리에 그들의 서포터를 초대할 것을 권해볼 수도 있겠다. 우선 '공짜 술이 있는데 말이에요. 맛있는 음식도 있고…'라고 대화를 시작해 보자. 이런 모임에 함께 하면서 서포터는 자신이 도움을 주고자 하는 직원의 근무 환경을 이해할 수 있고, 이를 바탕으로 적절한 지원을 해줄 수 있다.

많은 회사가 이미 팀을 이루고, 서로 돕는 조직 문화를 독려하면서 업무를 해오고 있기 때문에, 회사 안팎으로 사회적 지지를 끌어내 활용하는 것은 자연스러운 일이라고 생각한다. 팀이 등산이나 요가, 배구를 함께 하거나 점심을 같이 먹는 것은 회사 내의 동료가 친구가 되었다는 징표이다. 여론 조사 기업인 갤럽Gallup이 진행한 연구 역시 이것이 직원의 행복감과 근속에 중요한 요소라고 주장하고 있다. 만약 고용주가 지금 있는 사회적 환경에 든든한 버팀목을 하나 더 설치해 준다면, 특히 직원들이 어려움을 겪고 있는 부분에 대해 보호막을 한 겹 더 씌워 준다면, 그로 인한 효과는 깜짝 놀랄만한 정도일 것이다.

이 장에서 우리는 사회적 자본의 근본적인 요소에 대해 살펴보았다. 그것은 바로 여러분의 네트워크에 속한 사람으로 공부나 일, 건강 등의 목적을 달성하는 데 도움을 줄 수 있는 사람이다. 대개의 경우, 자신을 도와줄 수 있는 사람은 본인의 생각보다 많다. 그저 이것을 어떻게 사용할지 방법을 모를 뿐이다. 반면, 사회적 지지의 수준과 종류가 네트워크 안에 있는 사람들의 특성에 따라 제한되는 경우도 있다. 우리가 잘 알고 기댈 수 있다고 생각했던 사람들이 실제로는 도움을 주지 못하는 경우도 있다. 인생의 방향이 서로 정반대로 흘렀을 수도 있기 때문이다. 이런 경우에 대비해서, 우리는 새로운 장소에서 새로운 네트워크를 형성하는 방법에 대해 생각해 보아야 한다. 이에 관한 이야기는 다음 장에서 계속된다.

자신의 속마음을 다른 곳에서 발견할 때,
뭔가 모를 아름다움이 느껴진다.

──────────────────────────── 슈라이너(Schreiner)

⫽ 11장 미리 경험하는 것의 이점

새로운 환경에서 시작하기란 매우 힘들기 마련이다. 그곳이 새로운 동네든, 일자리든, 학교든 말이다. 홀로 낯선 환경을 마주한 경우, 우리는 방황할 수도 있다. 운이 좋다면 이 위험천만한 새로운 환경을 안내해 줄 그 누군가를 찾을지도 모르겠다. 길고 긴 여정에서 언제나 혼자일 필요는 없으니까 말이다.

수잔나는 어느 날 캔버라에 갈 일이 생겼다. 문제는 호주 내에서 도시 사이를 이동하는 것이 여간 까다로운 일이 아니었으며, 대부분 비행기를 타야 해서 비용이 많이 든다는 것이었다. 그녀는 2년을 브리즈번에서 근무했지만, 호주 총리 내각부 Department of the Prime Minister and Cabinet의 일자리를 수락하기 전까지 자신이 캔버라로 가게 될 것이라고는 생각도 못했다. 당시 총리 내각부는 규모를 확장하는 중이었기 때문에 다수의 추가 인력을 채용한 상태였다. 다양한 정부 부처에 취직하는 사람들이 이미 대부분 캔버라로 집을 옮긴 상황이었기 때문에 그들보다 늦게 이사하는 수잔나는 걱정이 많았다.

한편 총리 내각부는 수개월 전 신입 직원들이 모두 참여할 수 있는 워크숍을 마련했다. 이 워크숍은 부처 사람들뿐만 아니라 신규 입사자들을 만나보고, 함께 일할 사람들에 대해 조금이나마 알 수 있는 자리였다. 수잔나는 공공 부문에서 일하는 똑똑한 인재들에게 자신의 지식과 실력을 보여주며 강한 인상을 심어주고자 다양한 전략을 짰지만, 여전히 걱정이 많았다. 사람들과 대화를 나눈 후에도 아무와도 친해지지 못하면 어떻게 할까?

그러나 수잔나가 방에 들어섰을 때 낯익은 얼굴이 보였다. 신규 입사자 중 한 명인 테스는 수잔나와 4년 전 스페인의 버스 여행에서 친해졌으나, 이후 연락이 끊긴 상태였다. 테스도 주 정부에서 연방 정부로 이직한 수잔나와 비슷하게 시드니에서 캔버라로 이사한 경우였다. 수잔나는 친숙한 얼굴을 발견하자 걱정을 덜게 되었다. 새로운 동료들을 만났으며, 거기에 이미 자신이 좋아하는 사람이 한 명 포함되어 있다는 사실에 자신감이 생겼다.

테스와 수잔나는 캔버라의 공공 서비스가 기존에 익숙했던 것과 얼마나 다른지 이야기하며 서로를 위로했다. 이는 새로운 환경에서 중요한 상황 파악의 과정이었다. 워크숍 첫날, 수잔나가 테스와 다른 신규 입사자를 알면서 형성한 사회적 유대감은 삶의 큰 변화 속에서 겪을 다양한 고난을 돌파하고 낯선 곳에서 정착하는 데 도움이 되었다.

신규 입사자 중 한 명이었던 스테프는 일본의 '동기'라는 개념을 소개해주었다. 일본 기업은 대규모로 인력을 채용 후 이들을 '동일한 집단'이라는 뜻을 가진 '동기'라 부른다. 일본 기업은 채용한 직원이 평생 머물 것을 기대하므로, 동기는 동지 또는 형제자매와 같다. 즉, 조직에서 같이 성장하며 서로 돌봐준다는 뜻이다. 수잔나의 모든 동기는 캔버라에 머무는 동안 정기적으로 함께 아침 식사를 하며 소식을 나누고 서로 도움을 주고받았다. 수잔나가 런던으로 옮기도록 동기를 부여받은 것도 총리 내각실을 통해서였다. 당시 수잔나는 브리즈번에서 캔버라로 이사 온 가브리엘을 만났는데, 가브리엘 또한 런던으로 옮기게 되어 수잔나가 런던에서 사귄 첫 친구가 되었다.

이전 장에서 다룬 바와 같이 우리는 본능적으로 사회적 상황에 대응하려는 강력한 의지를 갖고 있다. 우리는 암묵적인 사회적 규범에 반응하고 사회적 집단을 형성하며, 그 이상에 부응하고자 열심히 노력한다. 그리고 그 과정에서 롤 모델을 발견하면 그를 닮아가고자 노력한다(12장에서 더 자세히 다룰 예정이다). 우리는 사회적 지지나 롤 모델이 없는 새로운 환경에 처할 경우, 연락을 취해 주변 사람들과 새로운 연결 고리를 만들거나 흔히 말하는 '친구'를 사귀곤 한다.

연결 고리의 힘 : 네트워키의 사례

새로운 환경에 친구가 있다는 안도감은 실로 크다. 친구가 없다면 마치 공중에서 자유 낙하하는 기분이 들지도 모르겠다. 자유 낙하를 경험하는 순간은 매우 짧지만 새로운 일터나 도시에서 처음 몇 주간 끊임없이 이러한 느낌을 받게 될 경우, 매우 지칠 것이다. 행복한 삶과 거리가 멀어지고, 좋은 성과를 기대하기 어렵다. 다음에 설명할 런던에서 미국으로 옮긴 동료 두 명의 사례를 통해 이 유대감의 힘이 얼마나 큰지 확인할 수 있을 것이다.

동료 중 한 명은 이미 옮길 도시에 가족과 친구들이 거주 중이었던 반면, 다른 동료는 그보다 고립된 상태였다. 1년 뒤, 이 둘은 모두 사회적 네트워크를 성공적으로 넓혔으며 서로 친한 친구가 되었다. 하지만 6개월 전으로 돌아가 보면, 도착할 때부터 사회적인 연결 고리를 갖고 있던 동료는 만족스러운 주택에 거주하면서 승진 또한 추천받은 상태였다. 반면 다른 동료는 계속해서 집을 알아보고 있었으며 과도한 양의 업무를 처리하는 데 곤란을 겪고 있었다. 즉, 이 동료는 그때까지만 하더라도 자유 낙하 중이었던 것이다.

BIT와 4장에서 언급된 킹스 칼리지 런던은 대학 신입생 750명을 대상으로 여섯 번에 걸친 연구와 무작위 대조 시험을 실시했다. 이는 새로운 환경에 어떻게 적응하는지에 대한 질문으로 이루어졌으며, 주요 목적 중 하나는 대학 내의 다양한 사람들과 학생들 사이의 유대감과 정체성에 대해 알아보는 것이었다. 주변 학생들과 유사하다고 느끼는 정도를 질문들을 통해 측정했으며, 동급생이나 교직원과의 상호 작용에 얼마나 만족했는지도 물었다. 첫 조사는 11월에 실시되었고, 시험 결과가 나오는 다음 해 7월에 똑같은 질문을 다시 물어보았다. 조사 결과, 동료 집단과의 만족도에서 유의미한 차이가 드러났는데, 특히 저소득 가구에서 자란 학생들과 전통적으로 학사 이상의 학력을 보유한 가정에서 자란 학생들 사이에서 미미하지만 일관된 차이점을 발견했다. 이 차이는 성, 인종, 교수진을 통제요인으로 적용했을 때, 주로 동급생과의 유대감이 상대적으로 낮은 흑인 학생들과 남학생들 사이에서 두드러지는 것으로 나타났다. 이보다 더 흥미로운 점은 연초에 동료 집단과 관련하여 더 높은 만족감을 표출했던 학생들의 시험 점수가 더 높았다는 점이다.

해당 연구 결과를 바탕으로, 동급생들과 어울리는 데 자신이 없는 학생들의 사회적 규범에 대한 관점을 바로잡아줌으로써 모호한 사회적 신호를 더욱 긍정적으로 이용하는 방안을 고민하게 되었다. 더 나아가 학생들이 끈끈하고 만족스러운 친구 관계를 쌓을 수 있도록 장려하는 방안도 모색하게 되었다.

대학에서 친구를 사귀는 좋은 방법 중 하나는 동아리에 가입하는 것이다. 스포츠 동아리나 문화 동아리와 같은 모임에 가입할 경우, 더 높은 학점이나 더 나은 삶의 질, 더 높은 졸업 성적 등 다양한 이점을 누릴 수 있게 된다. 그러나 저소득층 학생들은 동아리가 대학의 본질과 맞지 않는다고 생각하거나 다른 일, 또는 가족을 이유로 동아리에 가입할 확률이 낮은 편이다.

이에 따라 학생들이 학생회에서 주최하는 신입생 환영회에 참석하고 동아리에 가입할 수 있도록 독려하는 두 종류의 문자 메시지를 준비했다. 한 그룹에는 다음과 같이 동아리가 '혜택을 주는 선택 사항'이라고 묘사하며 동아리에 대한 학생들의 관점을 바로잡고자 했다.

사교 클럽과 동아리에 가입하는 학생들은 더 높은 학점과 행복감, 취업 성공률을 보입니다.

다른 그룹의 학생들에게는 다음과 같은 메시지를 전송했다.

신입생 환영회는 사교 클럽과 스포츠 동아리에 대해 알 수 있는 가장 좋은 기회입니다. 새로운 친구를 만날 수 있는 멋진 기회를 놓치지 마세요.

또한, 문자 메시지를 전송하지 않은 대조군도 두었다. 대조군에 속한 학생들은 60퍼센트가 신입생 환영회에 참석했다.

문자 메시지를 받은 학생 중에서는 친교 내용의 메시지를 받은 학생들의 참여 의향이 더 높았다. 가장 흥미로운 것은 저소득층 학생들의 경우, 취업 성공률에 관한 메시지보다 친교 내용의 메시지를 받은 학생들이 더 높은 참여 의향을 보였다는 것이다. 신입생 환영회에 참석한 학생 중 취업 성공률 메시지를 받은 저소득층 학생들 수는 이보다 적었으나, 이는 통계적으로 유의미한 수치는 아니었다. 그러나 저소득층 가정에서 자라지 않은 학생들은 두 유형의 문자 모두에 대해 높고 긍정적인 참여율을 보였다. 그러면 이 결과가 의미하는 것은 무엇일까?

먼저 본 결과는 저소득층 학생들이 대학을 실리적으로 여긴다는 통념과 정반대에 있다. 만약 이 통념이 사실이라면 취업 성공률 관련 메시지가 더 효과가 높았을 것이다. 그 메시지가 더 높은 학점, 그리고 일자리와 연관되어 있기 때문이다. 그러나 이들은 친교 메시지에 공통적으로 높은 반응을 보였으며, 특히 대학 생활에 적응하는 것에 대해 더 걱정할만한 집단의 반응이 높았다.

이로써 우리는 일단 대학에 나오는 학생들에게 친구를 사귈 수 있는 행사에 참여하도록 독려할 수 있다. 하지만 적응에 실패하고 친구를 찾지 못할 거라는 두려움에 아예 학교에 나오지 않는 경우에는 어떻게 해야 할까?

신생 온라인 연구 기관인 프리딕티브Predictive의 대표 야나 테르 미어Janna Ter Meer와 카네기멜론대학교의 실비아 사카르도 Silvia Saccardo가 실시한 연구에서 이에 적용할 만한 해결책이 나왔다. 테르 미어와 사카르도는 저학년 부모를 대상으로 정부가 실시하는 강의 프로그램의 참여율을 높이는 방안에 관한 연구를 수행했다. 본 연구는 8장의 런던 교통 공사, 10장의 스터디 서포터와 마찬가지로 ASK 센터 연구의 일환으로 수행되었다. 본 연구에서 두 연구자는 보상의 효과를 시험했는데, 수업의 80퍼센트를 수강한 부모들에게 돈을 지급하자 출석률이 50퍼센트 상승하는 결과가 나타났다.

이 결과는 전통 경제학의 이론을 바로 적용하여 수업 출석률을 높이는 데 유용한 모습을 보였다. 즉, 사람들이 보상에 반응한다는 개념이다. 테르 미어와 사카르도가 시행한 또 한 가지 실험은 '동료 보상buddy incentive'이었다. 수업을 등록하는 사람들에게 같은 수업을 듣는 다른 이를 동료로 배정했다. 배정받은 동료는 단 한 번도 만난 적이 없는 타인이며 첫 수업 전까지 만날 일도 없겠지만, 그들에게는 공통적인 보상이 주어졌다. 수업의 80퍼센트를 두 명 모두 참석할 경우 보상이 제공되지만, 둘 중 한 명이 실패할 경우 하나도 받지 못하는 조건이었다. 이는 사람들에게 결속력을 부여하는 동시에 일종의 사회적 자본을 형성하게 했다. 만일 수잔나가 자신의 보상이 마이클의 출석에 달려 있다는 것을 안다면, 수업 전날 '내일 수업에 참석하세요? 차 태워 드릴까요?' 등의 메시지를 보내 출석률을 보다 높일 가능성이 있다. 이는 테르 미어와 사카르도가 찾던 것과 정확히 일치한다. 바로 이전에는 존재하지 않았을 법한 사회적인 연결 고리를 형성하는 것이다. 결과적으로, 출석률은 동료 보상 제도를 통해 72퍼센트 상승했다. 이 결과는 매우 고무적이며 일면식이 없는 타인들을 무작위로 짝짓는 것과 공통된 목적, 그리고 약간의 보상이 유용한 사회적 자본의 형태를 만들어낸 것으로 보인다.

이후 NCS와의 프로젝트에서 이와 동일한 방식을 적용할 기회가 또 한 번 주어졌다. NCS 프로그램은 매해 약 10만 명의 젊은이들을 모집하여 신나는 야외 활동을 경험하게 하고 세계 또는 지역 사회를 개선하는 사회적 행동 프로젝트에 참여시키고 있다. 평가 결과, 본 프로그램은 사회적 신뢰나 자신감, 그리고 타 문화와 다른 견해에 대한 개방성을 향상시키는 것으로 드러났다. 게다가 영국 정부가 적극적으로 후원해주는 프로그램이므로 진입 장벽이 낮은 편이다.

그럼에도 50파운드를 들여 등록한 젊은이 중 약 20퍼센트가 프로그램에 참석하지 않았다. 이에 본 프로그램은 진퇴양난에 놓였다. NCS를 평가한 한 연구에 따르면, 본 프로그램의 최대 수혜자가 될 수 있는 대상은 참석을 가장 꺼리는 사람들이었다. 이 프로그램을 통해 혜택을 받는 젊은이들은 사회적 자본과 사회적 신뢰를 향상시킬 수 있음에도 불구하고 수만 명이 참석을 포기하고 있다. 이것은 아마도 이들에게 사회적 자본이 결여되어 있기 때문으로 보인다. 만일 본 프로그램의 중요도가 떨어졌다면 그 또한 모순이었을 것이다. "참 이해할 수 없습니다"라고 밝힌 NCS의 CEO 마이클 라이나스Michael Lynas는 다음과 같이 덧붙였다. "엄격한 평가를 거친 이 프로그램이 더 높은 자신감을 심어주고 친구를 사귀는 데 도움을 준다는 사실을 확인했음에도 참여율을 높일 수 없는 상황입니다. 참석자들의 자신감이 부족하기 때문이지요. 일단 프로그램에 나오기만 하면 계속 참석하고 싶을 텐데 말이지요!"

NCS의 참석률을 높이는 임무는 BIT 사회 행동Social Action부 부장인 클레어 델라지Clare Delargy에게 맡겨졌다. 먼저 델라지는 CEO 라이나스가 밝힌 바와 같이 친구를 사귈 수 있는 프로그램의 참석률을 높이는 데 발생하는 문제는 참여자가 프로그램에 참석하기 전까지 친구를 만들지 못한다는 점에 있다는 것을 짚었다. 하지만 프로그램에 나온 참석자들은 서로 수월하게 친해졌다. 그렇다면 그 경험을 먼저 제공해주는 것은 어떨까?

이에 델라지와 동료들은 네트워키Networky를 개발했다. 네트워키는 알고리즘을 통해 NCS에 등록한 참석자 명단을 바탕으로 다음과 같은 몇 가지 기준과 짝을 정한다. 참여자들은 서로 나이는 같지만 다니는 학교가 다르고, 동일한 시간과 동일한 지역의 NCS에 참여하는 누군가와 짝을 맺게 된다. 그 뒤 네트워키는 각 참여자에게 매주 문자 메시지를 보내는데, 먼저 서로를 소개하게 한 후 다음 페이지와 같이 서로 대화를 나눌 수 있는 환경을 만들어 준다. 여기에는 문자 메시지 내의 링크를 통해 서로의 짝과 메시지를 주고받을 수 있도록 보안이 적용되어 있다. 욕설을 하거나 전화번호 혹은 이메일 주소를 공유할 수 없는 등의 제한이 있지만, 시험이나 미래의 꿈, NCS처럼 서로 말하고 싶은 주제에 대해 자유롭게 이야기를 나눌 수 있다.

델라지는 네트워키를 시험하는 동시에 테르 미어와 사카르도와 함께 보상이 제공되는 네트워키 개발에 착수했다. 짝을 이룬 두 명이 모두 참석하면 아마존 상품권과 같은 소액의 보상을 받게 되지만, 둘 중 하나라도 불참할 시에는 보상이 주어지지 않았다. NCS 시작 4주 전부터 짝이 이루어졌으며, 그간 참여자들 사이에는 무수히 많은 메시지가 오고 갔다.

최종 분석을 거친 결과, 이 플랫폼은 매우 놀라울 정도로 효과적이었다. 두 실험군 중 네트워키를 사용한 실험군의 프로그램 불참률이 1/3 정도 낮았던 것이다. 그러나 금전적인 보상으로 인한 추가적인 효과는 발생하지 않았다. 오히려 금전적인 보상이 추가된 네트워키는 기존의 네트워키보다 효과가 낮았으며, 이는 금전적인 보상이 아닌 새로운 사회적 연결 고리가 더 효과적이라는 것을 강력하게 암시한다.

데이터를 자세히 살펴보면 더욱 흥미로운 양상을 발견할 수

네트워키 >

문자 메시지
6월 30일 (금) 오후 1:00

클레어! 폴과 같은 날짜에 NCS를 시작하네요.
폴과 인사를 나누려면 링크를 클릭해주세요.

7월 12일 (수) 오전 11:11

안녕하세요 클레어. NCS가 몇 주 뒤 시작해요! 폴과 당신은 어떤 것을 기대하고 있나요? 서로 가까워져 보는 것은 어떨까요? 여기서 대화를 나누어 보세요.

7월 25일 (화) 오전 11:11

안녕하세요 클레어. 이제 NCS가 곧 시작돼요. 긴장되진 않나요? 폴과 함께 얘기 나눠보는 건 어떨까요?

7월 29일 (토) 오후 2:17

안녕하세요 클레어. NCS가 내일 시작돼요. 폴과 당신은 준비가 됐나요? https:// networky.co.uk/ 16mufZ2LHU 긴장할 필요 없어요. 모두를 위한 새로운 경험이 될 거예요.

있다. 실험 전, 델라지는 참여자가 인종이나 종교 등이 같은 친구와 짝을 맺었을 때 안심한다는 가설을 세웠다. 그리고 이 유사성이 참여 의향을 보다 높일 가능성이 있다고 생각했다. 그러나 연구 결과는 그 반대였다. 자신과 다른 사람과 짝이 지어졌을 때 참여 의향이 더 높았던 것이다. 저소득층 가정에서 자란 사람이 풍족한 가정 환경에서 자란 사람과 짝이 되었을 때, 혹은 소수 인종 출신이 백인과 짝 지어졌을 때, 오히려 더 높은 참여 의향을 보인 것이다. 마치 사회적으로 다른 상대방과의 격차를 미리 줄일 수 있는 경우, 프로그램 전반에 대해 더 안심하고 참여할 의향도 높아지는 것처럼 보였다. 프로그램에 참여하기 전 친구를 사귄 참석자의 만족도와 즐거움은 친구를 사귀지 못한 채 프로그램을 시작한 참석자보다 높았던 것으로 드러났다. 2018년 여름, NCS 프로그램은 두 차례의 성공적인 연구 후 이를 확대시켰으며, 수천 명의 청년들을 연결 지어 서로 소통하게끔 하였다.

새로운 집단에 적응하기

2017년 말, 델라지는 앞선 성공을 뒤로하고 높아지는 업무량을 처리하기 위해 자신의 팀을 꾸리기 시작했다. 긴 채용 절차 끝에 델라지의 마음에 든 델릴라(가명)라는 후보가 물망에 올랐다. 델릴라는 많은 이들이 추천하는 인재였다. 좋은 자기소개서뿐 아니라 박사 학위와 박사 후 과정까지 갖춘 델릴라는 델라지와 함께 일하기로 결정되었다. 그녀는 팀의 워크숍 날에 근무를 시작하여 팀원들을 만나고, 레크리에이션이 포함된 몇 가지 훈련에 참여하여 새로운 근무 환경에 적응할 예정이었다.

그러나 델릴라는 워크숍 전날 오후 3시, 인사부에 입사 포기 이메일을 보냈다. 일자리 수락 후 학계를 떠나 컨설팅이라는 전혀 다른 세계에 뛰어든 자신의 모습을 그려본 뒤, 현재 자신이 몸담고 있는 학계에 계속 있겠다고 결정한 것이다.

물론 이런 결정을 내리기까지 델릴라는 고심했을 것으로 짐작된다. 델릴라는 면접 내내 새로운 일에 열성을 보이며 답했으나, 결국 미지로 뛰어든다는 사실 자체가 그녀에게 감당하기 힘든 것이었다. 본 책의 다른 장에서도 보았듯이, 사회적 연결 고리가 없는 환경에 뛰어드는 것은 어려운 일이며, 대부분 사람은 이를 피하려고 최대한 애를 쓴다. 많은 사람을 채용해본 사람이라면 마음에 두었던 후보가 다른 일자리를 위해, 혹은 기존의 일자리를 위해 당신의 입사 제의를 거절하는 그 괴로운 기분을 잘 알 것이다.

하지만 델라지의 경우, 상황은 두 배로 혼란스러웠을 뿐만 아니라 앞뒤가 맞지 않았다. 델라지는 네트워키 프로젝트를 위해 이미 델릴라를 부분적으로 채용하고 있었고, 프로그램에 합류하기 전에 사회 네트워크를 구축해둠으로써 새로운 일을 시작할 수 있도록 도움을 주고 있었다. 그러나 델릴라는 끈끈한 사회적 네트워크를 다져놓은 이전 직장을 떠나 아직 연결 고리를 잇지 못한 완전히 새롭고 다른 곳으로 이직하는 것에 어려움을 느껴 이를 거절한 것이었다.

델라지는 이 경험을 교훈으로 삼아 네트워키를 새로운 목적, 즉 첫 근무를 준비 중인 사람들을 돕는 데 활용하자고 인사부에 건의했다.

이는 매우 간단한 절차로 진행된다. 예를 들어 당신이 BIT로부터 일자리 제안을 받았을 경우, 수락 즉시 동료 직원을 배정받는다. 이 직원은 당신에게 주어질 직급과 동일하고(또는 바로 위 직급) 입사 후 같은 팀에서 일하게 될 직원이다.

이제 당신은 입사 4주 전부터 NCS 참여자들에게 보낸 문자 메시지와 매우 비슷한 메시지들을 받게 되고 다음 페이지와 같이 동료 직원과의 대화가 시작될 것이다.

규모가 작은 기업일 경우 이와 같은 방식으로 신규 직원을 조직에 융화시키는 것은 사전에 멘토와의 관계를 구축하고 안도감을 주는 데 도움이 될 수 있다. 하지만 규모가 큰 기업일 경우 서로를 결속시키는 사회적 자본을 형성하기가 쉽지 않을 수 있다. 특히 같은 대학원 내 과정을 졸업한 사람들이 동시에 대거 입사할 경우 더욱 어려울 수 있다. 이전 장에서 기존 네트워크

네트워키 >

문자 메시지
12월 29일 (수) 오후 10:50

BIT에 합류하게 된 것을 축하합니다. 우리는 당신과 함께하길 기대하고 있습니다. 당신의 멘토는 루시입니다. 루시와 이야기를 나누려면 링크를 클릭하세요. http://bit.ly/ABCDEF

3월 14일 (목) 오후 6:30

BIT에서 일하는 것에 대해 궁금한 것이 있나요? 궁금한 것을 루시에게 물어볼 수 있어요. http://bit.ly/ABCDEF

3월 21일 (목) 오후 6:30

BIT에 합류하기까지 2주가 남았네요. 하버드 IFC 과정에 대해 루시와 이야기 나누어 보는건 어때요? http://bit.ly/ABCDEF

3월 30일 (토) 오후 2:17

다음 주가 기다려지네요. 루시와 함께 커피를 마시며 이야기를 나눠보는 것은 어떨까요?

네트워키 >

문자 메시지
12월 29일 (수) 오후 10:50

수지가 곧 BIT에 합류할 예정이에 해 BIT에 대해 서로 이야기 나누어 t.ly/12345

3월 14일 (목) 오후 6:30

수지가 합류하기까지 3주가 게 궁금한 것이 있는지 확인해 t.ly/12345

3월 21일 (목) 오후 6:30

안녕하세요 루시. 수지가 합류하기까지 2주가 남았어요. 수지가 입사할 때, 하버드 IFC 과정도 함께 시작될 거예요. http://bit.ly/12345

3월 30일 (토) 오후 2:17

안녕하세요 루시. 다음 주면 수지가 드디어 BIT에 합류하게 되네요. 입사 첫 주에 수지와 함께 커피를 마시며 대화하는 시간을 가져보세요. http://bit.ly/12345

를 취합하여 성공적으로 조직에 적응할 방안을 모색했다면, 새로운 네트워크를 구축하는 데 도움이 될 만한 보다 유익한 접근 방식도 모색할 수 있을 것이다.

한편, '티치 퍼스트Teach First'는 성적이 우수한 대학원생을 선정하여 단기 교육 과정을 거친 뒤 취약 지역 내 학교에 교사로 배치하는 프로그램이다. 매해 1,750명의 대학원생을 선정하는 본 프로그램은 영국 내 대학원생을 대상으로 한 최대 규모의 프로그램이다. 프라이스워터하우스쿠퍼스PricewaterhouseCoopers나 케이피엠지KPMG와 같은 대기업은 1,200여 명, 공공 기관은 1,000여 명의 학생을 받는다. 미국의 회계 법인 언스트앤영Ernst&Young은 매해 5,000명의 대학원생을 채용한다. 이 모두를 대상으로 멘토링을 조율하기란 불가능에 가까우며, 특히 첫해가 지나면 인원이 50퍼센트까지 줄어드는 업계의 경우 이는 더 힘들다. 만일 두 번째 해까지 근속하지 못하게 된다면 다음 그룹을 멘토링할 멘토가 부족하게 될 것이다. 또한, 몇몇 미국 대학 동아리의 '신고식'과 같은 사례에서 볼 수 있는 생존자 편향(survivorship bias, 생존자들의 사례에만 과도하게 집중함으로써 생기는 편향)의 오류를 범할 수 있다. 신고식이 잘못됐다는 점은 인지하지만, 자신들이 받았던 폭력은 여전히 다음 세대에게 행해지고 있다. 왜일까? 비록 끔찍하더라도 내가 거쳐야 했던 경험이라면 다음 사람도 겪도록 해야 하기 때문이다. 사람들은 다른 이들의 무임승차를 원하지 않는다.

이에 반해 같은 대학원 내 과정을 졸업한 사람들은 가장 친한 친구 사이거나 치열한 경쟁자 관계였을 것이다. 첫해를 무사히 넘기기 위해 상사에게 좋은 인상을 심어주어야 하는 경쟁 환경 속에서는 새로운 친구를 사귀려는 마음이 별로 들지 않을 것이다. 그러나 처음 만나기 전에 이미 문자를 몇 차례 주고받으며 조금이라도 친해졌을 경우, 압박감이 심한 환경 속에서 상대에게 등을 돌리기란 힘들지도 모른다.

조직은 정보와 아이디어가 자유롭게 오고 가며 신뢰도가 높을 때 더욱 원활하고 효과적으로 운영된다. 이는 13장에서 상세히 다룰 예정이다. 경쟁을 기반으로 한 승자 독식제가 적용되는 환경에서는 적자생존의 법칙에 따라 최고의 아이디어들이 나올 것이라고 생각하기 마련이다. 그러나 연구 결과에 따르면, 이러한 사고방식은 재검토해야 할 뿐만 아니라 그룹 간 사회적 유대감을 이루기 위한 개입이 필요함을 보여주고 있다.

본 장에서는 사람들이 새로운 환경에 직면하기 전에 사전 조치를 취하거나 미리 연결 고리를 형성하여 사회적인 자본을 쌓는 방식에 대해 알아보았다. 동시에 많은 사람을 만나야 하는 경우, 그 분위기에 압도당하기 쉽다. 그렇기 때문에 몇 명의 사람들을 먼저 만나 새로운 환경이라는 바다에 '발을 담가 보는' 기회가 주어질 경우, 참여 의향이 높아져 궁극적으로는 더 즐거운 경험을 누릴 수 있다는 것을 확인했다.

사회적 연결이 사회적 자본을 쌓는 데 도움을 준다고 하더라도, 새로운 네트워크가 우리에게서 멀리 떨어져 있다면 그 자체만으로도 기존 네트워크와 신규 네트워크를 연결하기가 어려워질 수 있다. 하지만 다른 네트워크가 있는 미지의 세계도 결국 지구 안의 세계이다. 이러한 사실을 다음 장을 통해 살펴보자.

미지의 세계로 담대히 나아갈 것이다.

──────────────── 코크란, 스타 트렉(Cochrane, Star Trek)

내가 더 멀리 보았다면
이는 거인들의 어깨 위에 올라서 있었기 때문이다.

──────────────── 아이작 뉴턴(Isaac Newton)

12장 롤 모델 : 강력한 영향력을 행사하는 매력적인 방법

때는 2003년 8월 21일, 영국 브리스틀에 인접한 알베스톤 Alveston의 작은 마을에서 벌어진 일이다. 학생들은 방학 기간임에도 한 종합 중등학교에 모이기 시작했다. 현장에는 현지 언론사의 기자도 나와 있었다. GCSE 시험의 결과가 나오는 날이었기 때문이다.

이날은 영국 국정 연설에도 단골로 등장하는 중요한 날이다. 등급이 높아지고 있다면 시험이 쉬워지고 있다는 것을, 등급이 낮아지고 있다면 아이들의 학업 능력이 떨어지고 있다는 것을 의미했다. 2003년만 하더라도 16살이 되면 학교를 졸업할 수가 있었다. 이날의 시험 등급은 어떤 학생들에게는 학업의 연장을 결정할 지표였으며, 또 어떤 학생에게는 고용 시장에 뛰어들 최종 성적표였다.

그 결전의 날, 두 명의 학생 이야기에 주목하자. 이들은 키와 머리 색이 비슷하다. 비슷한 소득 수준의 가정에서 자랐으며, 같은 지역에 살고 있다. 두 학생은 학교 도서실에 있는 봉투를 집어 든 후, 가족들에게 결과를 알리기 전에 미리 열어보려고 슬그머니 사라진다. 두 명 모두 꽤 괜찮은 등급의 조합을 받았다. 통계적으로 보면 이들은 우리가 두 젊은이의 교육 성취도를 비교할 때 일반적으로 염두에 두는 요소들을 거의 동등하게 갖춘 셈이다.

하지만 이후의 상황은 곧 다른 양상을 보인다. 둘 중 한 명인 닉은 그의 아버지처럼 학교로 되돌아가지 않고 더 높은 학력을 요구하지 않는 일자리를 찾는다. 반면 다른 학생은 공부를 계속하여 A레벨(영국에서 18살이 되면 치르는 시험) 시험에서 평균 등급을 받고, 평균 수준의 대학교에 입학한다. 14년 뒤 둘 중 한 명은 아버지를 따라 선택한 직업이 세상의 변화 속에 사라져 가는 것을 지켜봤으며, 다른 한 명은 현재 이 책을 쓰고 있다.

너무나 비슷해 보였던 두 명은 왜 이리 다른 결말에 다다르게 된 것일까? 이는 성격, 동기, 그리고 가족이 그들에게 영향을 미쳤기 때문이다.

마이클과 닉의 미래를 바꾼 것은 무엇이었을까? 아마 GCSE 경영학 수업일지도 모른다. 두 명 모두 같은 수업을 듣고 똑같은 등급을 받았다. 하지만 다른 것은 닉이 이유를 불문하고 수업에 자주 빠졌다는 것이다. 이 수업을 가르친 분은 스티브 클라크라는 남자 선생님이었다. 클라크 선생님은 '수업 주제와 관련된 수

많은 이야기를 들려주고 그중 하나라도 새겨듣기를 바라는' 방식으로 수업을 진행했다. 그래서 수업에 출석한 학생들은 클라크 선생님의 인생을 학습 과정의 핵심으로 삼았다. 그들과 비슷한 또래인 선생님의 딸 이야기도 듣고, 꺼진 지붕을 고치기 위해 필요했던 네 건의 저축성 보험 담보 대출에 대한 이야기도 들었다. 무엇보다 케임브리지대학교를 떠올리게 하는 영국 상류층 특유의 억양이 아닌, 영국 남서부 지역 출신과 같은 억양으로 자신의 학창 시절 이야기를 들려주었다. 클라크 선생님의 이야기는 대학교, 특히 일류 대학교가 도전해 볼 만한 곳이며 즐기면서 성취할 만한 가치가 있다는 인식을 심어주었다. 물론 마이클은 닉보다 학교에 자주 나왔으나 클라크 선생님의 영향이 없었더라면 마이클 또한 닉과 비슷한 행보를 밟았을 것이며, 대학 진학을 심각하게 고려하지 않았을 것이다. 그 후 15년이 지났지만, 마이클은 케임브리지대학교에 진학하지 못했다. 하지만 닉이 수업을 빠지던 그때, 마이클은 대하 진학의 꿈을 꾸기 시작했다.

대학 진학률 높이기 : 마지막 1마일의 문제

롤 모델은 유명한 정도와 관계없이 우리에게 영향을 줄 수 있다. 미국 시트콤 〈프렌즈Friends〉의 초기 시즌에 나오는 제니퍼

애니스톤의 머리 스타일은 인기가 너무 많아 아직까지도 '레이첼' 머리 스타일로 불린다. 이것과 더불어 마이클의 평소 스타일이 영국 드라마 〈닥터 후Doctor Who〉의 배우 맷 스미스Matt Smith가 타디스TARDIS에 탑승할 때의 모습과 유사한 것은 우연이 아닐지도 모른다. 대부분의 사람들은 어린 시절(혹은 성인 시절) 우러러봤던 누군가나 그들의 의사 결정에 영향을 끼쳤던 그 누군가를 롤 모델로 떠올리기 마련이다.

본 장 서두에 명시한 두 개의 인용문은 우리가 생각하는 변화의 방식이 본질적으로 상충하고 있음을 강조한다. 기술의 혁신, 사회적 진보, 또는 인생의 중대사를 막론하고 대부분의 진전은 이전에 이룬 진전에 약간의 변화를 가미한 것의 결과물일 뿐이다. 만일 우리가 가족 중 그 누구도 가보지 못한 곳을 향해 담대히 나아갈 때 같은 상황의 누군가가 나와 비슷한 일을 성취했다는 사실을 알면 도움이 될 것이다. 그럼에도 불구하고 성공은 흔히 '빅뱅'의 일종으로 여겨진다. 한 아이가 사회 밑바닥에서부터 자수성가하여 한 세대를 대표하는 인물로 성장하는 그런 이야기 말이다. 물론 그러한 인물은 분명히 존재한다. 하지만 자수성가했을 뿐만 아니라 세상에 영향을 끼치는 인물을 찾는다면 이는 비현실적일 수 있으며, 롤 모델을 찾는 누군가에게 도움을 주기는커녕 해가 될 수도 있다.

살벌한 이 세상에서 학업을 이어가는 것은 당연한 일이다. 런던대학교 교육 연구소Institute of Education의 린제이 맥밀란 Lindsey Macmillan과 배스대학교의 폴 그레그Paul Gregg 연구에 따르면, 사회적 이동을 막는 원인의 절반 이상이 교육에 있다고 한다. 앞서 밝힌 바와 같이 대학에 진학하는 영국인들은 그렇지 않은 사람보다 평생 동안 평균 20만 파운드 이상을 더 벌며, 최상위권 대학에 진학하는 사람들의 경우 그보다 더 많이 번다. 그러므로 미래의 소득만 고려하는 사람이라면 16세 이후로 학업을 계속 이어가는 것이 올바른 일일 것이다. 전반적으로, 대학 졸업장을 가진 사람은 세계화와 기술의 변화에 크게 영향을 받지 않으며 직종 변경도 비교적 수월한 편이다. 그러나 전통적인 노동자 계층의 일자리는 점차 감소하고 있으며, 이러한 계층에 속한 노동자들은 계속해서 어려움을 겪을 것이다.

앞서 언급한 닉의 이야기는 영국 어디에서나 찾아볼 수 있는 이야기이다. 특히 이는 영국 내 백인 노동자 계급에서 문제가 되고 있다. 영국 청소년 종단 연구Longitudinal Study of Young People in England, LSYPE는 영국 청년 수백 명의 삶을 추적하며 교육에 대한 그들의 태도에 질문을 던진다.

조사 결과, 전체 백인 학생 중 26퍼센트가 '나 같은 사람은 대학에 진학하지 않는다'라고 답변했다. 이는 다른 어떤 인종보다 높은 비율이다. 이 문제는 여학생(21퍼센트)보다 남학생(30퍼센트) 사이에서 더욱 두드러지며, 다른 질문에 대한 답변과 비교해 봤을 때 더욱 암울한 수치다.

백인 남학생 중 58퍼센트는 대학 지원 의향에 '전혀 그렇지 않다' 또는 '그렇지 않다'라고 답변했으며, 이는 대학 진학 의향을 묻는 질문에 긍정적인 답변을 한 백인 여학생(46퍼센트)과 카리브해계 흑인 학생(26퍼센트), 그리고 아프리카계 흑인 학생(6퍼센트)과 극명한 대비를 보인다. 학생 대다수가 백인으로 구성된 사립 학교 이튼 칼리지(Eton College, 영국의 명문 사립 중등학교)의 대학 진학률이 97퍼센트이고, 그중 29퍼센트가 옥스퍼드대학교나 케임브리지대학교처럼 최상위 대학에 진학하는 것을 감안할 때, 백인 인구는 크게 두 유형으로 나뉘는 것을 볼 수 있다. 즉, 한쪽 끝에는 대학 진학률이 100퍼센트에 가까운 엘리트층이, 그리고 다른 쪽에는 대학 진학률이 0퍼센트에 가까운 노동자 계급이 존재한다.

이 문제는 도서 지역, 특히 대학교가 없는 지역에서 더욱 심각하다. 그중 하나가 영국 남서부에 위치한 서머싯Somerset주이다. 서머싯주는 면적이 넓지만, 인구는 흩어져 있고 도시가 없는 지역이다. 교육열 또한 높지 않다. 영국의 모든 주를 기준으로 했을 때 서머싯주의 대학 진학률은 하위 10퍼센트이며, 학생 선발 기준이 까다로운 러셀 그룹Russell Group 소속 대학교 진학률은 하위 15퍼센트에 머무르고 있다.

이에 서머싯 챌린지Somerset Challenge의 최우선 순위 중 하나는 낮은 교육열을 높이는 것이었다. 서머싯 챌린지는 주 내 중학교를 관장하는 단체로, 협업을 통해 주 전역의 교육 수준을 높이기 위해 2013년 설립되었다.

BIT는 서머싯 챌린지가 발족한 직후인 2014년 1월, 기관장사이먼 폴Simon Faull을 만났다. 그리고 한 시간가량의 대화를 거치며 두 기관의 협업 가능성은 뚜렷해졌다.

전직 교사이자 서머싯 지방 정부의 고위 임원이었던 폴은 30곳 이상의 학교 교장들을 설득하여 공통의 도전과제에 맞서는 데 지원하기 위한 자금을 모집하는 뛰어난 성과를 거두었다. 이제 폴은 새로운 아이디어가 절박하게 필요한 상태였다. 서머싯 내 학교들은 생각할 수 있는 모든 것들을 이미 시험해 보았으며, 진전을 이루기 위한 색다른 접근 방식이 필요하다고 생각하는 상태였다.

동시에 우리는 본 문제를 행동과학으로 어떻게 풀 수 있을지 숙고하고 있었다. 그리고 런던대학교 교육 연구소의 제이크 앤더스Jake Anders의 논문에서 아이디어를 얻었다. 앤더스의 논문은 최상위권 대학 내에 저소득층 출신이 적은 이유 중 하나가 이 대학들에 지원하지 않기 때문이라고 설명하고 있었는데, 이는 부드러운 개입을 실험해 보기에 가장 적합한 요소라 여겨졌다. 마이클이 서머싯 북부의 웨스턴슈퍼메어(Weston-Super-Mare, 영국 서부의 작은 해안 도시)에서 태어난 것을 감안했을 때, 본 프로젝트는 꿈만 같은 일이었다.

앤더스의 연구에서 드러난 핵심 메시지는 저소득층 집안 출신의 젊은이들 다수가 좋은 대학교에 진학하기에 적합한 등급을 받았음에도 대학에 지원하지 않는 반면, 부유한 가정에서 자라며 같은(또는 낮은) 수준의 등급을 받은 동급생들은 대학에 지원한다는 것이었다. 교육 불평등을 해소하기 위한 노력은 이미 있었다. 이 젊은이들은 높은 등급을 받기 위해 이미 공부를 열심히 하고 온갖 역경을 이겨내다가 갑자기 대학 지원 직전에 멈춰버린 것이다. 토론토대학교 로트만Rotman 비즈니스 스쿨의 마케팅 교수 딜립 소만Dilip Soman은 이를 '마지막 1마일' 문제라고 명명했다. 어렵고 기술적인 일이 끝나고 심리적인 문제만 남겨둔 지금, 어떻게 하면 사람들에게 입학 지원서를 쓰라고 설득할 수 있을까?

이를 위해 서머싯 내 학생들과 담임 교사들을 대상으로 한 주간 인터뷰를 진행할 소규모 팀이 배치되었다. 결과적으로 두 가지 문제가 떠올랐는데, 첫 번째는 비용이었다. 최근 정부는 등록금을 연 9,000파운드로 높인 상태였으며, 이것은 학생들의 대학 지원을 막는 걸림돌이었다.

당시, 팀원들은 조사를 위해 개조된 헛간에 한 주간 머물며 이것을 주제로 토론을 벌이기도 했다. 사실 등록금이나 생활비, 그리고 대학 졸업 후의 소득 등 대학 진학에 드는 비용은 개입할 수 있는 요인이 아닌 구조적인 요인이었다.

그러나 실질적인 관점에서 봤을 때, 영국의 대학은 사용 시점부터 무료이다. 해리 왕자에서 극빈층 학생들에 이르기까지 모두가 입학할 때 등록금을 내지 않는다. 더 나아가, 학생 모두에게 학자금 대출의 형태로 금전적인 지원을 받을 자격이 주어지며, 부모의 소득이 적을 경우 추가 보조금이 제공된다. 미국과 달리 영국의 학자금 대출은 소득이 발생하기 전까지 상환할 필요가 없으며, 우리가 본 프로젝트를 진행할 당시 등록금 규정이 변경되어 상환 상한선도 높아진 상태였다. 하지만 기이하게도 최근 졸업한 대다수 학생의 경우 등록금이 낮았을 때보다 더 낮은 액수의 학자금을 상환하고 있었다. 그래서 팀은 다음과 같은 가설을 세웠다. 만일 학생들이 등록금에 대한 인식 때문에 지원을 취소했다는 가정하에 그 인식을 바꿔준다면 지원율이 높아질까?

두 번째 주제는 롤 모델의 부재였다. 이 지역 학생의 대다수가 서머싯에서 몇 세대에 걸쳐 살며 대학 졸업자를 배출하지 않은 가족 출신들이었다. 대학생, 특히 일류 대학의 학생이라고 하면 당시 데이비드 캐머런 총리나 조지 오스본George Osborne 장관처럼 상류층 출신이자 이튼 칼리지의 졸업생을 떠올렸으며, 이러한 인물들은 학생들이 자신과 동일시하는 사회 집단에 속한 인물들이 전혀 아니었다. 물론 팀원들이 지적한 바와 같이 모든 교사는 대학을 졸업했으며, 대다수 좋은 대학 출신이었다. 그러면 교사들이 학생들에게 영감을 주지 못했던 것일까? 아마도 아니었을 것이다.

정보 장벽information-barrier은 우리가 우선적으로 극복해야 할 문제였다. 이를 위해서는 대학의 실제 비용과 효용을 모두

| 대학에 진학하는 경우, 평생 20만 파운드 이상의 추가 소득을 얻게 될 것입니다. | 21,000파운드 이상의 연봉에 도달하기 전까지는 등록금을 납부하지 않아도 됩니다. | 가정 형편이 넉넉지 않나요? 등록금을 절반으로 줄일 수 있습니다. 또한, 상환 의무가 없는 3천 파운드 이상의 지원금을 받으실 수 있습니다. |

에게 알려야 했다. 이에 젊은이들과 학부모를 위한 카드를 각각 신속히 제작했다. 총 3가지 내용으로 구성된 이 카드들은 다음

과 같이 소득, 재정 지원, 학자금 대출 상환에 대한 정보를 담고 있다.

그 후 우리는 롤 모델의 부재라는 문제를 어떻게 해결할지에 주목했다. 이를 위해 실제로 대학에 진학하고 대학 생활을 즐기는 학생 중 같은 지역 출신에 유사한 배경을 가진 학생과 대화를 나눴다. 우리는 알고 있는 거의 모든 사람과 통화한 후, 우리의 팀원 중 한 명이 그와 유사한 배경 출신이라는 사실을 알게 되었고, 나누고자 하는 이야기도 매우 비슷했음을 알게 되었다. 사실 본 장의 초반부에 언급되었던 이야기이기도 하다. 마이클은 졸지에 대학 진학률을 높이고자 개입을 설계하는 행동과학자가 아닌 개입 그 자체가 되었다.

먼저 대화가 이루어질 곳을 무작위로 선정하였고, 학교 내 몇 학년 집단에 실시할지 정했다. 그리고는 이 정보성 카드들을 무작위로 배포했다.

몇 개월 뒤 다양한 집단의 젊은이들을 상대로 조사를 실시하여 대학 진학에 얼마나 관심이 있는지, 그리고 자신이 대학에 진학할 것이라고 생각하는지 등 대학 진학과 관련된 생각을 물었다.

결과적으로, 대학 등록금 체계에 대해 더 자세한 정보가 담긴 카드를 받은 학부모들을 대상으로는 아무런 효과를 보지 못했다. 이들의 자녀인 학생들도 등록금이나 대학 졸업에 따른 금전적인 수익에 대해 자세한 정보를 알지 못했으며, 자신이 대학을 가리라 생각하지 않았다.

그러나 다른 두 유형의 개입은 시작부터 더 나은 효과를 보였다. 카드를 받아보거나 마이클과 대화를 나눈 학생들은 사실에 기반한 질문들에 더 정확히 답변하는 확률이 높았다. 실제로 '대학에 진학하면 얼마나 더 벌 수 있다고 생각하십니까?' 등 객관식 질문에 정확히 답변한다는 것은 정보가 전파되고 있다는 것을 뜻하며, 심지어 수개월 뒤에도 학생들은 이 정보를 기억하고 있었다.

한편, 이 시점에서 이야기가 두 갈래로 나뉜다. 카드를 받은 학생들은 대학 진학 시 금전적으로 더 벌 것을 알면서도 카드를 받지 않았던 학생들보다 대학에 진학할 가능성이 매우 낮다고 답변했다. 반면 마이클과 대화를 나눈 학생들은 카드를 받거나 대화를 나누지 않은 학생보다 대학에 진학할 의향이 훨씬 더 높았다. 학생들에게 대학 진학에 대한 관심도를 물었을 때도 유사한 결과를 발견할 수 있었는데, 이 질문은 학생들 자신의 등급을 고려하지 않는 질문이므로 동기를 보다 정확히 측정할 수 있었다.

이를 통해 학생들과 동일한 환경에 살았으나 현재 진전을 이룬 사람을 제시하여 영감을 주는 롤 모델의 개입이 효과적인 것을 발견했다. 이 방식이 효과적이었던 이유는 대체 무엇일까? 이를 알기 위해 우리는 대학에 대한 학생들의 인식이나 금전적인 것에 대해 묻는 것과 더불어, 보다 감정적이며 사회적인 질문을 던졌다.

학생들에게 제공된 카드들은 대학 진학 시 금전적인 고려 사항에 대한 학생들의 지식을 높였으나, 그와 관련된 사회적인 측면의 인식을 바꾸지는 못했다. 반면 대화를 나눈 학생들은, 대학에 진학하는 사람들은 흥미로운 다른 사람들을 만나거나 친구들과 더 긴 시간을 보낼 확률이 진학하지 않은 사람들보다 훨씬 더 높을 것이라 생각했다. 그리고 대학은 '자신과 같은 사람들을 위한 곳이 아니다'라는 생각에 동의하는 비율이 더 낮았다.

우리는 만족스러우면서도 실망한 상태에서 본 연구를 종료했다. 롤 모델은 대학에 대한 열망을 높이는 데 효과적이었으며, 우리는 이것이 어떻게 작용하는지 잘 파악하게 되었다. 물론 대학의 금전적인 부분도 중요했으나, '나와 같은 사람'도 할 수 있다는 사회적 자극 없이는 불충분해 보였다. 반면 개입의 경우는 측정이 어려웠는데, 한 주간 서머싯을 돌아다니며 대화를 나누는 것과 대화의 결과를 측정 가능한 프로그램으로 환산시키는 것이 매우 복잡한 일이었기 때문이다.

두 명의 롤 모델 실험

앞선 실험에서 더 나아가, 좀 더 부드러운 개입을 가동할 실험이 곧바로 진행되었다. 바로 동일한 롤 모델을 다시 적용하여 젊은이들이 유수 대학에 더 많이 지원하도록 독려하는 전국 캠페인을 벌이는 것이었다. 본 캠페인은 마이클과 함께 현재 BIT 교육부 장인 라즈 찬디, 그리고 영국 교육부의 전임 특별 고문이자 교육부 수석 경제학자 팀 루닉Tim Leunig에 의해 고안되었다.

GCSE 성적이 전국 상위 20퍼센트임에도 불구하고 거주 중인 지역과 가까운 대학에 지원하는 낮은 열의를 보이는 학생들은 두 명의 대학생들로부터 편지를 받았다. 두 명 모두 브리스틀 대학교에 재학 중이었으며, 편지의 대상인 학생들과 비슷한 환경에서 자란 경우였다. 그중 벤은 공문서처럼 보이는 봉투 안에 교육부 주소가 상단에 기재된 서신으로(첫 번째 이미지 참고) 대학 등록금이 학생들의 생각과는 달리 비싸지 않으며 어느 대학을 선택하느냐가 중요하다는 것을 강조했다.

두 번째 학생인 레이첼도 위의 두 가지 중요한 사실을 강조하는 데 초점을 맞추었으나, 편지를(두 번째 이미지 참고) 학생의 집으로 보내어 이에 대해 부모님과 함께 상의할 수 있도록 고안했다.

두 편지 모두 벤과 레이첼이 직접 수기로 서명하였고 5,500명 이상의 젊은이들에게 전달되었다. 벤의 편지는 대학 지원 1년 전인 11월에, 그리고 레이첼의 편지는 다음 해 4월에 전달했다.

학생들의 등급과 재학 중인 학교를 고려해, 전국의 11,000명이 조금 넘는 학생 중 우리의 기준에 부합하는 약 1/4이 벤과 레이첼의 편지를 받았다. 나머지 학생들은 두 편지를 모두 받지 못했으며, 평상시처럼 학교의 지원과 격려만을 받았다.

두 편지를 받은 데 대한 효과는 긍정적으로 나타났으나, 실질적으로 큰 것은 아니었다. 브리스틀대학교와 러셀 그룹의 대학교와 같은 일류 대학 지원율은 19.9퍼센트에서 23.2퍼센트로 오르는 모습을 보였다.

미국에서도 저소득층 학생들의 대학 진학을 독려하기 위한 비슷한 개입이 성공적으로 이뤄진 적이 있다. 스탠퍼드대학교의 캐롤라인 혹스비Caroline Hoxby와 사라 터너Sarah Turner는 학생 개개인에게 금전 관련 정보를 제공하고 대학 지원서를 더 쉽게 작성하도록 도와주었고, 이에 학생들이 지원한 대학교의 수가 크게 늘어났다. 또한, 그들은 더욱 선별적으로 지원하게 되었다. 그러나 대학에 지원하도록 격려를 받은 학생 대부분은 그 다음 단계인 등록이나 재정 지원 신청서 작성 등에서 어려움을 겪고 지원을 멈춰버렸다. 이를 통해 실제로 학생들이 대학 지원 절차를 밟고 있는지에 대한 추적의 중요성이 대두되었다.

첫 번째 실험을 통해 대학 측이 학생들에게 입학 제의를 하

교육부

[이름]
[주택 번호]
[도로명]
[군/시]
[우편번호]

모든 문의 사항은 아래로 접수해주시기 바랍니다.
교육부
생크추어리(Sanctuary) 빌딩
그레이트 스미스(Great Smith)길, 런던
SW1P 3BT,
www.education.gov.uk/help/contactus/dfe

브리스톨대학교 재학생 벤 콜(Ben Cole)이 보내는 편지입니다

[이름]에게,

높은 GCSE 점수를 받으신 것을 축하드립니다! 학생의 점수는 전국 상위 한 자리 수에 해당하는 높은 점수입니다.

2009년 당시 저도 같은 입장이었습니다. GCSE 성적은 좋았으나 그 후 무엇을 해야 할지 몰랐지요. 대학 지원을 위해 몇 차례 조사를 하고 입학 설명회를 다녀본 결과, 일류 대학들이 저나 학생처럼 높은 등급을 받은 학생들을 모집하려고 노력 중이라는 사실을 깨달았습니다.

대학마다 다른 경험을 제공하기 때문에 학생에게 맞는 대학을 선택하는 것은 매우 중요한 일입니다. 도시나 지방 등 대학의 위치도 고려해야 하고, 스포츠 혹은 예술과 같은 특정 분야에 집중하는 대학교도 있지요. 과연 어떤 대학을 선택해야 할까요? 타임 아웃(Time Out) 잡지와 전국학생연합회가 다양한 대학들에 대한 솔직한 조언을 제공하기 위해 웹 사이트를 개설했습니다. 저라면 거시적으로 보라고 조언해드리고 싶습니다. 현실적으로 기업들은 어떤 대학을 나왔는지를 중요하게 보니까요.

흔히 대학 선택 시 학교의 명성이 높을수록 등록금이 비싸다는 오해를 합니다. 하지만 이것이 항상 옳다고는 볼 수 없습니다. 실제로 이 훌륭한 대학 중 대부분이 상환할 필요가 없는 대규모 보조금을 지급하고 있으며, 자취를 선택할 경우 정부에서 이율이 낮은 학자금 대출도 제공합니다. 대학은 비용이 발생하는 곳이 아닌, 미래를 위한 투자로 봐야 한다는 것을 기억해 주세요. 결정을 내리기 전에 꼭 다양한 선택지를 검토해 보아야 합니다.

학생이 받은 등급은 학생의 미래가 밝다는 것을 의미합니다. 그 등급은 생각보다 더 많은 기회를 열어주니, 부디 모든 사항을 고려해주시기를 간절히 바랍니다.

벤 콜 드림

학생들이 대학에 진학하는데 드는 비용과 혜택을 자세히 알 경우, 미래를 위해 더 나은 선택을 할 수 있다는 연구 결과가 있습니다. 교육부는 GCSE 최상위 등급을 받은 학생들을 대상으로 대학교 재학생이 편지를 보내어 더욱 상세한 정보를 제공받을 수 있도록 도와드리고 있습니다.

교육부

[이름]
[주택 번호]
[도로명]
[군/시]
[우편번호]

모든 문의 사항은 아래로 접수해주시기 바랍니다.
교육부
생크추어리(Sanctuary) 빌딩
그레이트 스미스(Great Smith)길, 런던
SW1P 3BT,
www.education.gov.uk/help/contactus/dfe

브리스틀대학교 재학생 레이첼 프리스콧(Rachel Prescott)이 보내는 편지입니다

[이름]에게,

이미 브리스틀대학교 재학생인 벤에게 높은 GCSE 점수를 받은 것을 축하하는 편지를 받으셨으리라 생각합니다. 저도 축하드립니다! 저 또한 브리스틀대학교를 다니고 있으며, 벤의 편지에 이어 학생이 받은 등급으로 학생의 예상보다 더 많은 선택권이 주어진다는 것을 상기시켜주고자 이 편지를 보냅니다.

저는 2010년 GCSE를 치러 좋은 등급을 받았고, 학업을 계속 이어가고 싶었지만 어디서 정보를 찾아야 할지 도통 몰랐습니다. 대학에 지원하기 위해 몇 차례 인터넷 조사 후 입학 설명회를 다녀본 결과, 저나 학생처럼 높은 등급을 받은 학생들이 일류 대학에서 공부할 수 있는 다양한 기회가 많다는 사실을 깨달았습니다. 당시 대학을 고르느라 정말 고생했던 것이 떠오르네요. 어떤 종류의 과정이 있는지, 위치는 어디인지를 비롯한 대학을 결정하기 전에 고려해야 할 것들이 너무 많을 것으로 짐작됩니다. 대다수 사람은 대학의 명성이 높을수록 학비 또한 비쌀 것이라고 생각합니다만, 이것이 반드시 옳은 것은 아닙니다. 실제로 이 유수 대학들은 상환할 필요가 없는 높은 보조금이나 장학금을 지급하고 있으며, 자취를 선택할 경우 정부에서 이율이 낮은 학자금 대출도 지원합니다. 저의 경우 현재 집에서 200마일 떨어진 곳에서 살고 있으나, 자취하면서 돈이 부족했던 적은 없었습니다.

지금은 매우 가슴이 뛰는 순간이지만, 현재 내리는 결정이 학생의 미래를 결정하는 매우 중요한 순간들입니다. 이에 충분한 조사와 더불어 입학 설명회에 참석하여 학생, 교수님들과 대화를 나눠보시기를 추천해드립니다. 도움이 될만한 웹 사이트는 다음과 같습니다. http://university.which.co.uk/는 학생이 선택하는 다양한 대학에 대한 솔직한 조언을 제공하며, www.gov.uk/student-finance와 www.moneysavingexpert.com/students/student-loans-guide는 금전적인 질문에 대한 답변들을 제공하고 있습니다.

이 편지로 학생 앞에 멋진 미래가 열려 있다는 사실을 아셨으면 합니다.
레이첼 프리스콧 드림

학생들이 대학에 진학하는데 드는 비용과 혜택을 자세히 알 경우, 미래를 위해 더 나은 선택을 할 수 있다는 연구 결과가 있습니다. 교육부는 GCSE 최상위 등급을 받은 학생들을 대상으로 대학교 재학생이 편지를 보내어 더욱 상세한 정보를 제공받을 수 있도록 도와드리고 있습니다.

는지 확인한 결과, 실제로 입학 제의를 하는 것으로 드러났다. 그러므로 입학을 꿈꾸지도 못하는 집단이 대학에 지원한 것은 상기 편지들 때문이 아니라는 것이 확인되었다. 데이터를 통해 본 효과는 다음과 같다. 학생이 실제로 대학에 등록하는지 측정하는 가장 좋은 척도는 학생들이 대학 측의 입학 제안을 수락하는 것이다. 이로 미루어 보아, 우리는 (편지를 아예 받지 못한 학생들과 비교해) 332명의 추가적인 학생들이 러셀 그룹의 유수 대학에 입학했다고 추정할 수 있었다. 이 경우 상승률은 35퍼센트이며, 총 개입 비용은 학생 당 1파운드(또는 1.5달러) 미만이었다.

또한, 개입은 전국 최하위 학교와 최빈곤층에서 자란 학생들이 다니는 학교(두 요소 모두 가진 학교가 대부분)에서 가장 효과적이었다. 몇몇 학교의 경우 개입으로 인해 유수 대학 합격률이 두 배 늘어나기도 했다.

사람들이 롤 모델에 반응하는 요인을 연구한 상충되는 이론들이 다수 존재한다. 롤 모델은 어쩌면 5장에서 살펴본 바와 같이 학생과 대학 진학이라는 생각 간의 사회적 거리를 줄여주는 데 도움이 될지도 모른다. 이와 반대로 롤 모델은 단지 '보는 대로 배우는' 것일지도 모른다. 이 두 가지 이론 모두 고려해 볼만하나, 관찰되는 몇 가지 현상을 설명하기에는 너무 단순한 이론들이다.

우리는 2장에서 목표를 달성하려는 능력에 위협을 가하는 고정 관념의 효과를 살펴보았다. 다시 설명하면, 우리가 속해있는 사회적 집단에 대한 부정적인 고정 관념을 알게 될 때, 고정 관념의 위협이 작용한다. '영국 도서 지역의 백인 남학생들은 학습에 어려움을 겪고 있다'가 그 예이다. 고정 관념에 집중할 경우 우리가 아무리 그것을 무시하려 해도 결국 우리의 에너지와 집중력을 고정 관념에 빼앗기고 자기충족적 예언(self-fulfilling prophecy, 어떤 예언이나 생각이 이루어질 거라고 강력하게 믿음으로써 그것이 실제로 이루어지게 하는 예측)을 하기 마련이다.

이와 관련된 또 다른 고정 관념 위협 중 하나가 바로 동급생들에게서 비롯되는 위협이다. 2장에서 아프리카계 미국인 학생들이 동급생들에게 '백인처럼 행동한다'는 비난을 피하기 위해 학업을 이어나갈 수 있음에도 자발적으로 멈추는 경우를 보았다. 학업을 연장하고픈 열망으로 자신이 속한 그룹을 배신할 시 일어날 수 있는 비난에 대한 두려움 또한 동일한 위협 반응에 속한다.

고정 관념을 극복하기 위해 상기에 언급한 바와 같이 훌륭한 롤 모델을 제시하는 것 또한 도움이 될 수 있다. 이는 매사추세츠대학교의 사회심리학자 닐란야나 다스굽타 Nilanjana Dasgupta가 명명한 '사회적 백신 social vaccine'이다. 롤 모델은 고정 관념이 깨지는 사례를 제시함으로써 고정 관념의 영향을 멈추는 데 도움을 줄 수 있다.

만일 공공과 민간 부문 조직에 고정 관념 위협이 만연할 경우, 부정적인 고정 관념을 가진 집단은 좋은 기회를 놓치고 그러한 기업과 정부도 귀중한 기회를 흘려보내는 것과 다름없다. 또한, 이는 기업 내 편견을 뿌리 뽑을 수 있는 자체적인 절차를 고치기 힘들다는 것을 의미한다. 그러므로 우리는 해당 기업의 미래 입사 지원자가 위협 반응을 극복할 수 있도록 도울 필요가 있다.

기업의 경우 미래 입사 지원자에게 사회적 괴리를 줄이고 고정 관념이 이미 깨졌다는 것을 증명할 수 있도록 기업 내 실제로 재직 중인 친근한 직원을 멘토로 배정해줄 수 있다. 또한, 소수 인종이나 저소득층 출신, 여성처럼 전문직종에서 찾기 힘든 집단에 롤 모델을 제시해주어 지원을 제공할 수 있다.

롤 모델은 비단 채용 지원 절차에만 적용되는 것이 아니다. 입사 후에도 사회적 거리나 고정 관념 위협이 가로막고 있을 경우, 여전히 강압적인 환경과 힘든 적응 기간에 직면하게 될 것이다. 멘토링 제도나 친근한 롤 모델과 짝을 이루게 하는 개입으로 이러한 상황이 크게 개선될 수 있겠으나, 조직 또는 업계의 리더가 직접 나서는 것 역시 효과적일 수 있다.

조직 내에서 롤 모델을 선정하기 전에 몇 가지 고려해야 할 점들이 있다. 첫째, 당연하게도 공통분모를 공유하는 사회적 집단이 중요하다. 그 예로 남성에게는 여성 롤 모델보다 남성 롤 모델이 더 효과적이며, 그 반대의 경우도 마찬가지이다. 노동자 출신의 백인 남성이 아프리카계 미국 여성과 사회적 괴리감을 줄일 수 있거나 고정 관념의 위협에 맞설 확률은 낮다. 이 동질성은 관리하기 까다롭겠으나, 여러 사례에서도 볼 수 있듯이 서로 비슷하게 맞출 경우 유의미한 효과를 낼 수 있다.

둘째, 근접성 또한 중요한 것으로 보인다. 즉, 친근한 롤 모델을 선정해야 한다. 5장에서 살펴봤듯이 사회적 괴리를 줄일 때 너무나 대단한 사람을 선정하는 것은 그리 효과적이지 않을 수도 있다. 영감을 주려는 사람에게 CEO와 같이 기업 최상위에 있는 사람보다는 바로 몇 분 거리에 살고 있으며 높은 성과를 내는 사람을 선정하는 것이 더 효과적일 가능성이 크다. 물론 밑바닥에서 시작하여 최정상에 오른 사람들은 예외에 해당한다. 만일 상대방에게 음악을 전공하라고 권유하고 싶을 경우, 모차르트나 스위프트Taylor Swift보다 지역 내 음악가나 적당히 유명한 밴드를 소개하는 것이 그들의 행동을 이끄는 데 훨씬 효과적일 것이다. 한 세대에 한 번 나올까 말까 하는 대성공을 꿈꾸는 것보다 어느 정도 성공하는 자신을 상상하는 것이 더 쉽기 때문이다.

마지막으로 모든 롤 모델이 태생적으로 그것을 수행하기에 적합하거나, 롤 모델이 되기를 원하는 것은 아니다. 우리는 영국 국세청과의 연구를 통해 직원들에게 흔히 볼 수 있는 기부 문구, 또는 이미 자선 단체에 기부한 영국 국세청 직원을 롤 모델로 보여주면서 직원들에게 기부에 동참해달라고 독려해 보았다. 전반적으로 봤을 때 롤 모델은 긍정적인 효과를 내며, 기부 서명률을 두 배로 높였다. 그러나 모든 롤 모델이 효과적인 것은 아니었다. 롤 모델들 중 사진상 다른 사람들보다 확실히 덜 매력적인 사람에게서 메시지를 받은 경우, 메시지의 효과는 매우 떨어져 결국 아무도 기부하지 않았다. 그러므로 더 나은 롤 모델을 선정하기 위해서는 개인적인 감정을 배제하는 것이 나을 수 있다.

우리는 전 장에서 언급한 17세 학생들을 위한 자원봉사 프로그램 NCS와의 공동 연구 중 자원봉사 등록을 높일 수 있는 세 가지 다른 방식을 비교해보았다. 첫 번째 방식으로는 NCS 직원이 평소와 같이 학교 강당에 입장해 프로그램의 가치에 대해 짧은 연설을 했다. 두 번째는 작년 여름에 프로그램에 참여한 젊은 청년, 즉 홍보 대사가 강당에 들어와 주요 연사 옆에서 경험담을 나눴다. 세 번째 그룹에는 강당에서 주요 연사와 함께 홍보 대사의 동영상을 보여주었다.

세 번째 방식, 즉 롤 모델 동영상은 실험 설계 시 홍보 대사가 학교에 제때 방문하기 어려워서 막판에 추가한 것이었다. 그래서 동영상이 직접 연설하는 방식보다 효과적이었다는 조사 결과를 받았을 때 더욱 놀랄 수밖에 없었다. 실제로 동영상 시청은 등록률을 30퍼센트 올렸으며, 막상 홍보 대사가 방문한 경우에는 수치가 약간 떨어지는 모습을 보였다. 확실한 분석을 위해서는 추가 조사가 필요하겠으나, 방문한 연사의 경우 몇 가지 불리한 점들이 있었기 때문이라고 추측했다. 연설할 기회는 단 한 번에 불과했고, 다시 연설하거나 연습할 시간이 부족했으며, 연사 또한 많은 학생 앞에서 연설해야 한다는 스트레스를 겪고 있었기 때문이다. 반면 동영상의 홍보 대사는 실제 뛰어난 홍보 대사를 직접 보는 것보다 설득력은 덜 했을지도 모르나, 사전에 홍보 대사의 역량을 판단하기 힘들었고 진위성도 가늠하기 힘들었다. 결국, 이러한 이유로 동영상 시청이 가장 효과적이었을지도 모른다.

본 장을 통해 사람들이 기존 네트워크로 사회적 자본을 축적하고, 새로운 네트워크를 구축하며, 새로운 사회 환경으로 이동하는 일에 어떠한 도움을 줄 수 있을지 살펴보았다. 우리는 롤 모델이 강력한 영향력을 행사할 수 있는 매력적인 방식임을 확인했다. 일부는 이미 주변에 수많은 롤 모델에 둘러싸인 채 태어나는 행운을 가졌을지도 모른다. 하지만 그렇지 못한 이들에게 희소식이 있다면, 이 격차는 줄일 수 있다는 것이다. 새로운 환경에서 성공하는 평범한 사람들을 더욱 잘 파악하고 그들에게 쉽게 다가가도록 할 수 있다면, 그들에게서 영감을 얻어 자신 있게 결정을 내리고 그 자신감을 이어갈 수 있을 것이다.

이렇듯 롤 모델은 집단의 유형을 막론하고 자신과 비슷한 다른 사람들이 성공한 사례를 쉽게 접하지 못하는 사람들을 격려하여 힘을 불어넣는 데 유용하게 활용될 수 있다. 사회적 자본이 더 강력하고 넓어질수록 학업 성취도, 고용 성과, 더 넓은 시야 등이 확보되기 때문이다. 그러나 사회적 자본은 감정적이며 동시에 상징적이기도 하다. 다음 장에서는 사회적 자본의 두 가지 주요 요소, 소속감과 사회적 신뢰에 대해 살펴보고자 한다.

유토피아가 없는 세계 지도는 들여다볼 가치가 없다. 인류가 상륙해야 할 나라 하나를 빼먹은 것이기 때문이다.

― 오스카 와일드(Oscar Wilde)

13장 소속감과 신뢰 : 감정적이고 상징적인 사회적 자본

 마지막으로 우리는 우리가 올바른 방향으로 가고 있을 때 나타나는 두 가지 요소인 소속감과 사회적 신뢰에 대해 살펴보고자 한다. 그리고 인간의 사회적 본능인 이 두 가지를 최대한 잘 활용할 수 있는 세상을 만들기 위해 지속적으로 노력하는 것이 왜 중요한지 이야기를 나눠보고자 한다.

 우리의 사회적 자아가 가진 이 두 가지는 개인의 참된 삶을 위해서 뿐만 아니라 사회가 제대로 기능하기 위해 필수적인 요소들이다. 방송 매체는 매일 인종 차별주의자의 공격이나 심화되고 있는 외국인 혐오, 정치판의 포퓰리즘에 대한 뉴스를 떠들어댄다. 하지만 우리는 호주 퀸즐랜드Queensland 북부의 농촌 마을 빌로엘라Biloela에 정착한 스리랑카 타밀Tamil 난민 가족의 사연에 주목했다. 빌로엘라는 인구가 6000명이 채 되지 않는 소도시로, 주민의 대부분이 백인이며 영어를 모국어로 사용한다. 그리고 2010년 이후로 줄곧 보수당인 퀸즐랜드 자유국민당이 의회 다수석을 차지하고 있다. 프리야와 네이드 그리고 두 딸

이 빌로엘라에 정착한지는 4년이 되었다. 그리고 지난 2018년 3월, 프리야의 비자가 만료되자 호주 국경수비대Australian Border Force는 프리야의 집을 급습해 이들을 외국인 보호소로 보내버렸다. 스리랑카로 다시 추방하려고 한 것이다.

빌로엘라 주민들은 '프리야 가족을 빌로엘라로 돌려보내 주세요. 빌로엘라는 프리야 가족이 돌아오기를 간절히 원하며 언제나 환영합니다'라는 탄원서를 시작으로, 프리야 가족을 위한 시위를 벌였다. 약 100명에 달하는 마을 주민들은 직접 1200마일 떨어진 멜버른으로 날아가 프리야 가족의 청문회가 열리는 법원 앞에 모여 '나, 너, 우리는 모두 호주인I am, you are, we are Australian' 노래를 부르며 이 가족을 응원했다.

소속감이란 사람들 사이에 형성된 강력하고 안정적인 보람찬 유대 관계를 뜻하지만, 넓은 의미로는 조직에 받아들여져 소중한 존재가 되고, 조직의 일원이 된다는 것을 뜻한다. 우리가 본 빌로엘라의 경우가 그렇다. 프리야 가족은 빌로엘라의 소중한 일원이었다. 하지만 실질적으로, 소속감이란 다음과 같은 간단한 질문 하나로 파악할 수 있다. '당신은 여기에 어울리는 듯한 느낌이 드나요?' 이 질문 하나에는 다음과 같은 많은 의미가 내포되어 있다. '이 계획에 본인이 포함된 것 같나요?' 혹은 '다른 사람이 당신을 받아들였다는 기분이 드나요? 서로 연결된 듯한 느낌은요?' 그리고 '당신에게 신경 써 준다는 기분이 드나요?'와 같은 의미 말이다.

소속감을 느꼈던 순간을 떠올려보자. 어떤 기분이 들었는가? 마이클은 2014년 하버드대학교에 도착했을 때 환영과 존중을 받는 기분이 들었다고 말했다. 수잔나는 2011년 호주 정부 총리 내각실에 갔을 때, 그곳에서 "드디어 '내 사람'을 찾았구나!" 하는 느낌을 받았다고 한다. 같은 관심사를 가지고 있는 사람, 그리고 그 관심사에 관해 이야기하는 것을 좋아하는 사람들이 바로 거기 있었던 것이다.

심리학자들은 어딘가 소속되고자 하는 욕구를 인간의 기본적인 욕구 중 하나로 분류한다. 낯선 곳으로 이사를 한다거나 현재의 삶에서 무언가가 변해버려 인생에 갑작스러운 변화가 찾아올 때면, 머릿속이 이런저런 걱정으로 복잡해지다가 결국에는 '소속감'이라는 큰 질문에 봉착하게 된다. 그리고 이 문제가 잘 해결되고 나면, 어딘가에 소속된다는 것이 주는 안정과 포용이 이루 말할 수 없이 크게 느껴진다.

이것이 우리가 자신에게 맞는 곳을 찾아 여정을 떠나는 이야기와 영화를 보는 이유일 것이다. 나니아 연대기에서 정통성 있는 왕족이라는 것을 증명하고자 여행을 떠나는 페벤시 남매의 이야기에 열광하며, 길모어 걸스의 로리 길모어가 예일대학교에 들어가기를 응원하는 것처럼 말이다.

해리 포터는 왜 자신을 희생해서 볼드모트와 싸웠을까

많은 이가 부모를 잃은 것도 모자라 친구 하나 없이 이모네에서 구박을 받고 자신이 알지도 못하는 힘을 가진 소년, 해리 포터의 이야기에 열광하는 것은 소속감 때문일지도 모르겠다. 내가 이곳에 어울리지 않는다는 기분, 또는 저 사람과 맞지 않는다는 생각에 자신을 깎고 깎아 어디든 어울리게 둥글게 만들려고 했던 경험은 누구나 있을 테니까 말이다.

세계적인 베스트셀러 해리 포터의 1권, 《해리 포터와 마법사의 돌Harry Potter And The Sorcerer's Stone》에서 해리는 마법 학교인 호그와트가 보낸 편지를 받고 자신이 불행했던 이유를 알아챈다. 바로 같이 사는 사람들이 '내 사람'이 아니기 때문이었다. 해리는 말 그대로 마법같이 영국의 마법사 세계로 들어간다. 해리는 그곳에 도착하자마자 열렬한 환영을 받고, 친구도 사귀며, 멘토도 만난다. 매번 여름 방학이면 이모네 집으로 돌아와야 했지만, 해리는 마법사의 세계야말로 자신이 진정으로 속한 곳이라는 생각을 한다. 볼드모트의 위협이 점점 거세졌을 때 해리가 주저하지 않고 그에 맞선 이유가 여기에 있다. 자신의 사람들, 마법사들의 생존이 자신에게 달려 있었기 때문이다. 이야기의 끝에서 해리는 마법사 세계, 즉 자신의 조직을 지키기 위해 기꺼이 죽음을 택한다.

이렇듯 소속감은 정말 중요하다. 낮은 소속감이 우울증과 신체적 질병, 약물 남용 등을 포함한 정신적·육체적 건강과 상관관계에 있다는 것을 발견한 연구도 있다. 심지어 외로움은 조기 사망의 원인 중 하나이다. 뿐만 아니라 소속감은 성취도 및 업무 성과와도 연관되어 있는데, 여기에는 학업에 관련된 선택이나 스트레스가 높은 업무 환경 등이 포함된다.

소속감이 낮을 경우, 사회적 자본이 풍부하고 자신에게 도움이 될 수 있는 네트워크를 가지고 있는 조직에서 제 발로 걸어 나오는 선택을 할 수도 있다. 2장에 나왔던 동료의 사례를 기억하는가? 그 동료는 면접을 보러 갔더니 자기 빼고 모든 패널과 인터뷰 참가자가 남성이어서, 그 자리에 맞지 않는다는 생각에 결국 면접을 포기했었다.

그렇다면, 소속되었다거나 소속되지 않았다는 감정을 느끼게 하는 요소는 무엇일까? 우리는 이미 책 속에서 해답이 될 수 있을 만한 것들을 제시했다. 우리는 우리가 생각하기에 나 자신이 조직의 '이상적인' 회원에 가깝다고 생각하는 경우에 그 조직에 속했다는 기분을 느낀다. 그 조직이 나를 좋아하고, 내가 그곳에 어울린다는 사회적 신호를 받을 수 있는 곳, 그리고 우리가 조직을 구성하는 네트워크의 중추적인 역할을 하고 있다는 생각이 드는 곳에서 소속감을 느낀다. 사회적 지원과 사회적 연결은 서로 돕는 우호적인 환경을 만들고, 친구를 빨리 사귈 수 있는 분위기를 조성하여 소속감을 활활 타오르게 할 불씨의 역할을 한다. 롤 모델이 있다면, 우리는 그들을 통해 여기가 바로 내가 있을 곳이라고 확신할 수 있고 흔들림 없이 조직에 합류하는 데 도움을 받는다.

여기에서 알 수 있듯이, 소속감은 사회적 자본과 아주 밀접한 관련이 있다. 사회적 자본이 소속감을 불러일으키고, 소속감이 곧 사회적 자본으로 이어진다. 수잔나가 캔버라로 옮기기 전 부서 회의에 참석한 것이 어떻게 새로운 직업에 대한 소속감으로 이어졌는지 생각해 보자. 수잔나가 런던으로 이주했을 때에는 호주에서 일했던 경험 덕에 그곳에 아는 사람을 확보할 수 있었다. 아니면 해리 포터에서 해리 부모님의 친구와 위즐리 가족, 덤블도어 교수처럼 해리가 행복하길 바라는 사람들이 해리가 호그와트에 잘 적응할 수 있도록 도와준 방법들을 생각해 보자. 이러한 측면에서, 소속감이란 우리가 이 책에서 계속해서 다룬 다양한 시도의 최종 목표라고 할 수 있다.

물론 남들보다 어딘가 소속되고 싶어 하는 마음이 더 절실한 사람이 있는 반면, 그렇지 않은 사람들도 있다. 어떤 조직이든 그냥 가볍게 왔다 갔다 할 뿐, 조직의 일원이 되고 싶은 간절한 마음 없이 조직의 규칙이나 관습을 그저 앵무새같이 말로만 따라하는 사람도 있고, 믿음직하게 조직이 원하는 바를 충실히 이행하는 사람도 있다. 영화 〈엑스맨X-Men〉의 울버린이 전자, 사이크롭스와 스톰이 후자의 경우라고 볼 수 있다. 울버린은 결국 엑스맨에 합류하는 게 자신에게 도움이 되겠다고 여긴 듯했다. 하지만 이는 조직에 따라 차이가 있을 수 있다. 우리가 조직과 자신을 얼마나 동일시하느냐에 따라, 그리고 조직의 일원이 되어 얻을 수 있는 장점이 무엇인지에 따라 회원으로 인정받고픈 욕구가 강렬하게 드는 조직이 있고 그렇지 않은 조직이 있다.

연구에 따르면, 이는 소속감을 원하는 욕구의 정도보다는 우리의 필요가 충족될 수 있는지에 대한 여부에 달려 있다. 사이크롭스, 스톰, 울버린 모두 엑스맨이 되어 더 만족스러운 삶을 경험한 것은 맞지만, 소속감을 상실했을 때 더 큰 충격을 받는 것은 울버린이 아닌 사이크롭스와 스톰이다. 애초에 이들의 소속되고자 하는 욕구가 더 컸으며 다른 사람들이 조직의 규범을 따르도록 하는 데 열심이었기 때문이다.

소속되고자 하는 열망이 강한 사람은 말투에 더 민감하며 타인의 감정을 파악하는 데 능숙하지만, 가끔 과장해서 해석하는 부작용이 있을 수 있다. 1장과 2장에서 상당한 부분을 할애했던 다양한 종류의 정체성 위협을 떠올려보자. 그중 하나가 중요한 조직에 가입하는 데 대한 감지된 위협이다. 한 개인이 자신이 속한 환경에서 팀장이나 인기가 많은 친구같이 중요한 인물에게 거절당할 수 있다는 불안감을 자주 느끼는 경우, 우리는 그것을 소속감이 낮은 환경이라고 부른다. 이러한 환경은 시간이 흐르면서 '나 같은 사람은 여기 어울리지 않아'라고 생각하는 강박증을 일으킨다. 나와 비슷한 사람이 없다거나 내가 조직의 정형화된 이미지에 맞지 않는다는 등, 일단 자신이 여기 어울리는가에 대해 의구심을 가지기 시작하면 내가 있을 곳이 아니라고 생각할만한 증거가 여기저기에서 자꾸 나타날 것이다.

평등한 사회를 만드는 것의 중요성

2016년 6월 23일, 브렉시트 국민 투표가 끝난 다음 날 아침, 약 4백만 명에 달하는 영국 내 EU 시민들은 '마치 남의 집에 사는' 불청객이 된 기분을 느꼈다. 영국 통계청에 따르면, 2016년 3월에서 2017년 3월 사이 영국을 떠난 유럽 시민의 수가 12만 2천 명에 달했다고 한다. 여기에는 어릴 때부터 쭉 영국에서 살았던 사람들도 있었다. 지난 수십 년간의 추세와 정반대되는 모습이었다. 한편, '히얼 투 스테이 프로젝트Here to Stay Project'가 영국에 있는 1,120명의 동유럽 청년을 대상으로 설문 조사를 시행했다. 영국에서 거주 중인 동유럽 출신 루시는 설문 조사를 통해 '브렉시트 이후 영국으로 이주하는 사람들이 자신이 소속되지 못한다고 느끼거나, 침입자 같다는 기분이 들 것입니다. 하지만 그 누구도 그런 느낌을 받아서는 안 됩니다'라고 응답했다.

우리 또한 루시의 말에 동의한다. 그 누구도 자신이 자신의 환경에 속하지 않는다고 느껴서는 안 된다. 우리는 지금까지 이 책의 많은 부분을 할애하여 사회적 선택 설계와 네트워크 강화를 통해 개개인에게 영향을 줄 수 있는 방법에 대해 중점적으로 다루었다. 하지만 이 장에서는 정반대의 것으로 눈을 돌려보려 한다. 이는 훨씬 더 중요할 뿐만 아니라 더 도전 정신을 불러일으키는 문제다. 이미 특권층에 있는 사람들이 그렇지 않은 사람들에게 그들이 환영받으며 소속되어 있다는 것을 알 수 있도록 하려면, 어떻게 해야 할까?

이 문제의 첫 번째 장애물은 우리가 책 앞부분에서 다루기도 했던 양극화의 심화다. 세상에는 유럽 사람들이 영국에 소속되는 걸 원치 않는 사람들도 있다. 무슬림이 영유럽 국가로 이주하는 것을 싫어하거나, 학교 내의 노동자 계층이나 백인이 아닌 사람들과 섞이는 걸 꺼리는 사람들도 있다. 그 이유들은 충분히 탐구해 볼 만하다. 우선 실용적인 측면에서 보면, 불평등이 심화되고 경제 성장 둔화가 지속되면서 사람들이 세상에 자원이 한정되어 있다는 것을 자각하기 시작했다. 그러면서 자원이 더 많이 필요한 사람을 포용하게 되면 자기 몫을 챙기지 못할 수도 있다는 위협을 자각한 것이다. 이 문제를 사회적 선택 설계라는 손으로 해결하기엔 이미 너무 늦었다. 그보다는 규제, 세금, 복지라는 국가의 더 큰 손이 필요하다.

하지만 이 책에서 다루는 주제와 밀접하고 개입을 통해 나아질 수 있는 다른 이유도 물론 존재한다.

이미 앞선 4장에서 다룬 것처럼, 우리는 한 연구를 통해 향후의 조사 방향을 잡을 수 있었다. 특히 더 큰 규모의 사회적 집단, 예를 들어 '민주당'이나 '공화당'보다는 '미국인'에 대한 사람들의 정체성을 강화하거나, '축구팬'과 같이 서로 공통된 사회적 집단을 파악하고, 사회적 집단의 회원보다는 각 개인으로서 교류할 수 있는 상황을 더 많이 만드는 것 등에 대해서이다. 또한, 4장에서 자신의 정체성이 다양하고 복잡하다고 생각하는 사람일수록 자신과 다른 사람에게 고정 관념을 가지지 않고 더 관용적이라는 것을 보여주는 증거를 확인했다. 우리는 이런 형태의 정체성 개입이 사람들이 자기 자신과 타인을 이런 방식으로 생각하도록 도울 수 있는지 의문을 가졌다.

롤 모델과 사회적 연결이 이 부분에서 어떻게 힘을 발휘할 수 있을지 살펴보는 것은 상당히 흥미롭다. 특히 이 두 가지 방법이 사람들이 집단의 규칙 밖에서 행동하는 것에 대해 받을 수 있는 부정적인 신호를 얼마나 줄일 수 있을지에 주목했다. 정체성이 강하고 엄격한 규칙을 적용하는 조직 안에서 새로 들어오는 사람들을 포용하는 것에 대해 논의할 수 있는 롤 모델을 찾는다면, 그런 사회 조직이 회원들에게 의미하는 바를 바꿀 수 있는 강력한 방식이 될 수 있다. 우리는 이미 노동계층의 청년들에게 대학을 가도록 설득하는 롤 모델에 대해 다루었다. 그렇다면, 그런 청년들이 대학을 갈 수 있도록 지원하는 부모와 친구의 롤 모델도 필요하지 않을까? 아니면, 대학에 진학하는 것이 당연하게 여겨지는 배경에서 자랐으나 그렇지 않은 배경을 가진 사람을 친구 무리에 포용한 학생 같은 롤 모델도 필요하지 않을까?

마지막으로, 만약 우리에게 세상이 더 나아질 것이라는 믿음이 있다면, 세상에서 소외된 듯한 느낌이 드는 사람들에게 그들이 세상에 소속되어 있다는 확신을 줄 수 있도록 도움의 손길을 뻗어야 한다. 타인과 나 사이에 선을 긋는 우리의 사회적 조직은 잠시 제쳐두고, 공격을 받을지도 모르는 사람들 편에 서서 그들을 대변해야 한다. 빌로엘라의 주민들처럼, 우리는 큰 목소리로 '당신은 우리가 원하는 사람이며, 당신을 환영합니다.'라고 외치고 또 외쳐야 할 것이다.

소속감이란, 우리가 올바른 방향으로 가고 있을 때 내재된 곳에서 피어나는 느낌이다. 그리고 그 동전의 반대 면에는 사회적 신뢰가 있다. 이것은 개인과 개인 사이, 조직과 조직 사이에서 발생하는 것이다. 우리는 종종 신뢰를 아주 강력하고 명백한 것이라고 생각하는 경향이 있다. 형사 영화의 영웅들 사이에 싹트는 신뢰나 가족끼리 가지는 신뢰 같은 것 말이다. 수잔나가 며칠 동안 집을 비울 때마다 친구 킴에게 안심하고 고양이를 맡기거나, 클레어가 당연히 돌려받을 것이라 생각하고 자기 카드로

4장의 뮤지컬 티켓을 결제해 주는 것은 사람과 사람 사이에 이러한 신뢰가 있기 때문이다. 이는 소속감과 형제 같은 존재다. 강력하고 긍정적인, 사람과 사람 간의 관계에서 나오는 산물인 것이다.

이렇듯 매우 구체적인 신뢰의 정반대편에는 소위 사회적 신뢰라고 알려진 것이 존재한다. 사회적 신뢰란 '세상은 안전한 곳이야'와 같은 무정형의 감각이다. 사실 이는 다음과 같은 질문 하나로 측정이 가능하다. '당신은 대부분의 사람들이 믿을 만하다고 생각하십니까? 아니면 타인을 대할 때는 신중에 신중을 기해야 한다고 생각하십니까?' 이는 세계 가치관 조사(World Values Survey, 이름만 봐도 감이 오듯이 전 세계의 가치를 설문 조사를 통해 측정하는 프로젝트)와 OECD, 그리고 많은 연구자들이 왜 세상에는 번영하는 사회와 그렇지 못한 사회가 존재하는가에 대한 이유를 연구하기 위해 던졌던 질문이다. 꼭 똑같은 질문을 사용하진 않겠으나 그 의미는 같다.

신뢰는 일반적으로 국가적 수준에서 측정하지만, 국가 안에서도 지역과 도시의 단위에 따라 신뢰의 미기후(microclimates, 주변 지역과는 다른 특정 좁은 지역의 기후)가 존재한다. 하버드대학교 경제학자 안드레이 슐라이퍼Andrei Schleifer의 팀은 대기업, 정부 부처 또는 병원과 같은 대형 조직은 자체적인 사회적 신뢰를 가지거나 신뢰의 부재를 경험할 수도 있다는 것을 발견했다.

사회적 신뢰가 낮은 국가는 유수의 기업을 양성하는 데 어려움을 겪는 것처럼 보인다. 국가적 수준에서 신뢰가 부족하다는 것은 잘 알지 못하거나 주기적으로 만나지 않는 사람들과 같이 일하는 것이 쉽지 않다는 것을 의미한다. 이에 대기업이 사업을 시작하는 데 어려움을 겪는다. 중소기업의 경우, 사회적 신뢰의 증가(그리고 성장 잠재력의 강화)는 더 큰 기회로 이어질 수 있다는 것을 의미한다.

호그와트가 학생들, 특히 해리에게 성공적으로 소속감을 심어주었을지 모르지만, 사회적 신뢰를 구축하는 데는 도움이 되지 못했다. '대부분의 사람들이 믿을 만하다고 생각하시나요?'라는 질문을 마법사들에게 던진다면, 아마 대부분 '그럼요, 슬리데린만 빼고요. 그 애들은 전혀 믿을 수가 없어요.'라고 대답할 것이다. 학생의 1/4이 비열한 성격이라면, 당연히 신뢰감 저하와 관련된 문제를 겪을 수밖에 없다.

학교 기숙사 시스템의 강력한 정체성이 무정형의 신뢰감을 쌓는 데 도움이 되지 못한다면, 학교 내 다른 제도 역시 큰 도움이 되지 않을 것이다. 기숙사 반장이 자기 기숙사에 상점을 줄 수 있도록 하는 제도는 다른 기숙사에 벌점을 부과할 수 있는 권리가 있는 것만큼이나 충격적이었다. 이와 비슷하게, 그리핀도르 출신의 덤블도어 교장은 학기 말만 되면 그리핀도르에 점수를 남발해서 결국 아슬아슬하게 그리핀도르가 기숙사 컵을 차지하곤 했다. 시리즈 뒤편으로 갈수록 이런 장면은 줄어들지만, 어쨌든 세상이 공평하고 정의로운 곳이라는 믿음을 키워주는 것은 아닌 듯하다. 호그와트의 유일한 스포츠인 퀴디치 경기는 또 어떠한가. 한 선수가 승리와 영광을 모두 가져가는 경기 방식이라니. 물론 슬리데린과 그리핀도르 간의 경쟁 구도가 호그와트를 둘러싼 이야기의 중심이긴 하지만, 이 두 기숙사는 모두 불평등한 시스템의 수혜자. 나머지 두 기숙사는 해리 포터 완결까지 기숙사 컵을 한 번도 받지 못했다.

스웨덴의 정치과학자 보 로드스타인Bo Rothestein은 정부와 기숙사 컵과 같은 제도가 신뢰를 장려하는 데 얼마나 중요한지 제시하며, 신뢰가 점점 약해지는 경향은 일단 자리를 잡고 나면 되돌리기가 몹시 어렵다는 것을 강조한다. 로드스타인은 사회적 신뢰를 형성하는 두 가지 경제적인 요소에 대한 의견을 제시한다. 먼저 경제적 평등으로, 부자와 가난한 자 사이의 경제적 격차 측면에서 생각해 볼 수 있다. 두 번째는 기회의 평등으로, 이것은 부모의 부의 정도가 자녀의 삶에 얼마나 영향을 미치는지를 결정하는 척도다.

로드스타인에 따르면, 사회가 더 평등할수록 그 사회가 더 강한 신뢰를 형성할 가능성이 크다고 한다. 그 이유는 이런 사회는 사람 간에 사회적 거리가 가까운 경향이 있으며, 경쟁 집단이 타인의 정체성을 위협하는 경우가 상당히 제한적으로 발생할 수 있기 때문이다. 비록 그 사회의 사람들이 똑같이 가난하다 하더라도 보다 평등한 모습을 보인다면, 사회가 일부 사람들에게만 유리하게 돌아가는 불공정한 구조라고 느끼는 경우가 줄어든다.

사회적 신뢰를 강화하고자 하는 정부가 있다고 하자. 소속감과 마찬가지로, 이를 위한 해결책은 아주 간단하다. 바로 더 평등한 사회를 만드는 것이다. 참 쉽다. 그렇지 않은가? 로드스타인과 에릭 우슬라너Eric Uslaner의 주장처럼 그리 어렵지 않다. 더 평등한 사회를 구현하고자 한다면, 부나 기회를 재분배하는 것이 우선이다.

보편적인 미국의 근로소득세액공제제도Earned Income Tax Credit나 영국 아동 수당의 경우, 지원을 받는 대상이 광범위하기 때문에 누구는 받고 누구는 받지 못한다는 사회적 반발을 사는 경우가 거의 없다. 또한, 선별적 개입보다 부를 위에서 아래로 재분배하는 형태이기 때문에 매끄럽게 진행되며, 실업 급여처럼 큰 낙폭을 경험하지 않는다. 이는 상당히 '공정'해 보이기도 한다. 모두가 어느 정도는 혜택을 보기 때문이다.

기회를 재분배하는 것은 돈이나 점수를 재분배하는 것보다 어렵지만, 일단 원칙은 같다. 무료 의무 교육과 같은 보편적 혜택은 모든 사람이 적어도 교육에서는 같은 기회를 가질 수 있도록 해준다. 또는 학비를 개인이 부담하는 사립 학교나 선별 기준이 까다로운 학교들을 비롯해 불평등을 일으키는 원인을 금지하고, 사회 내에서 기회가 더 공평하게 분배되기를 기대할 수도 있다.

하지만 이미 신뢰가 낮은 사회에서는 이런 정책이 성공을 거두기가 쉽지 않다. 신뢰가 낮은 경우 가난한 사람들은 부자들이 부를 불법적으로 축적했다고 생각하기 쉽고, 보편적인 혜택조차 부자들에게 충분히 징벌적인 형태가 아니라는 이유로 거부할 수도 있다. 또, 신뢰가 낮은 사회의 사람들은 받을 자격이 있는 사람과 없는 사람 사이에 뚜렷한 선을 긋는 경향이 있다. 이와 동시에 자격이 있는 사람은 더 많은 혜택을 받아야 하며, 그렇지 않은 사람은 도덕 정신이 부족하다는 이유로 제재를 받길 바란다.

이 때문에 신뢰를 강화하는 것은 정부에게도 큰 도전과제다. 적극적인 조세 정책과 입법 제도가 필요할 뿐만 아니라, 신뢰가 너무 약해서 이를 강화할 방법을 아예 시도조차 할 수 없는 신뢰의 함정에 빠져 버릴 수도 있기 때문이다. 조직 내부의 미기후를 바꾸는 것이 실제로 더 달성하기 쉬운 방법일 수 있다.

이런 신뢰의 함정에서 빠져나올 수 있도록 우리가 조직 내에서 취할 수 있는 구체적인 방법이 있다. 바로 행동과학을 적용하는 것이다. 집단 간 불평등은 과도한 선긋기와 공통된 사회적 집단 감소의 결과물이다. 슬리데린 학생들로만 구성된 감사위원회를 만드는 것은 호그와트 기숙사 내부에서 신뢰의 분열을 일으켰으며, '우리'와 '타인'으로 구성원을 구분 짓는 행동은 결국 신뢰의 저하로 이어질 뿐이다.

이 책의 도입부에서 언급한 것처럼, 행동통찰팀은 신뢰를 강화하기 위한 방법으로 서로 다른 집단의 구성원들 사이에 세워진 장벽을 허무는 것을 제안한다. 해당 연구의 경우, 사람들이 서로 간의 차이점보다는 비슷한 점을 보도록 하는 방법을 사용했다. 또 다른 방법은 조직 내 공통된 정체성에 대한 양식을 형성할 수 있는 '관습'을 만들어서 우리가 다른 사람과 비슷하다거나 서로 겹치는 부분이 있다는 생각을 갖도록 해주는 것이다. 예를 들어, BIT 뉴욕 사무실에서는 새로운 연구에 착수할 때마다 벨을 울린다. 모든 사람이 팀의 성공을 함께 나눌 수 있게 해줄 뿐만 아니라, 처음 벨을 직접 울렸을 때 팀의 일원이 된 것을 실감할 수 있게 해준다.

이와 유사하게, 사회적 신호를 사용해서 형평성의 중요성을 알릴 수 있다. 누군가가 빗자루를 들고 있는 것만으로 청결이 중요하다는 무언의 의미를 전달할 수 있는 것처럼, 개인의 신뢰를 강화하고 형평성의 규칙을 어기는 사람을 처벌하는 것만으로도(특히 고위직에 있는 사람을) 충분히 큰 변화를 만들어 낼 수 있다. 마치 해리 포터를 지나치게 편애했다는 이유로 덤블도어 교수를 해고하는 것처럼 말이다.

실용적인 방식이긴 하지만, 조직간 장벽이 계속해서 존재하는 한 이러한 개입만으로는 사회적 신뢰에 큰 변화를 일으킬 것을 기대하긴 어렵다. 영국의 NCS와 같은 프로그램은 17세 청소년으로 구성된 대규모의 자원봉사 프로그램으로, 11장에서 간략하게 다룬 바 있다. 다양한 배경의 청소년을 한 곳에 모아 서로 다른 다양한 상황을 경험할 수 있도록 한 것으로, 장벽을 허무는 데 상당히 효과가 있는 듯했다. 또한, 너도 나도 친구가 될 수 있도록 하는 행동과학적 개입을 통해 효과성을 더욱 강화했다. NCS와 같은 대규모 프로그램이 사회 전체에 영향을 미치기까지는 오랜 시간이 걸릴 것이다. 그리고 이런 프로그램의 효과가 채 나타나기도 전에 지금 17세인 학생들이 장성해서 사회 곳곳의 요직에 앉아 있을지도 모른다. 그렇기 때문에 정부와 기업, 대학의 제도 전반에 사회적 유대 관계의 연결을 도모하는 것이 사회적 신뢰를 형성하고 유토피아적 세상으로 나아가는 최선의 방법이라고 생각한다.

마치며

 이 책은 약 1년 전, 우리가 집필을 시작할 때의 그 책과는 아주 달라졌다. 우리는 BIT와 킹스 칼리지 런던에서 얻은 경험을 통해 사회적 영향력으로 세상을 더 나은 곳으로 만들 수 있다는 긍정적인 생각을 하게 되었다. 앞서 검토한 연구를 비롯하여 직접 진행한 연구에는 타인에게 선한 영향력을 미치는 사람들이 가득했다.
 하지만 지난 일 년간 이러한 생각을 바꾸어 놓는 몇 가지 사건이 발생했다. 첫째, 세상 자체가 달라졌다. 우리가 이 책을 쓰는 동안, 케임브리지 애널리티카와 러시아 정부가 브렉시트와 트럼프의 선거 운동에 개입 및 공모했다는 사실이 더욱 분명해졌다. 이에 가짜 뉴스에 대한 언론과 정부, 학계의 관심은 폭발적으로 증가했다. 우리는 선의를 바탕으로 한 기관들이 사회적 유대감을 증대시키는 방법과 이것이 어떻게 건강과 교육, 업무 면에서 더 나은 결과로 이어지는지에 대한 책을 쓰고 있었다. 하지만 그러한 기관들은 무너지고 있거나, 아니면 적어도 이 모든 것들로부터 민주 국가를 지켜낼 준비나 대응책을 가지고 있지 않다는 것을 스스로 증명하고 있었다.

둘째, 메아리로 울려 퍼지는 방에 살고 있었다는 것을 깨달았다. 그곳에서는 어떤 일의 긍정적인 측면만을 보고 본능적으로 사회적 영향력에 대한 이해의 증대를 비용보다 효과가 더 큰 것으로 인식할 수도 있다. 우리는 하루하루 이러한 종류의 연구들을 진행하는 것에 시간을 쏟는다. 그렇기 때문에 이러한 현상을 있는 그대로 바라볼 수 있었다. 하지만 친구나 가족의 이야기를 듣는 과정을 통해 일반적인 관점이 우리의 관점과 상당히 다르다는 사실을 깨달았다. 정부가 심리적 압박을 이용해 특정한 종류의 행동을 장려하는 것은 그들에게 선전과 꽤 비슷한 것으로 느껴졌다. 또한, 사회적 영향력은 순응을 의미했다. 지금껏 우리가 업무와 관련하여 받았던 일반적인 질문들은(예를 들면, '그 일은 윤리적인 일인가요?'와 같은) 지난 한 해 동안 조금 더 구체적인 질문들로 대체되었다. '케임브리지 애널리티카와 비슷한 일을 합니까?', '브렉시트에 연관되어 있습니까?'와 같은 질문으로 말이다.

마침내 우리는 사회적 자본에 대한 관점의 흐름이 우리의 뜻과 달리 저조한 사회 이동과 쇠퇴하는 사회적 자본에 대한 낙담으로 이어지고 있다는 사실을 깨달았다. 상황이 더 좋아지는 것이 아니라 악화되고 있다는 인식이 만연한 상황에서, 넛지와 행동 개입behavioural intervention은 어떤 영향을 줄 수 있을까?

우리가 많은 사람이 디스토피아적이라고 부르는 관점을 가지고 이 책을 쓰게 된 이유는, 주변에서 일어나고 있는 일에 대해 더 이상 방관할 수 없었기 때문이다. 실제로 지난 2년간 많은 논평가들은 다중우주론multiverse theory을 이용해 우리가 '가장 어두운 시기darkest timeline*'에 살게 될 것이라고 이야기했다. 다중우주론은 인간이 내릴 수 있는 결정의 모든 가능성을 담은 무한히 평행한 우주가 있다는 것을 전제로 한다. 만약 이것이 사실이라면 현재 '우리'의 시간과 사회적·정치적 환경이 매우 다른 평행 우주가 있을 것이라는 희망을 가질 수 있다. 그곳에는 인터넷에서도 친절하게 행동하는 비결을 발견한 사람들이 있을지도 모른다.

우리는 1부에서 사회적 집단을 형성하는 방식에 대해 논의하였다. 또한, 사회적 집단을 이용해 타인과 자신을 나누어 구분 짓고 다른 사람들을 배제하는 행위에 대해 살펴보았다. 우리는 사회의 분열, '탈진실(post-Truth, 실제 사건보다 개인적 신념이나 감정이 여론 형성에 더 큰 영향을 미치는 것)', 사회적 신뢰의 저하, 사회적 유대 관계의 쇠퇴, 그리고 이 모든 것을 한 데 담은 시한폭탄과 같은 온라인 세계를 목격했다. 그중에서도 가장 끔찍한 것

---

* 미국의 TV 드라마 〈커뮤니티Community〉에서 인용된 것으로 유명함.

은 사회적 본능이 조작될 수 있다는 사실과 그것이 우리의 의지와 상관없이, 아무도 모르는 사이에 사람들을 바람직하지 못한 방향으로 인도한다는 사실이다.

하지만 우리는 낙관론자로서, 이 책을 통해 유토피아까지는 아니더라도 적어도 그 근처까지는 갈 수 있는 지도를 구상할 수 있기를 바란다. 우리는 2부를 통해 아마도 '가장 어두운 시기'를 지나고 있는 것은 아니라는 사실을 알게 되었다. 2부와 3부에서는 더 희망찬 시나리오로 향하는 길을 제시한다. 우리는 주변 사람들이 옳은 일을 할 것이라는 일반적인 신뢰를 지닌다. 또한, 사회적 자아는 스스로 속한 집단의 일원이 되기에 적합한 사람을 찾아낸다. 우리는 사회적 규범과 신호, 네트워크 구성원들에게서 얻은 교훈을 통해, 그리고 타인과 비슷한 우리의 자아에 대한 고찰을 통해 더 밝은 미래를 향해 나아갈 수 있을 것이다. 또한 사회적 환경과 네트워크의 설계자(관리자, 정책 입안자, 가족, 그리고 친구)로서 이 힘이 지속적으로 활용되도록 도울 수 있다.

그러나 때로는 이를 실현할 기반 시설이 부족하다는 문제에 직면하기도 한다. 현재 사회의 네트워크가 필연적으로 우리를 가장 어두운 세계로 인도하지 않는 것인지 모르겠지만, 이것이 사회로 들어오는 빛을 제한할 수 있다는 사실은 분명하다. 근본적인 변화를 달성하기 위해서는 큰 비용이 수반된다. 하지만 모두가 반복적으로 지켜봐 온 것과 같이, 돈이 성공을 보장해주지는 않는다. 사회적 지지, 롤 모델, 사회적 연결과 같은 몇 가지 가벼운 개입이 기존 네트워크의 결함을 보완하고, 심지어 새롭고 더 효과적인 네트워크를 구축하는 데 도움을 줄 수 있다는 증거들이 속속 등장하고 있다.

행동 혁명이 경제학의 합리적인 모델을 대체하고, 경제학자들이 그것을 받아들이는 데에는 40년이 걸렸다. 영국의 경제학자 케네스 빈모어Kenneth Binmore의 말을 빌리자면 '결국, 우리는 모두 바보다'. 사회적 혁명을 비롯하여 우리의 네트워크와 정체성이 선호도와 신념만큼이나 중요하다는 사실을 받아들이는 데에는 훨씬 더 적은 시간이 걸릴 것이다. 결국, 우리가 지켜본 대로 사회적인 사람을 따르는 것은 인간의 자연스러운 행동인 것이다.

'무빙 투 오퍼튜니티' 프로그램이나 NCS 프로그램과 달리, 이러한 통찰력이 가진 장점은 적은 비용으로 빠르게 규모를 확장시킬 수 있다는 것이다. 이 책에서 살펴본 바와 같이 학교, 대학, 정부, 회사 같은 조직은 이들에게 사회적 자본이 되어 줄 뿐만 아니라 사회적 선택 설계를 수정할 기회가 되어주기도 한다.

여기, 바로 적용이 가능하며 손쉽게 활용할 수 있는 몇 가지 팁을 제시한다.

첫째, 사람들이 그들이 속한 환경에서 어떤 선택을 할지 고려해야 한다. 우리는 사람들이 타인의 행동(6장 참조)과 주변 환경이 주는 신호(7장 참조)에 민감하게 반응한다는 사실을 알게 되었다. 사무실이 너저분하고 사람들이 그 상황을 무시하고 있다면, 우리는 이러한 상황을 무의식적으로 내면화하게 된다. 회사에 남을 험담하는 문화가 있다면 가장 말수가 적은 사람조차 그들과 섞이기 위해 그 행동에 가담할 수 있다.

둘째, 우리는 집단에 누구를 받아들일 것인지, 혹은 그들과의 첫 번째 상호 작용은 어떠할지에 대해 고려해야 한다. 5장에서 보았듯이, 다양한 구성원을 가진 집단은 많은 장점이 있지만, 그 안에서 불편함을 느낄 수도 있다는 단점도 가지고 있다. 공통의 관심사나 그들이 속한 상위 집단의 이야기로 서로의 어색함을 덜기 위한 노력을 하면 해당 집단을 지휘하기가 더 쉬워질 수 있다. 만일 타 집단 출신의 외부인이 우리 집단에 합류하게 된다면, 그 사람이 해당 집단에 합류하기 전에 미리 유대 관계를 형성해 놓는 것이 그에게 도움이 될 수 있다.

셋째, 성공적인 지도자나 관리자는 직원들의 능력 향상을 위해 노력할 뿐만 아니라, 직원들이 그들의 사회적 자본을 구축하고 관리할 수 있도록 도와주는 사람이다. 이는 퇴근 후 단순히 요가나 회식을 장려하는 일과는 차원이 다르다. 이러한 활동에 관한 정보가 회사의 네트워크 안에서 유기적으로 전파되도록 한다면, 이것은 단순한 상명 하달식의 방법보다 더 뛰어난 효과를 가진다. 사람들이 긴장했다거나 불청객은 아닌지 걱정된다는 이유로 참여를 망설인다면, 눈에 띨만한 다른 사람들의 참여를 독려하여 롤 모델이나 친구로 활용하는 것이 나을 수 있다. 사람들의 사회적 자본 구축을 돕는 일이 나의 역할이 아니라는 생각이 든다면, 기존 네트워크에서 누가 그들을 지원해 줄 수 있을지 생각해 보도록 하는 것만으로도 차이를 만들 수 있다.

마지막으로, 처음부터 다시 시작하는 것을 두려워하지 말아야 한다. 그리고 이것은 가장 어려운 일일지도 모른다. 8장에서 보았듯이, 한번 망가진 환경은 그러한 환경을 만든 이가 떠나고 난 뒤에도 오래도록 지속된다. 집단 자체가 그것을 기억하기 때문이다. 만일 어떤 사회적 집단이 다른 집단과 부정적인 관계를 형성하고 있거나, 집단 구성원으로 누구를 받아들이고 누구를 퇴출할지에 대해 매우 분명한 정책을 가지고 있다면, 그 집단을 와해시키고 다시 시작해야 할 때일지도 모른다. 여러분이 관리자나 리더의 자리에 있다면, 이러한 사회적 경로를 통해 여러분이 얼마나 많은 영향력을 행사할 수 있는지에 놀라게 될 것이다.

무언가를 변화시키기 위해 할 수 있는 일이 아무것도 없다고 생각하는 것은 매우 쉬운 일이다. 사람들이 타인을 '우리'와 '그들'로 구분 짓고, 이를 DNA에 각인해 내가 할 수 있는 일은 아무것도 없다는 생각처럼 말이다. 하지만 마지막 장에 나오는 프리야와 네이드의 이야기는 영화감독 리차드 커티스$^{Richard\ Curtis}$의 말처럼, 우리에게 부정적인 것을 긍정적인 것으로 묘사하는 '낭만화romanticization'를 믿어서는 안 된다는 것을 상기시킨다. 나쁜 일은 더 명백하게 드러나고, 더 많은 관심을 끌며, 더 많은 기사를 양산한다. 하지만 긍정적인 것들은 우리 주위에 더 만연하다. 인간의 사회적 본능이 모든 현대(그리고 고대) 문명을 만들었다는 사실을 잊지 말길 바란다. 현 세계에는 앞으로 몇 년 동안 사람들을 괴롭힐 끔찍한 문제들이 즐비하지만, 많은 이들의 행동은 대부분 긍정적이다. 이러한 사실들을 놓쳐서는 안 된다. 그리고 더 나은 세상, 더 공정하고 더 사회적인 세상을 향해 앞으로 나아가길 멈추어서는 안 된다.

참고 문헌

들어가며: 더 나은 세상을 위한 BIT의 등장

001. Kahneman, D. and Tversky, A. (1979). 'Prospect theory: An analysis of decision under risk', Econometrica, 47(2), 263.

002. For pedants, yes: this is technically the Swedish National Bank's Prize in Economic Sciences in Memory of Alfred Nobel, rather than a 'true' Nobel Prize.

003. Thaler, R. H. and Sunstein, C. R. (2008). Nudge: Improving decisions about health, wealth and happiness. New Haven, CT: Yale University Press.

1부 세상을 바꾸는 상호 작용의 모든 것

1장 타인의 상호 작용

004. Tajfel, H. (1981). The development of a perspective. In Human groups and social categories: Studies in social psychology (pp. 1-3). Cambridge, UK: Cambridge University

Press.

005. Turner, J. C. (1996). Henri Tajfel□An introduction. In W. P. Robinson (Ed.), Social groups and identities□Developing the legacy of Henri Tajfel. Oxford, UK□Butterworth-Heinemann.

006. Bertrand, M. and Mullainathan, S. (2004). Are Emily and Greg more employable than Lakisha and Jamal? A field experiment on labor market discrimination. American Economic Review, 94(4), 991-1013.

007. Taifel, H. (1970). Experiments in intergroup discrimination. Scientific American, 223(5), 96-103.

008. Sherif, M., Harvey, O. J., White, B. J., Hood, W. R., Sherif, C. W. (1961). Intergroup conflict and cooperation□The Robbers Cave experiment (pp.150-98). Norman, OK□ University Book Exchange.

009. Iyengar, S., Sood, G., & Lelkes, Y. (2012). Affect, not ideology□A social identity perspective on polarization. Public Opinion Quarterly, 76(3), 405-431.

010. Major, B., Blodorn, A. & Blascovich, G. M. (2016). The threat of increasing diversity□Why many White Americans support Trump in the 2016 presidential election. Group Processes & Intergroup Relations. doi□ 10.1177/1368430216677304.

011. Mason, L. & Wronski, J. (2018). One tribe to bind them all□How our social group attachments strengthen partisanship. Political Psychology, 39(S1), 257-77.

012. Cohn, N. (2017, March 28). A 2016 review□Turnout wasn't

the driver of Clinton's defeat. New York Times, p. A17. Retrieved from https://www.nytimes.com/2017/03/28/upshot/a-2016-review-turnout-wasnt-the-driver-of-clintons-defeat.html

013. This is known in the literature as 'derogation'.

014. Maass, A., Cadinu, M., Guarnieri, G., & Grasselli, A. (2003). Sexual harassment under social identity threat:The computer harassment paradigm. Journal of personality and social psychology, 85(5), 853.

015. Newheiser, A. K., Barreto, M., & Tiemersma, J. (2017). People like me don't belong here:Identity concealment is associated with negative workplace experiences. Journal of Social Issues, 73(2), 341-58.

2장 우리의 상호 작용

016. Quotation from Dreyfus, A. (1901). Five Years of My Life, 1894-1899. New York, NY:McClure, Phillips & Co. Image from cover of French newspaper Le Petit Journal (1895, January 13). Le Traitre:Degradation d'Alfred Dreyfus. Le Petit Journal, p. 1.

017. Ouwerkerk, J. W., Kerr, N. L., Gallucci, M., & Van Lange, P. A. (2005). Avoiding the social death penalty:Ostracism and cooperation in social dilemmas. In K. D. Williams, J. P. Forgas & W. von Hippel (Eds.), The social outcast: Ostracism, social exclusion, rejection, and bullying (pp.321-32). New York, NY:Psychology Press.

018. Hartgerink, C. H. J., van Beest, I., Wicherts, J. M., & Williams, K. D. (2015). The ordinal effects of ostracism: A meta-analysis of 120 cyberball studies. PLoS ONE, 10(5), 1-24. DOI: doi:10.1371/ journal. pone.0127002.

019. Zadro, L., & Richardson, R. (2004). How low can you go? Ostracism by a computer is sufficient to lower self-reported levels of belonging, control, self-esteem, and meaningful existence. Journal of Experimental Social Psychology, 40(10), 560-7.

020. Levett-Jones, T., & Lathlean, J. (2009).'Don't rock the boat': Nursing students' experiences of conformity and compliance. Nurse Education Today, 29(1), 342-9.

021. Fryer, R. G. F., & Torelli, P. (2010). An empirical analysis of 'acting white'. Journal of Public Economics, 94(1), 380-96.

022. Austen-Smith, D. & Fryer, R. G. (2004). An economic analysis of 'acting white' (No. 1399). Evanston, IL: Centre for Mathematical Studies in Economics and Management Science.

023. In fact, almost all ethnic minorities outperform white British students on most attainment measures.

024. Ward, M. K., & Broniarczyk, S. M. (2011). It's not me, it's you: How gift giving creates giver identity threat as a function of social closeness. Journal of Consumer Research, 38(1), 164-81.

025. Gino, F., Ayal, S., & Ariely, D. (2009). Contagion and differentiation in unethical behavior: The effect of one bad apple on the barrel. Psychological Science, 20(3), 393-8.

3장 사회적 본능은 어떻게 이용되는가

026. Deloitte (2017). State of the Smart□Global Mobile Consumer Survey 2017□UK Cut (p.12). London, United Kingdom□Deloitte LLP. Retrieved from http□//www.deloitte.co.uk/mobileuk/assets/img/download/global-mobile-consumer-survey-2017_uk-cut.pdf

027. Deloitte (2017). State of the Smart□Global Mobile Consumer Survey 2017□UK Cut (p.12). London, United Kingdom□Deloitte LLP. Retrieved from http□//www.deloitte.co.uk/mobileuk/assets/img/download/global-mobile-consumer-survey-2017_uk-cut.pdf

028. Pew Research Center. (2017). Mobile fact sheet. Washington, DC□Pew Research Center. Retrieved from http□//www.pewinternet.org/ fact-sheet/mobile/

029. Whillans, A. V., Christie, C. D., Cheung, S., Jordan, A. H., and Chen, F. S. (2017). From misperception to social connection□ Correlates and consequences of overestimating others' social connectedness. Personality and Social Psychology Bulletin, 43(12), 1696–711.

030. Answer□not really.

031. Answer□a bit.

032. Bond, R. M., Fariss, C. J., Jones, J. J., Kramer, A. D. I., Marlow, C., Settle, J. E., & Fowler, J. H. (2012). A 61-million-person experiment in social influence and political mobilization. Nature, 489, 291–8.

033. There are a few possible explanations for this, including

034. that people don't really have a sense of whether telling Facebook you voted means anything (people can lie), and what constitutes a large number of people doing this.

034. Pictures taken from the article by Bond et al. (2012).

035. he researchers class a 'close friend' based on the amount of Facebook interaction two people have being in the top 10 per cent for all users. About 99 per cent of users have at least one close friend under this definition.

036. Meko, T., Lu, D., and Gamio, L. (2016, November 11). How Trump won the presidency with razor-thin margins in swing states. The Washington Post. Retrieved from https://www.washingtonpost.com/graphics/politics/2016-election/swing-state-margins

037. Taken from Friggeri et al. (2014).

038. Although they did find that humorous memes, and those that mock the original, false, premise, spread faster and are more effective than more serious corrections.

039. Pennycook, G., & Rand, D. G. (2018). Lazy, not biased: Susceptibility to partisan fake news is better explained by lack of reasoning than by motivated reasoning. Cognition.

040. Cadwalladr, C. & Graham-Harrison, E. (2018, March 17). Revealed: 50 million Facebook profiles harvested for Cambridge Analytica in major data breach. The Guardian. Retrieved from https://www.theguardian.com/news/2018/mar/17/cambridge-analytica-facebook-influence-us-election

041. 'Senator, we run ads.'

042. Unlike Canute, they may believe that they are able to do so through incisive questioning, however.

2부 사회를 조종하는 넛지의 힘

4장 스스로를 포장하는 사람들

043. Turner, J. C. (1999). Some current issues in research on social identity and self-categorization theories. Social Identity□Context, Commitment, Content, 3(1), 6-34. See also Haslam, S. A., & Platow, M.J. (2001). Your wish is our command□The role of shared social identity in translating a leader's vision into followers' action. In M.A. Hogg & D.J. Terry (Eds), Social Identity Processes in Organizational Contexts (pp. 213-228). Philadelphia, PA□Psychology Press.

044. Hogg, M. A., & Reid, S. A. (2006). Social identity, self-categorization, and the communication of group norms. Communication Theory, 16(1), 17-30.

045. This is a broad simplification.

046. Meaning she worked providing policy advice within a government department.

047. https□//cpb-us-w2.wpmucdn.com/voices.uchicago.edu/dist/b/232/ files/2016/09/PNAS-2016-Bryan-10830-5-1t6bc4p.pdf

048. http□//citeseerx.ist.psu.edu/viewdoc/download?doi=10.1.1.847.2320 &rep=rep1&type=pdf

049. https://bingschool.stanford.edu/sites/default/files/0\publications/ bryanetal2014_0.pdf

050. Brewer, M. B., & Pierce, K. P. (2005). Social Identity Complexity and Outgroup Tolerance. Personality and Social Psychology Bulletin, 31(3), 428-37.

051. Comer, J. (1988). Maggie's American Dream□The Life and Times of a Black Family. New York□New American Library.

052. Brewer, M. B., & Pierce, K. P. (2005). Social identity complexity and outgroup tolerance. Personality and Social Psychology Bulletin, 31(3), 428-37.

053. Aron, A., Melinat, E., Aron, E. N., Vallone, R. D., & Bator, R. J. (1997). The experimental generation of interpersonal closeness□A procedure and some preliminary findings. Personality and Social Psychology Bulletin, 23(4), 363-77.

054. https://www.annualreviews.org/doi/pdf/10.1146/annurev.psych. 60.110707.163607

055. https://www.ssoar.info/ssoar/bitstream/handle/document/22771/ssoar-gpir-2005-2-galinsky_et_al-perspective-taking_and_self-other_overlap_fostering.pdf?sequence=1

5장 행동을 좌우하는 사소한 차이

056. Kahneman, D., Knetsch, J. L., & Thaler, R. H. (1986). 'Fairness and the assumptions of economics', Journal of Business, 59(4), S285-S300.

057.   This paper was published in 1986. So 210 years after the publication of the Wealth of Nations, and the foundation of modern economics, economists worked out that people care about each other – and even after that long we still needed help from psychologists like Daniel Kahneman.

058.   Charness, G., and Gneezy, U. (2003). 'What's in a name? Anonymity and social distance in dictator and ultimatum games', Journal of Economic Behaviour and Organisation, 68(1), 29–35.

059.   This isn't technically true. Unlike psychologists, who can deceive participants or use confederates to steer the outcome in a particular direction, economists running lab experiments are banned from being anything other than truthful with their participants about any part of the experiment. If an experiment is found to have deceived people, not only will it be unpublishable but also the entire lab risks being blacklisted for evermore.

060.   Calculated using data from Carnevale, A. P., Rose, S. J., and Cheah, B. (2011). The college payoff: Education, occupations, lifetime earnings. Washington, DC: The Georgetown University Centre on Education and the Workforce.

061.   Coughlan, S. (2017, July 5). 'Student debt rising to more than £50,000, says IFS', BBC News. Retrieved from http://www.bbc.co.uk/news/education-40493658

062.   UK Government (2018). 'Percentile points from 1 to 99 for total income before and after tax'. Retrieved from https://www.gov.uk/government/statistics/percentile-points-

from-1-to-99-for-total-income-before-and-after-tax

063. Warrell, H. (2017, July 5). 'Three-quarters of graduates "will never repay student loans"', Financial Times. Retrieved from https://www.ft.com/content/3fc14332-60c7-11e7-8814-0ac7eb84e5f1

064. Harvard College (2018). 'Harvard at a glance'. Retrieved from https://www.harvard.edu/about-harvard/harvard-glance

065. University of Oxford (2017). 'Oxford thinking□The campaign for the University of Oxford'. Retrieved from https://www.campaign.ox.ac.uk/the-campaign

066. Small, D. A., and Loewenstein, G. (2003). 'Helping a victim or helping the victim□Altruism and identifiability', The Journal of Risk and Uncertainty, 26(1), 5-16.

067. Paraphrasing Jeremy Bentham.

068. Kogut, T., and Ritov, I. (2005). 'The "identified victim" effect□ An identified group, or just a single individual?', Journal of Behavioural Decision Making, 18(3), 157-67.

069. Page 146. Small, D. A., Loewenstein, G., and Slovic, P. (2007). 'Sympathy and callousness□The impact of deliberative thought on donations to identifiable and statistical victims', Organizational Behaviour and Human Decision Processes, 102(2), 143-153.

070. Harvard Business Review Staff. (2014, November). 'Cooks make tastier food when they can see their customers', Harvard Business Review. Retrieved from https://hbr.org/2014/11/cooks-make-tastier-food-when-they-can-

see-their-customers

071. Correct as of 4 November 2017.

072. Galinsky, A., Todd, A., Homan, K., Apfelbaum, E., Sasaki, S. Richeson, J. Olayon, J. and Maddux, W. 2015. Maximizing the gains and minimizing the pains of diversity□A policy perspective. Perspectives in Psychological Science,

073. HarvardCPL, YouTube (2016). 'BX2016 "Making Diversity Work" Plenery'. Retrieved from https□//www.youtube.com/watch?v=Fz69k7Y-hP0&list=PLFBI1oxoPcgk-OemGNhGnewSmaPBOlswZ

074. Phillips, K. W. (2014, October 1). 'How diversity makes us smarter', Scientific American. Retrieved from https□//www.scientificamerican. com/article/how-diversity-makes-us-smarter/

075. Although not as cheap as economists think. Richard Thaler and colleagues found when analysing behaviour on the TV show Golden Balls that people who promised not to betray their competitors were much less likely to actually do so than people who didn't explicitly promise.

076. For those unfamiliar with the idea, there are a few variants on the Secret Santa theme but the main premise allows large groups of people to celebrate Christmas by exchanging gifts without the potentially crippling financial burden (not to mention angst) of buying individual presents for everyone. Each person buys one present, either for a specific individual or for the pool, and these gifts are then distributed by a central force, with the point

being that nobody knows who was assigned to whom, or who bought which gift.

6장 우리를 조종하는 보이지 않는 것들

077. Fandom (2018). Memory alpha:'In the cards' (episode). Retrieved from http://memory-alpha.wikia.com/wiki/In_the_Cards_(episode)

078. Falk, A., Fischbacher, U., & Gächter, S. (2010). Living in two neighbourhoods:Social interaction effects in the laboratory. Economic Inquiry, 51(1), 563–78.

079. A particular favourite is called 'Black Rat', which is rumoured to actually be made with said animal.

080. https://www.telegraph.co.uk/news/2018/01/29/black-cats-shunned-rescue-shelter-dont-look-good-selfies/

081. Banerjee, A. V. (1992). A simple model of herd behaviour. The Quarterly Journal of Economics, 107(3), 797–817.

082. Glinski, R. J., Glinski, B. C., & Slatin, G. T. (1970). Nonnaivety contamination in conformity experiments:Sources, effects, and implications for control. Journal of Personality and Social Psychology, 16(3), 478–85.

083. Schroeder, C. M., & Prentice, D. A. (1998). Exposing Pluralistic Ignorance to Reduce Alcohol Use Among College Students 1. Journal of Applied Social Psychology, 28(23), 2150–80.

084. Canning, A., Hume, S., Makinson, L., Koponen, M., Hall,

K., & Delargy, C. (2018). KCLxBIT Project Report 2015-2017ㅁBehavioural insights in higher education @KCLxBIT. London, UKㅁthe Behavioural Insights Team and King's College London.

085. Hallsworth, M., List, J. A., Metcalfe, R. D., & Vlaev, I. (2017). The behaviouralist as tax collectorㅁUsing natural field experiments to enhance tax compliance. Journal of Public Economics, 148, 14-31.

086. Kettle, S., Hernandez, M., Ruda, S., & Sanders, M. (2016). Behavioural interventions in tax complianceㅁEvidence from Guatemala. (World Bank Policy Research working paper no. 7690). Washington, DCㅁWorld Bank.

087. Goldstein, N. J., Cialdini, R. B., & Griskevicius, V. (2008). A room with a viewpointㅁUsing social norms to motivate environmental conservation in hotels. Journal of Consumer Research, 35(3), 472-82.

088. Allcott, H. (2011). Social norms and energy conservation. Journal of Public Economics, 95(9), 1082-95.

089. Alpizar, Francisco, Fredrik Carlsson, and Olof Johansson-Stenman. 'Anonymity, reciprocity, and conformityㅁEvidence from voluntary contributions to a national park in Costa Rica.' Journal of Public Economics 92, no. 5-6 (2008)ㅁ1047-1060.

090. Just Giving (2017). Carlos' sponsored beard shaving! Retrieved from httpsㅁ//www.justgiving.com/campaigns/charity/qahh/beard-be-gone

091. Just Giving (2018). Beans on Jake. Retrieved from httpsㅁ//

www.justgiving.com/fundraising/beansonjake

092. This phenomenon, of following one virtuous act with another, 'sinful' act – like having pudding after going for a run – is called moral licensing, and is one reason that many physical-activity programmes fail. Moral licensing is particularly dangerous in combination with other self-serving biases□research by Daniel Effron from London Business School shows that while we try to substitute our virtue for our vice, we're incredibly good at lying to ourselves about how much exercise we really did, and pretty clueless about how many calories we actually burned.

093. Jakicic, J. M., Davis, K. K., Rogers, R. J., King, W. C., Marcus, M. D., Helsel, D., .& Belle, S. H. (2016). Effect of wearable technology combined with a lifestyle intervention on long-term weight loss□the IDEA randomized clinical trial. Jama, 316(11), 1161–71.

094. Hallsworth, M., Chadborn, T., Sallis, A., Sanders, M., Berry, D., Greaves, F., Clements, L., & Davies, S. C. (2016). Provision of social norm feedback to high prescribers of antibiotics in general practice□A pragmatic national randomised controlled trial. The Lancet, 387(10029), 1743–52.

7장 가치 있는 정보를 위한 통로

095. Some theorists use the distinction of 'descriptive social norms', which we covered in the last chapter, and 'injunctive social norms', which are more about our overall

sense of what actions would be approved of or disapproved of by our group. This chapter covers some cues that build up our sense of what the injunctive social norms are, but also ranges a bit more broadly.

096. In 2018 the UK government issued advice to pause such redesigns, since the removal of kerbs and crossing-points can be hazardous for visually impaired people.

097. Large infrastructure projects are also difficult to robustly evaluate, and the large amounts of financial and political capital involved mean people are usually pretty keen to say they've been a huge success – not a good candidate for the behavioural insights approach!

098. Millward, L. J., Haslam, S. A., & Postmes, T. (2007). Putting employees in their place☐The impact of hot desking on organizational and team identification. Organization Science, 18(4), 547–59.

099. Hirst, A. (2011). Settlers, vagrants and mutual indifference☐ unintended consequences of hot-desking. Journal of Organizational Change Management, 24(6), 767–88.

100. Authors own calculations based on Table 2 of John et al (2010). Participants are 98 per cent more likely to admit to immoral or suspect behaviours on an unprofessional website.

101. John, L. K., Acquisti, A., & Loewenstein, G. (2010). Strangers on a plane☐Context-dependent willingness to divulge sensitive information. Journal of consumer research, 37(5), 858–73.

102. Of course, their disclosures were treated anonymously and safely in all conditions!

103. Aarts, H., & Dijksterhuis, A. (2003). The silence of the library□Environment, situational norm, and social behaviour. Journal of Personality and Social Psychology, 84(1), 18.

104. Henrich, J., McElreath, R., Barr, A., Ensminger, J., Barrett, C., Bolyanatz, A., & Lesorogol, C. (2006). Costly punishment across human societies. Science, 312(5781), 1767-70.

105. Ostrom, E., Burger, J., Field, C. B., Norgaard, R. B., & Policansky, D. (1999). Revisiting the commons□local lessons, global challenges. Science, 284(5412), 278-82.

106. Ostrom, E. (2000). Collective action and the evolution of social norms. Journal of Economic Perspectives, 14(3), 137-158.

107. Berndt, T. J. (1979). Developmental changes in conformity to peers and parents. Developmental Psychology, 15(6), 608.

108. Yeager, D. S., Purdie-Vaughns, V., Garcia, J., Apfel, N., Brzustoski, P., Master, A., Hessert, W. T., Williams, M. E., & Cohen, G. L. (2014). Breaking the cycle of mistrust□Wise interventions to provide critical feedback across the racial divide. Journal of Experimental Psychology□General, 143(2), 804.

109. Ruck, M. D., & Wortley, S. (2002). Racial and ethnic minority high school students' perceptions of school disciplinary practices□A look at some Canadian findings.

Journal of Youth and Adolescence, 31(3), 185-95.

110. Urhahne, D. (2015). Teacher behaviour as a mediator of the relationship between teacher judgment and students' motivation and emotion. Teaching and Teacher Education, 45, 73-82.

111. Van den Bergh, L., Denessen, E., Hornstra, L., Voeten, M., & Holland, R. W. (2010). The implicit prejudiced attitudes of teachers: Relations to teacher expectations and the ethnic achievement gap. American Educational Research Journal, 47(2), 497-527.

112. Biernat, M., & Manis, M. (1994). Shifting standards and stereotype-based judgments. Journal of Personality and Social Psychology, 66(1), 5.

113. Carroll Massey, G., Vaughn Scott, M., & Dornbusch, S. M. (1975). Racism without racists: Institutional racism in urban schools. The Black Scholar, 7(3), 10-19.

114. Cohen, G. L., Steele, C. M., & Ross, L. D. (1999). The mentor's dilemma: Providing critical feedback across the racial divide. Personality and Social Psychology Bulletin, 25(10), 1302-18.

115. Yeager, D. S., Purdie-Vaughns, V., Garcia, J., Apfel, N., Brzustoski, P., Master, A., Hessert, W. T., Williams, M. E., & Cohen, G. L. (2014). Breaking the cycle of mistrust: Wise interventions to provide critical feedback across the racial divide. Journal of Experimental Psychology: General, 143(2), 804.

116. Frey, B. S., & Oberholzer-Gee, F. (1997). The cost of price

incentives⊓An empirical analysis of motivation crowding-out. The American Economic Review, 87(4), 746-55.

117. Le Grand, J. (2003). Motivation, agency, and public policy⊓ Of knights and knaves, pawns and queens. Oxford, UK⊓ Oxford University Press on Demand.

118. Braga, A. A., Welsh, B. C., & Schnell, C. (2015). Can policing disorder reduce crime? A systematic review and meta-analysis. Journal of Research in Crime and Delinquency, 52(4), 567-88.

119. Wikipedia (2018). Stop-and-frisk in New York City. Retrieved from https⊘//en.wikipedia.org/wiki/Stop-and-frisk_in_New_York_City#Studies_on_the_effects

120. Petrosino, A., Turpin-Petrosino, C., Hollis-Peel, M. E., & Lavenberg, J. G. (2013). 'Scared Straight' and other juvenile awareness programs for preventing juvenile delinquency. Cochrane Database of Systematic Reviews. doi 10.1002/14651858.CD002796.pub2\

121. Petrosino, A., Guckenburg, S., & Turpin-Petrosino, C. (2010). Formal system processing of juveniles⊓Effects of delinquency. Washington, DC⊓US Department of Justice. https⊘//campbellcollaboration.org/library/formal-system-processing-of-juveniles-effects-on-delinquency.html

8장 선택의 유도와 확산

122. Cohen-Cole, E., and Fletcher, J. M. (2008). 'Detecting

implausible social network effects in acne, height, and headachesαlongitudinal analysis', BMJ, 337, a2533.

123. Fundraising in workplaces is a good way to test this kind of idea – the data are easy to access and understand, and the nudge we give the environment is sufficiently different from everyday practice to make the effects easy to see.

124. Organisation for Economic Cooperation and Development (OECD). (2018). 'Survey of Adult Skills (PIAAC)'. Retrieved from http̥//www.oecd.org/skills/piaac/

125. Also from the OECD Survey of Adult Skills.

126. Gershon, R., Cryder, C., and John, L. K. (2018). 'The Reputational Benefits and Material Burdens of Prosocial Referral Incentives', SSRN Electronic Journal. http̥//dx.doi.org/10.2139/ssrn.3176019

3부 넛지를 넘어선 네트워크

9장 연결 고리에서 생겨나는 네트워크

127. Although the British monarchy is in many respects ceremonial, they enjoy a position at the centre of public life and play a role in representing Britain overseas.

128. The Today programme is a news and current affairs radio programme that has been running for 60 years on BBC Radio 4 (previously the BBC Home Service). Each year since 2003, between Christmas and New Year, the programme is

guest edited by notable figures or celebrities.

129. Prince Harry was a soldier in the British army and served in Afghanistan in secret prior to being 'outed' by an Australian newspaper. He has been open about his own mental health struggles following his mother's death.

130. President Obama sends Invictus Games challenge to the Queen and Prince Harry – video. (2016, 29 April). Guardian. Retrieved from (https://www.theguardian.com/uk-news/ video/2016/apr/29/ president-obama-sends-invictus-games-challenge-to-the-queen-prince-harry-video

131. You might wonder why the families weren't just given money. We're not sure, but it's likely to be because money, unlike the vouchers, can be spent on anything and so might not have been used as intended, and because administering vouchers is a lot easier than administering cash payments, and harder to embezzle.

132. Because wealth is calculated as net assets minus net liabilities, someone with credit card debt and no savings can easily have negative wealth.

10장 사회적 자본을 형성하는 요소

133. Education Endowment Foundation. (2018). Magic Breakfast. Retrieved from https://educationendowmentfoundation. org.uk/ projects-and-evaluation/projects/magic-breakfast/

134. Education Endowment Foundation. (2018).

Philosophy for children. Retrieved from https://educationendowmentfoundation.org.uk/projects-and-evaluation/projects/philosophy-for-children/

135. Education Endowment Foundation. (2018). Visible Classroom. Retrieved from https://educationendowmentfoundation.org.uk/projects-and-evaluation/projects/the-visible-classroom/

136. Education Endowment Foundation. (2018). Teaching assistants. Retrieved from https://educationendowmentfoundation.org.uk/evidence-summaries/teaching-learning-toolkit/teaching-assistants/

137. https://educationendowmentfoundation.org.uk/projects-and-evaluation/projects/texting-parents/

138. Linos, E., Sanders, M., & Ní Chonaire, A. (2019). It's nice to be nice, but it's good to be smart. Forthcoming.

139. Diabetes UK (2016). Facts and stats. Retrieved from https://diabetes-resources-production.s3-eu-west-1.amazonaws.com/diabetes-storage/migration/pdf/DiabetesUK_Facts_Stats_Oct16.pdf

140. The State of Obesity (2018). Diabetes in the United States. Retrieved from https://stateofobesity.org/diabetes/

141. World Health Organization (WHO) (2017). Diabetes Factsheet. Retrieved from http://www.who.int/mediacentre/factsheets/fs312/en/

142. Middle-aged men twice as likely to have diabetes as women. (2009, 13 July). Diabetes UK. Retrieved from

https://www.diabetes.org.uk/about_us/news_landing_page/middle-aged-men-twice-as-likely-to-have-diabetes-as-women

11장 미리 경험하는 것의 이점

143. People were kept on the platform for safeguarding reasons, and the platform was monitored 24/7 – so if someone said something that was detected as inappropriate, or reported abuse, someone from the safeguarding team was alerted and took appropriate action.

144. Milkround (2018). 'The Times top 100 graduate employers 2017-18'. Retrieved from https://advice.milkround.com/the-times-top-100-graduate-employers

12장 롤 모델 : 강력한 영향력을 행사하는 매력적인 방법

145. Social mobility in this case is defined as someone who is born into the bottom 20 per cent of households by income moving to the top 20 per cent by middle age.

146. In fact, all education prior to getting a PhD increases your expected earnings over your lifetime. Because of the time it takes, and the fact that it limits your career options afterwards, a PhD is a bad financial investment.

147. Eton College website – destination data, analysis of last ten years (2006-2015), authors' own analysis.

148. Wells, in the north of the county, is technically a city by virtue of having a cathedral, but with a population of 10,000 in the 2011 census it is much smaller than Somerset's county town of Taunton (Source□UK 2011 census data).

149. Although the Russell Group is ultimately a fee-paying membership organization, it consists largely of the most selective institutions in the country, including Oxford and Cambridge universities, and is widely used by the public and the press as a proxy for high-quality universities.

150. Department for Education (2017). Statistics on Destinations from Key Stage 5 by local authority. Retrieved from https□//www.gov. uk/government/statistics/ destinations-of-ks4-and-ks5-pupils-2016 - authors' own analysis.

151. The Somerset Challenge (2014). What is the Somerset Challenge? Retrieved from https□//slp.somerset.org.uk/ sites/sa/challenge/ SitePages/Home.aspx

152. Soman, D. (2015). The last mile□Creating social and economic value from behavioural insights. Toronto, Canada□University of Toronto Press.

153. Over the course of their lives, they will end up paying more money, and probably for longer. However, the return on the loans to the British government is estimated to be slightly less than 50 pence in the pound – that is, most of the loans will never be repaid.

154. Osborne actually went to St Paul's, a different elite private

school, but in the popular perception gives off a very Etonian vibe.

155. This research study was written up as Silva, A. S., Ni Chonaire, A., & Sanders, M. (2016). Does the heart rule the head? Economic and emotional incentives for university attendance. London, UK: the Behavioural Insights Team.

156. Hoxby, C., & Turner, S. (2013). Expanding college opportunities for high-achieving, low-income students. Stanford Institute for Economic Policy Research Discussion Paper, (12-014).

157. School performance here is based on one of two measures – either the Department for Education's Progress 8 measure or ratings awarded by the Office for Standards in Education (Ofsted), the inspectorate for schools in England.

158. Based on the 2011 census data.

159. The Progress 8 ratings, although designed to reduce the extent to which school-performance measures are just a reflection of social class, are almost perfectly predicted by the socio-economic status of the school's students.

160. Dasgupta, N. (2011). Ingroup Experts and Peers as Social Vaccines Who Inoculate the Self-Concept: The Stereotype Inoculation Model. Psychological Inquiry, 22(4), 231-46.

161. Sanders, M., Reinstein, D., & Tupper, A. (2014). Worth 1000 Words: The Effect of Social Cues on a Fundraising Campaign in a Government Agency: a Field Experiment. Bristol, UK: Centre for Market and Public Organisation.

13장 소속감과 신뢰 : 감정적이고 상징적인 사회적 자본

162. Change.Org. (2018). Bring Priya and her beautiful family back home to Biloela, Queensland. Retrieved from https://www.change.org/p/peter-dutton-bring-priya-back-to-biloela

163. Annett, T. (2018, May 2). Biloela asylum seeker mum 'in tears'. The Observer. Retrieved from https://www.gladstoneobserver.com.au/news/biloela-asylum-seeker-mum-tears-ahead-life-changin/3404591/

164. Leary, M. R., & Baumeister, R. F. (2017). The need to belong: Desire for interpersonal attachments as a fundamental human motivation. In Interpersonal Development (pp. 57-89). London, UK: Routledge.

165. Hornsey, M. J., & Jetten, J. (2004). The individual within the group: Balancing the need to belong with the need to be different. Personality and Social Psychology Review, 8(3), 248-64.

166. Leary, M. R., & Baumeister, R. F. (2017). The need to belong: Desire for interpersonal attachments as a fundamental human motivation. In Interpersonal Development (pp. 57-89). London, UK: Routledge.

167. Kitchen, P., Williams, A., & Chowhan, J. (2012). Sense of community belonging and health in Canada: A regional analysis. Social Indicators Research, 107(1), 103-26.

168. Bond, L., Butler, H., Thomas, L., Carlin, J., Glover, S., Bowes, G., & Patton, G. (2007). Social and school connectedness in early secondary school as predictors of late teenage

substance use, mental health, and academic outcomes. Journal of Adolescent Health, 40(4), 357-e9.

169. Luo, Y., Hawkley, L. C., Waite, L. J., & Cacioppo, J. T. (2012). Loneliness, health, and mortality in old age: A national longitudinal study. Social Science & Medicine, 74(6), 907-14.

170. Tellhed, U., Bäckström, M., & Björklund, F. (2017). Will I fit in and do well? The importance of social belongingness and self-efficacy for explaining gender differences in interest in STEM and HEED majors. Sex Roles, 77(1-2), 86-96.

171. Glass, C. R., & Westmont, C. M. (2014). Comparative effects of belongingness on the academic success and cross-cultural interactions of domestic and international students. International Journal of Intercultural Relations, 38, 106-19.

172. Cohen, G. L., & Garcia, J. (2008). Identity, belonging, and achievement: A model, interventions, implications. Current Directions in Psychological Science, 17(6), 365-9.

173. O'Reilly, J., & Robinson, S. L. (2009). The negative impact of ostracism on thwarted belongingness and workplace contributions. In Academy of management proceedings (Vol. 2009, No. 1, pp. 1-7). Briarcliff Manor, NY: Academy of Management.

174. Armstrong, D., Shakespeare-Finch, J., & Shochet, I. (2016). Organizational belongingness mediates the relationship between sources of stress and posttrauma outcomes in firefighters. Psychological Trauma: Theory, Research,

Practice, and Policy, 8(3), 343.

175. Verhagen, M., Lodder, G. M., & Baumeister, R. F. (2018). Unmet belongingness needs but not high belongingness needs alone predict adverse well-being□A response surface modeling approach. Journal of Personality, 86(3), 498–507.

176. Pickett, C. L., Gardner, W. L., & Knowles, M. (2004). Getting a cue□The need to belong and enhanced sensitivity to social cues. Personality and Social Psychology Bulletin, 30(9), 1095–107.

177. Cohen, G. L., & Garcia, J. (2008). Identity, belonging, and achievement□A model, interventions, implications. Current Directions in Psychological Science, 17(6), 365–9.

178. Dearden, L. (2017, August 24). 'I don't feel welcome anymore'□EU citizens explain why they are leaving the UK in their thousands, Independent. Retrieved from https□//www.independent.co.uk/news/ uk/home-news/eu-migration-uk-brexit-referendum-latest-net-fall-figures-why-racism-hate-crime-brexodus-government-a7911196.html

179. Sime, D. (2018). Here to Stay? Project. Retrieved from http□//www. migrantyouth.org/

180. Porta, R. L., Lopez-De-Silane, F., Schleifer, A., & Vishny, R. W. (1996). Trust in large organizations (No. w5864). National Bureau of Economic Research.

181. According to the Harry Potter wiki (http□//harrypotter.wikia.com/wiki/House_Cup), the Slytherin v Gryffindor dyad have won the House cup every year for which

records are available since 1985, noting that the cup was suspended during the Second Wizarding War.

182. The way that unemployment benefits are withdrawn as beneficiaries find paid employment means that many low-income individuals face an effective tax rate of more than 80 per cent –which limits the incentive to work more.

세상을 바꾸는 행동경제학
행동 설계의 비밀

초판 발행일 2021년 1월 22일 | **1판 2쇄** 2022년 2월 28일
발행 비즈니스랩 | **발행인** 현호영 | **지은이** 마이클 샌더스, 수잔나 흄
옮긴이 안세라 | **편집** 최진희 | **디자인** 임지선
주소 서울시 서대문구 신촌역로 17, 207호 | **팩스** 070-8224-4322
이메일 bizlabkorea@gmail.com

◆ 비즈니스랩은 유엑스리뷰 단행본사업부의 경제경영 전문서적 브랜드입니다.
◆ 낙장 및 파본은 구매처에서 교환해 드립니다.
◆ 구입 철회는 구매처 규정에 따라 교환 및 환불처리가 됩니다.

ISBN 979-11-88314-65-2

Social Butterflies
by Michael Sanders and Susannah Hume
Copyright © Michael Sanders and Susannah Hume 2019
All rights reserved.

Korean Translation Copyright © 2021 by UX REVIEW
The Korean translation rights arranged with Michael O'Mara Books Limited.
이 책의 한국어판 저작권은 Micahel O'Mara Books Limited사와의 독점계약으로 유엑스리뷰에서 소유합니다.
저작권법에 따라 한국 내에서 보호를 받는 저작물이므로 무단 전재와 복제를 금합니다.